沂蒙山区反“扫荡”战役要图
1941年11月4日 — 12月28日

沂蒙抗战

沂蒙抗日重大战事纪实

山东省临沂市政协文史资料委员会 编

山东城市出版传媒集团·济南出版社

图书在版编目（CIP）数据

沂蒙抗战 ：沂蒙抗日重大战事纪实 / 山东省临沂市政协文史资料委员会编. — 济南 ：济南出版社，2017.1（2021.7 重印）
ISBN 978-7-5488-1795-6

Ⅰ. ①沂… Ⅱ. ①山… Ⅲ. ①抗日战争－史料－临沂 Ⅳ. ①K265.06

中国版本图书馆CIP数据核字(2017)第037539号

沂蒙抗战：沂蒙抗日重大战事纪实

责任编辑	张智慧　　陈玉凤
装帧设计	于　泳
出版发行	济南出版社
地　　址	山东省济南市二环南路1号（250002）
电　　话	（0531）86131729
网　　址	www.jnpub.com
经　　销	各地新华书店
印　　刷	阳信龙跃印务有限公司
版　　次	2017年3月第1版
印　　次	2021年7月第2次印刷
开　　本	170毫米×240毫米　16开
印　　张	24.75
字　　数	350千
印　　数	1-3000
定　　价	88.00元

法律维权　0531-82600329

谨以此书献给

中国人民抗日战争暨

世界反法西斯战争胜利 70 周年

《沂蒙抗战》编委会

前　　言

1931年9月18日九一八事变发生，中华民族抗日战争自此开始。中国共产党坚持团结抗战的一贯主张，号召“全中国人民、政府和军队团结起来，筑成民族统一战线的坚固长城，抵抗日寇的侵略！国共两党亲密合作抵抗日寇的新进攻！驱逐日寇出中国！”，提出党的任务是在敌后放手发动群众，开展独立自主的游击战争，配合正面战场，开辟敌后战场，建立抗日根据地。

沂蒙革命根据地位于山东省东南部，是中国共产党最早开辟、创建的全国著名的几大革命根据地之一。1938年5月徐州会战结束后，山东全境沦为敌后，沂蒙根据地成为敌后抗击日本侵略军的主要战场之一。

日本侵略军为摧毁抗日根据地，采用频繁的“扫荡”，实行野蛮的“三光政策”（烧光、抢光、杀光），并施行军事、政治、经济、文化、特务等手段相配合的所谓“总力战”。仅军事方面，出动千人以上的“扫荡”就有140余次（其中万人以上有12次）。沂蒙革命根据地党政军民，坚持中共中央制定的“主力兵团和地方兵团相结合，正规军和游击队、民兵相结合，武装群众和非武装群众相结合的全民抗战的路线”，采用“主动地、灵活地、有计划地执行防御战中的进攻战，持久战中的速决战和内线作战中的外线作战”战略战术原则，运用游击战、阵地战、奔袭战、伏击战、攻坚战等形式，灵活机动地打击和消灭敌人。1937—1945年间，沂蒙根据地军民与日伪军作战2万余次，毙、伤、俘日伪军25万余人，发展正规军10万余人、民兵30多万人、自卫军75多万人。在反侵略战争中，八路军主力部队、地方武装、地方党政军群机关人员及其他抗日武装伤亡11万余人，其中牺牲4万余人。

《沂蒙抗战——沂蒙抗日重大战事纪实》，收录抗击日军的战役、战斗和反“扫荡”等战例75件。文章的作者，有战事亲历者(其中新中国成立后授衔的中将4人、少将4人)，有党史、史志部门和史学研究者。战例以事实证明，没有中国共产党的领导，没有革命先烈的流血牺牲，没有广大人民的艰苦奋斗和无私奉献，就不会有新中国，更不会有今天的国泰民安。

本书附录部分记录的日本侵略军暴行，是日本法西斯所犯下的滔天罪行之铁证。时至今日，日本右翼势力依然极力否认日本军国主义侵略的历史，竭力为战争罪犯招魂。这种险恶之心，值得人们高度警惕。凡是逆时代潮流而动者，只不过是一场黄粱美梦。

前事不忘，后事之师。我们要牢记历史，居安思危，为实现中华民族的伟大复兴而努力奋斗！

目录

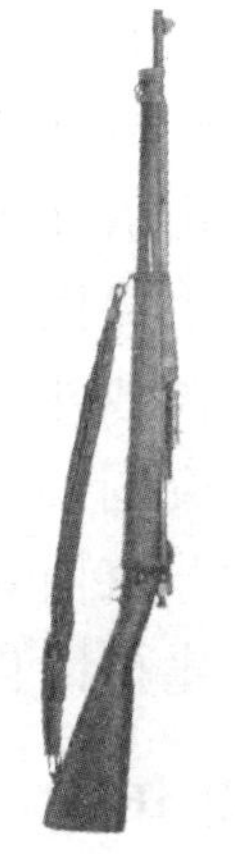

1941 年

1942 年

1943 年

1944 年

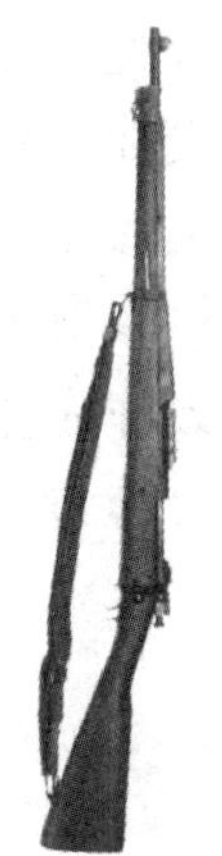

1945 年

1938 年

- 莒城保卫战
- 临沂战役
- 联庄会攻打临沂城
- 胭脂山伏击战
- 车辋据点围困战

莒城保卫战

李安平

1938年2月10日青岛失守后，国民党海军陆战队第一联队朱新三部撤到莒县。联队部驻莒城，三个中队分驻莒城东北20公里处的重镇招贤附近。2月17日，侦悉侵占安丘的日军板垣师团田野联队以汉奸刘桂堂骑兵团为前导，沿莒（县）安（丘）公路南侵。当天黄昏，海军陆战队在莒城东北45公里处的茶沟南部设伏，并邀莒县县长许树声带两个中队在茶沟东岭做二线设伏。18日晨，敌骑闯入二线，许部阻击，不支而退。海军陆战队立即枪炮齐发，日军仓皇北退。当晚10时许，侵占诸城的日军进至柳家庄，沿河东隐蔽，妄图袭取招贤。半夜时分，敌借月色进犯招贤。守圩海军陆战队早有准备，奋起反击，打退日军多次进攻。拂晓，日军收尸，退至东北管帅一带。20日中午，日军又麇集南犯。至瓦屋、柳家庄之间，海军陆战队予以猛烈阻击，毁敌汽车多辆，毙伤日军近百人。日军遂兵分两路，将招贤镇包围。海军陆战队腹背受敌，仍肉搏拼杀，战斗持续4小时，日军死伤近百人。海军陆战队伤亡百余人，遂撤至三户庄。日军侵占招贤后，烧民房1500余间，枪杀群众72人，有30多名妇女遭辱。下午，日军继续向莒城方向侵犯，至双庙村，又烧毁民房400余间。傍晚，南犯日军在杨店子河口，又被海军陆战队阻击，日军过河放火，把该村烧为灰烬。在招贤阻击战中，海军陆战队共有300余人为国捐躯。

2月20日下午5时，第五战区第二路游击中将司令刘震东率350余人，奉命奔守莒县城。晚10时许，庞炳勋部一一五旅少将旅长朱家麟率二三〇团至城西大湖布阵，将弃城南逃的县长许树声追回。午夜，副旅长黄书勋率二二九团和县长许树声部的300余人先后入城。成立城防指挥部，刘、朱分任正副总指挥。刘震东周密部署，亲率部队防守北城墙，此处是日军攻城之重点地段；许部守东城墙；南、西两城墙由朱部把守。刘震东激励将士“誓与莒城共存亡”。21日拂晓，日军田野联队乘40余辆汽车，直扑莒城，抢占了北郊高地，在强大火力掩护下，日军抬着云梯向北城墙直冲，多处女墙被敌炮火轰塌，10多个日军爬上城墙。守城刘部向敌人猛烈还击，数次击退敌人的强攻，并与爬上城墙的日军展开肉搏战，全歼登城的日军。在激战中，刘部营长负伤，连长刘国盛牺牲。刘震东冒着敌人的猛烈炮火，在北城墙上飞奔，指挥抢堵反击，参谋长要他弯腰前行，随从要他下城墙指挥，刘却奋勇不顾。他在夺回城西北角时，身中数弹，一弹伤脑，一弹中腹，壮烈殉国。至此刘部官兵已伤亡近半，朱旅援兵赶至北城。日军攻北城不下，又以重兵向西城、南城迂回包

莒城保卫战遗址

围，并有轰炸机往返扫射、投弹。守军城内外部防重新调整，西郊由庞军一个团列成拐尺形防线，直对迂回日军。柳青河西岸一部，南北纵列重机枪数挺，向东直射日军侧面。大湖村西、关帝庙一带，庞军利用有利地形列成东西横阵，以轻重机枪数挺直射迂回之敌。两阵地枪炮齐发，全歼两次迂回进攻之敌约 400 余人，庞军伤亡甚微。22 日，日军以猛烈炮火向城东北角许部阵地轰击并强攻，许部兵力不支，拂晓前失阵地。日军自城东北角架云梯登城墙，以重机枪向西、北、南三面猛击。与此同时，北郊高地的日军用重炮将西北城墙角轰坍，一批日军乘机窜入，展开巷战。当东北角和北城失守时，四十军二二九团炮兵在南门二楼用迫击炮向北城猛轰，把登上北城的日军全部歼灭。23 日晨 6 时，许率部败阵逃到南门，准备夺南门逃跑。当时，朱旅邵恩三团长主张夺回北城阵地，誓与莒城共存亡，其部下坚守南门，拒不开关。朱旅长见危局难挽，决定开门撤出莒城。出城后，沿台（儿庄）潍（县）东侧高地继续布置伏击。许树声率余部撤往东南山区寨里河一带。日军进城后，大肆烧杀淫掠，屠杀城关百姓 460 余人，80 多岁的朱姓老人、夫妇双盲的乞丐也被枪杀，烧毁民房无数。大湖一村被枪杀 48 人，连 6 岁幼孩也被刺刀穿肚丧生。刘震东在莒城牺牲后，《新华日报》特发长篇报道《莒县我军奋勇杀敌，刘震东壮烈殉国》。

2 月 25 日，日军一部出莒城南犯。此时，庞炳勋部朱家麟旅已分别在莒城西南的大官庄，东、西旺疃，大庄子，小庄子，前山后，后山后等十多个村庄驻扎，并在南北十余公里长的沭西高地上修筑了工事，设下多处伏击线。中午，日机数架交替沿庞部朱旅防线轰炸。下午，在飞机掩护下，日军大队人马沿台潍公路南犯。当日军汽车、骑兵行至大官庄村北坡时，朱旅在黄姑墩阵地上的枪炮齐发，击毁敌汽车 1 辆，击伤数辆，毙敌数十人(内有一军官),朱旅无伤亡。下午3点以后,又有日机在朱旅防线低空扫射,被朱旅在石花岭(后山村西北岭)阵地上的重机枪击中要害,敌机立时起火,在埝头村南坠毁。

同年12月,在重庆为范筑先、刘震东等21位抗日烈士举行追悼会,八路军总司令朱德、副总司令彭德怀为烈士送了花圈和挽联,挽辞为:"战事方酣忍看多士丧亡显其忠勇,吾侪尚在誓必长期抗战还我河山。"

刘震东,字曦洲,1893年出生于山东省沂水县张庄镇张庄村(现属沂南县),祖上世代务农。其父刘义,精于木匠手艺,远近知名。刘震东少年时代读过两年私塾,后因生活困难被迫辍学。

1912年,他只身逃荒去东北,始在辽宁省扎觅汉维持生计,后入奉军当兵。由于他勤奋好学,进取心强,又具备一定的文化知识,在军队中迭次递升,先后担任排、连、营、团职军官。他任团长期间,入东北陆军速成学校受训,在此结识了担任学校教官的奉军爱国将领郭松龄,并深受郭器重。1925年春被任命为第四骑兵旅旅长。

刘震东1937年在南京

1931年九一八事变发生后,蒋介石实行不抵抗政策,奉军不战退入关内。而刘震东却自动留东北率义勇军抗日。曾任东北民众救国军第四军团总指挥,转战于辽宁、热河一带,给日寇以沉重打击。在开鲁、喜峰口等地战斗中,他率部打得英勇顽强。开鲁战斗中,他头部负伤不下火线,坚持指挥战斗,其英勇抗战事迹,曾多次见诸报端,受到全国亿万同胞的赞扬。

1933年5月,他与邓文、李忠义等率部参加了爱国将领冯玉祥、吉鸿昌组织的察哈尔民众抗日同盟军。后来由于蒋介石的阻挠，同盟军解散。他又到北平军分会任参谋，当时军分会委员长是张学良。此后不久，他考入北平陆军大学第八期学习。1935 年秋北平陆大毕业后，随张学良去西安，任西北行辕总务处处长。

在此期间，他拥护中国共产党的抗日救国主张，对共产党民族至上、不计前嫌的磊落胸襟深表敬佩。他认为，国难之下，只有共产党的主张才是拯救中华民族的唯一出路。在东北军中，他的反内战言行影响了不少官兵。他的正直为人和爱国思想得到了东北军统帅张学良将军的赏识和器重。“西安事变”发生之时，他正在家乡料理老父丧事，被张学良急电召回，随同张将军参加与南京当局的谈判，为和平解决西安事变做出了一定的贡献。西安事变之后，张学良被蒋介石扣押，他也被解除兵权。

“七七”卢沟桥事变爆发，日寇大举侵华。在这民族生死存亡的关头，刘震东认为卫国保家是一个军人应有的天职，于是数次致电上峰请缨杀敌，言词慷慨激昂，爱国之情跃然纸上。但是每次请战都如石沉大海。他再也沉不住气了，于是亲赴南京，面谒最高当局，要求杀敌报国。直到 3 个多月后，他才被委任为第五战区第二路游击司令。

尽管当局未拨给他一兵一枪，得到的只是一张委任状，但他仍为能有此疆场报效的机会而高兴。他去徐州第五战区司令部报到后，即着手招募部队，筹集装备给养。一些爱国志士和东北流亡学生为刘震东将军的爱国热忱所感动，纷纷应募入伍，人民群众和开明绅士也积极捐资捐物，时间不长，便组织起一支七八百人的游击队伍。

与此同时，他又派遣二弟刘震西赶回山东沂水家乡，宣传抗日救国，动员组织乡亲们参加抗日军队。为了解决军需，他转告家人带头变卖田产粮食，为部队购买武器装备。他曾经在给妻子的一封信中说:“在此期间，只有牺牲一途，没有别路可走。只等待将日本贼杀干净，才能了却我的责任。”可见他抗日救亡的决心和舍身报国的壮志。

刘震东等烈士追悼会现场

临沂战役

唐士文

1938年春的临沂战役，成功阻击了日军精锐板垣征四郎的第五师团，使其未能与矶谷廉介的第十师团合兵，粉碎了日军聚歼中国军队于徐州的企图，为台儿庄战役的胜利做出重大贡献。时任第五战区司令长官的李宗仁认为出乎意外"竟打了一个惊天动地的胜仗"。这是抗日战争初期的一场重要战役，是正面战场少有的几场胜仗之一。它与著名的台儿庄战役一样，是国民党军队守卫徐州（即徐州会战）的一次重大外围战斗。此次战役的胜利，为震惊国内外的台儿庄大捷奠定了坚实的基础，被誉为"我抗战中之光荣一页"。

一

卢沟桥事变发生后，由于国民党政府采取了片面的抗战路线，致使日寇在短短几个月的时间里，便侵占了我大片锦绣河山。在华北，日军占领了北平、天津、太原、张家口、沧县、德州等大中城市，将中国军队迫至黄河以南；在华中，日军占据了宁、沪、杭、长江三角洲后，将重兵集结在津浦路南段，企图北上攻占徐州，打通津浦铁路，使南北之日军联成一片。

徐州系苏鲁豫皖四省之要冲，战略地位十分重要。中国军队控制徐州，不但可以隔绝华北、华中之敌，而且可保持陇海路，将日军阻于津浦路东，确保郑州与平汉路的安全。当时，徐州是国民党第五战区司令部所在地，有较多的兵力守卫，于是只能在徐州的外围进行作战。

由于担任黄河守备的国民党第三集团军总司令兼山东省政府主席韩复榘10万大军不战而逃，日军于1937年12月27日占领了济南。泉城沦陷后，日军侵略军兵分两路：其第十师团矶谷廉介部大举南侵，于1938年1月4日陷兖州，5日陷济宁，7日又陷邹县，津浦正面大门洞开；其第五师团板垣征四郎部沿胶济路东犯，于1月8日攻占了潍县，19日与其海军（已于1月10日攻陷青岛）会师于青岛。至2月上旬，日军占领青岛、诸城、蒙阴、济宁一线后，遂积极采用分进合击的战术，从南北三路夹击徐州。由于津浦路南段之敌第十三师团荻州立兵部于1937年12月下旬渡江攻陷六合以后，受到中国军队第十一集团军李品仙部、第二十一集团军廖磊部和第五十一军于学忠部的打击，无法北进，因此日军不得不采取从北面以正面进攻为主的战略。

北路左翼日军第五师团主力由青岛沿胶济路西进至潍县后，即转南沿台潍公路向临沂突进，妄图夺取临沂城后，与沿津浦路南下之第十师团在台儿庄会师，尔后从左翼迂回徐州。

2月23日莒县失守后，第五师团之第二十一旅团长坂本率领约3个步兵联队、1个野炮兵联队、1个山炮兵中队以及伪军“山东自治联军”刘桂堂（刘黑七）部，共两万余人，开始向临沂进犯。

张里元

二

国民党山东省第三区行政督察专员兼临沂城防司令张里元，深知所部保安队难拒锐敌，于日军占潍县时，即向第五战区急电求援。2月初，第五战区司令长官李宗仁电令驻守东海、连云港一带的第三军团庞炳勋部，火速赴临沂坚守，以保卫徐州。

庞部原驻防于河北，1937年10月在沧县抗击日军后，奉命调至徐海地区担负警备任务。军团长兼第四十军军长庞炳勋，字更陈，河北省人。该部名义上为军团，但军团部实无编组，仅有第四十军之第三十九师。该师（师长马法五，副师长刘世荣）下辖两个步兵旅和一个补充团，此外尚有炮、工、辎、通各一个营。第一一五旅：朱家麟任旅长，黄书勋任副旅长；第一一六旅：李运通任旅长，崔玉海任副旅长；补充团：李振清任团长。庞部总共1.3万余人，配有步枪8000支、手枪900支、轻机枪600挺、重机枪60挺、迫击炮60门、山炮4门、战马300匹。

庞炳勋与战事报道

军情如火。

庞军抵临沂后，首先部署好兵力：军部及第三十九师师部驻城南关的第三乡师校园内；第一一五旅驻城东之相公庄；第一一六旅驻城北诸葛城；补充团于军部附近；骑兵于相公庄以东地区。尔后，庞察看地形毕，命第一一六旅火速在沂河东汤头、葛沟一带构筑工事，并从白塔起至城东九曲顺河修筑阵地。面对强敌压境，全体将士摩拳擦掌，义愤填膺，誓歼倭寇。当敌围攻莒县时，庞令第一一五旅旅长朱家麟率第二二九、第二三〇团前往增援。莒县失守后，日军于3月2日逼近汤头（临沂东北30公里）。

3月3日，日军与当地守军第一一六旅之第二三二团接触。庞部在由青岛撤退的海军陆战队沈鸿烈部的协同下，与敌“苦战经周、损失颇巨”（中国第二历史档案馆藏《李宗仁3月5日给蒋介石的密电》），被迫放弃汤头。汤头不守，其以南地区情势骤紧，临沂城亦觉唇亡齿寒。庞炳勋一面命第一一六旅的第二三一团坚守拖住敌人主力，一面从垛庄调回补充团，由葛沟以北抄袭敌之右侧背，同时又从相公庄调第一一五旅第二二九团沿汤河北上以抄袭敌之左侧背。第二二九团第三营进至铜佛官庄时，与敌遭遇并展开激战，营长汪大章以下80余人壮烈牺牲。

3月10日，日军“约八九千人，骑兵四五百人”，在“战车二十余辆，装甲车六十辆，飞机十余架，炮三十余门”（《张自忠3月10日给何应钦的电报》）的强大火力掩护下，开始向临沂猛攻。临沂前线连电告急。第五战区在烈焰燃眉之际，不得不急忙电令第五十九军增援临沂。为了协调第四十军与第五十九军作战，特派第五战区司令长官部参谋长徐祖诒（徐燕谋）赴临沂前线督战指导。

第五十九军军长张自忠，字荩忱，山东临清人。该军辖第三十八、第一八〇两个师，连同军、师直属部队共2.6万余人。第三十八师（师长黄维纲）辖第一一二旅（旅长李金镇）、第一一三旅（旅长李发思）、第一一四旅（旅长董长堂），第一八〇师（师长刘振三）辖第二十六旅（旅长张宗衡）、第三十九旅（旅长祁光远）。当时，张军正由滕县向济宁、兖州一线敌人进攻，接令后，当即乘火车至峄县，然后以急行军速度星夜兼程，于12日抵达临沂北郊沂河西岸，厉兵

张宗衡

徐祖诒

秣马，枕戈以待。

第二天，张自忠进城与庞会见。在徐祖诒主持下，双方商讨破敌方案。庞意固守，张意则是主动发起攻击。他说：我以急行军到此，本宜稍事休息尔后再战，但强敌压境，我军以劣势装备与现代装备之敌寇作战，必须出其不意，打破常规，利用近战方可奏效。兵贵神速，今夜应立即行动。经再三磋商，最后，徐、庞二将军亦表示赞同。

三

3 月 13 日子夜，第五十九军运动到刘家湖、崖头、石家屯一线后，强渡沂河，于 14 日拂晓占领了河东沿岸。按照军部下达的命令，第三十八师第一一二、第一一三旅主攻汤坊崖、白塔、沙岭子一线，第一一四旅为预备队；第一八〇师之第二十六旅主攻郭太平、徐太平、亭子头一线，第三十九旅为预备队。是日晚，第五十九军参战部队进至亭子头、大太平一线。“敌初不及料，损失惨重，一夜之间，歼敌两千余人”（刘景岳《回忆五十九军参加临沂战役经过》），尔后由沙岭子北向罗家官庄方面迂回攻击。沂河东岸的第四十军 14 日晚进占了相公庄，从正面向敌进行反击，于次日早晨占领了郑寨子、黄家屯、东西沈庄、柳杭头，并派骑兵从右翼迂回董家官庄、汤头一线。

日军渡过沂河

16 日，“敌新增加一旅团从汤坊崖西渡河向崖头、刘家湖、苗家庄、钓鱼台一线猛攻，并以飞机十余架轰炸。第三十八师沉着向西水湖崖等处攻击”(《张自忠3月16日给李宗仁的电报》)。在城北茶叶山、船流、钓鱼台等处激战中，第三十八师伤亡约2000人，但官兵士气奋发，终将敌击退。为预防敌人突破，将渡河一部改为守势，大部由东调集至钓鱼台方面，准备向敌展开侧击，并向北推进。“敌机在城内西南方面轰炸，毁民房千余间，伤亡住民百余人”(《徐祖诒3月16日给李宗仁的电报》)。

17日，张庞两军发起总攻，从东、南、西三面夹击汤头、傅家赤草坡附近之敌。18日，“临沂方面之敌约三个联队被完全击灭，残敌大部向莒县方向，一部向北溃退”，“此役敌伤亡过半。我军并在刘家湖击毙敌联队长长野裕一郎大佐一名、牟田九次中佐一名及大队长一名，其他将校多名”(《徐祖诒3月18日给李宗仁的电报》)。尔后，第五十九军向汤头，第四十军向傅家赤草坡分途追击，“缴获敌械弹、给养、装具、文件甚多”(《庞炳勋3月18日给李宗仁的电报》)。据统计，共打死日寇3000余人，敌“以载重汽车运回莒县尸体约一百军车……其不及运回，就地掩埋者达七八百具”(《张自忠3月20日给何应钦的电报》)。俘虏玉利陆夫供认：第五师团至此作战者系第十一、第二十一、第四十二共3个步兵联队和1个炮兵联队及1个骑兵大队，自作战以来，全师团已伤5000人，亡3000人。

此次总反攻，重创敌寇，取得了临沂战役开战以来前所未有的辉煌战绩。胜利的消息传出后，得到蒋介石和李宗仁的传令嘉奖，除张、庞各记大功一次外，张自忠被提升为第二十七军团军团长，仍兼第五十九军军长。

徐祖诒见第五十九军伤亡太大，当日晚命该部转向费县休整。

22日，庞部(张军一旅属之)迅速扫除汤头附近之敌后，以一部向莒县方向追击，主力则集结于汤头附近，并对沂水、蒙阴方面实行警戒。敌汽车 30 余辆,满载伤兵,仅莒县城即留有五六百名(《李宗仁 3 月 25 日给军令部的电报》)。

23 日,敌之增援部队 4000 余人,会同莒县、汤头之残敌,猛烈向第四十军阵地反攻,炮火昼夜不停。由于第五十九军已于 19 日去费县,庞军应战不支,被迫退至城东桃园、黄山一带防守,因连日激战,将士十分疲惫,“伤亡甚重,现剩有战斗兵计第一一五旅全旅五六百人,第一一六旅八百余人,补充团亦七百”;“军、师部即一连之预备队亦无”(《庞炳勋 3 月 23 日给李宗仁的电报》),不得不将军属特务营、学生队等组织起来投入战斗。

临沂城危在旦夕!

中国军队奋勇冲向敌阵

24 日,敌机 9 架先后到庞军阵地大肆轰炸,敌炮 9 门(内有重炮)竟日射击不停,至午后更烈。日军 4000 余人在火力掩护下,对第四十军展开全面攻击,攻击的重点尤侧重两翼:攻右翼埠前店之敌三四百人,当即被击退;攻击左翼三官庙之敌五六百人,迫近阵地前仅一二百米,被击毙甚众。为确保临沂并解危于庞军,张自忠部于本日回师增援,在韦家屯、桃园等地与敌进行激战。25日，午后，张军东渡沂河，占领桃园。26日，日军1000余人，在十几门大炮掩护下，绕道转至临沂西北义堂一带，以环攻取城，张军急派重兵于城西娘娘庙至大岭一线布防。攻击三官庙之张军一部，因损失极大，停止了进攻。敌占领营子、乾沂庄、沙埠庄等村庄后，不敢再行冒险，而设在古城之张军军部，此刻受到义堂方面之威胁。

庞军兵力损失过巨，已失去战斗力，虽强守九曲店、小李家庄、沭埠岭、黄山一线，但河东阵地很难支撑，临沂城处在敌炮火有效射界之内。

27日，当面之敌从早7时开始向古城、南沙埠庄、小岭、北道攻击。同时，敌之一部从蒙阴南下，袭击临沂西南的朱陈镇。庞军以第三十九师第一一六旅副旅长崔玉海率刘富生之第二三一团会同张里元部保安团守城，余皆撤至城南地带，军部移至九曲至黄山一线（王瘦吾《四十军庞炳勋部防守临沂经过》）。

28日，敌“增加千余人，炮十二三门，附以飞机往复轰炸，密集炮火射击，村中房屋被炮火焚烧，烟焰弥漫”（《张自忠3月29日给李宗仁的电报》）。第五十九军与敌展开血战，为节省兵力，在七德、前后七里屯、前后岗头一带修筑阵地固守。

王肇治

29日，敌猛攻前后钦宿，第五十九军与敌三次争夺，喋血抗敌，前赴后继，毙寇逾百。

第五战区派驻在海州的第五十七军缪澂流部王肇治旅赴临沂增援，于29日晨到达东高都。午后，徐祖诒偕王到张之军部，经研究后，王旅于晚7时向城西北的十里堡前进，并向大、小岭方向出击。汤恩伯部骑兵团来临沂增援，于午后抵达西胡子峪，奉令向义堂以北地区进攻。敌连日伤亡千余人，向汤头退却。晚10时许，第五十九军官兵同仇敌忾，猛烈出击，当面之敌受创，“损失颇巨”，向北退却。此时，王肇治旅沿沂河，汤部骑兵向艾山、义堂一带出击。

张自忠和临沂战役示意图

是日晚，由于台儿庄方面敌第十师团之濑谷旅团战况吃紧，坂本旅团主力两个步兵联队和一个野炮兵联队，匆忙驰援台儿庄，仅留一个联队步兵和少数炮兵在临沂与张庞两军对峙。至此，战役基本结束，第五十九军“伤亡达万余人”（《张自忠 3 月 29 日给李宗仁的电报》）。虽然此后尚有岗头、朱陈等地之战斗，已是强弩之末，实属尾声。

临沂战役从 3 月 3 日开始，至 4 月 20 日结束，历时 49 天。在这场可歌可泣的激战中，由于第四十、第五十九军全体将士并肩浴血战斗，奋勇杀敌，重创了武装到牙齿的侵略者，创造出毙伤日寇 6000 余人的光辉战绩。中国军队以势力较弱的“支那杂牌”，对抗号称“大日本皇军中最优秀的‘刚军’板垣师团”，创造了击退日军的优秀战绩，书写了中国抗战史上光荣的一页，对全国各个抗日战场及抗战部队影响极大。它以雄辩的事实，再次粉碎了“皇军不可战胜”的神话。虽付出相当大的代价，但使日寇的阴谋化为乌有，从而使冒险进到台儿庄的濑谷旅团处于绝望境地，奠定了台儿庄战役重大胜利的基础，这次抗敌的真实历史，应该载入抗日战争的光辉史册。

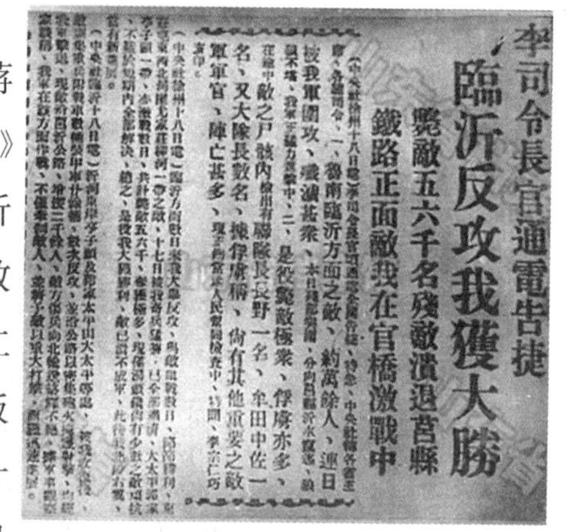

李司令長官通電告捷

臨沂反攻我獲大勝

斃敵五六千名殘敵潰退莒縣

鐵路正面敵我在官橋激戰中

李宗仁通电临沂反攻告捷

临沂胜利消息传出后，曾得到蒋介石和李宗仁的传令嘉奖。《大公报》于 1938 年 3 月 16 日发表社论《临沂之捷》，高度评价中国军队在临沂击败日军的政治意义和军事意义。李宗仁指出，临沂战役“最大收获，就是将板垣、矶谷两师团拟在台儿庄会师的计划彻底粉碎。造成台儿庄血战时，矶谷孤军深入为我围歼的契机”；“造成台儿庄大战前，一出辉煌的序幕战”（《李宗仁回忆录》语）。实际上，临沂是独立于台儿庄方面的另一个主战场，临沂战役的实际意义远远超出了序幕战和外围战的范围。

由于整个战局情势之需，4 月中旬，张自忠部奉第五战区之令撤到郯城西部地区休整。继之，庞部亦撤离临沂南去。板垣师团在日军加藤正第一〇二师团的增援下，于 4 月 21 日攻陷临沂城。惨无人道的日本法西斯分子，所到之处，血迹斑斑，断壁残垣，其累累罪恶，令人发指，罄竹难书。占城前夕，在城北古城和城西北大岭二地制造了惨案，杀死平民 134 人。入城后，兽性发作，惨绝人寰地制造了震惊一时的临沂惨案，几天之内，屠杀城里居民竟达 2840 余人（据沈桐华、叶瑶圃《临沂城的失陷》手稿），连老幼皆未幸免……

联庄会攻打临沂城

唐士文

王伯英所领导的临沂县第二区联庄会，是活动在临郯地区一支影响较大的农民抗日武装。王伯英，临沂县二区老屯村地主，毕业于山东公立法政专门学校，曾在冯玉祥部队里服役过，解甲归田返乡后，不遗余力地为临沂县政府效劳。35 岁时，他以“民团领袖”身份“带民团入城防守”。1935 年 7 月临沂县联庄会（总会长由县长范筑先兼任）成立后，他任第二区（区称分会）分会长。在地方上负有名声。

1937 年后，他为了保护家产，扩充实力，名利双收，打起所谓抗日的招牌，在老屯、青竹、汤庄、华岩寺及其周围村庄，扩大联庄会组织，大量发展农民入会，一时颇有声势。由于王是个虔诚的佛教徒，又系临沂佛教会会长，因而佛教思想之影响在联庄会中日趋发展，尽管王伯英标榜抗日，但在社会上，群众仍一针见血地称其联庄会为“汉奸会”。

为了摆脱“汉奸会”之舆论并掩人耳目，猎取政治资本，1938 年 5 月中旬，王伯英在傅庄召开了联庄会各村负责人会议，提出趁敌人外出、城内空虚之机，主动攻打日军占领的临沂城。当时，广大人民群众对无恶不作的日本强盗切齿痛恨，所以一经倡导，纷纷摩拳擦掌，揭竿而起，云起响应，一时竟组织起 2000 余人。

攻城于 5 月下旬某日凌晨 3 时开始。其部署是：第一路张玉振部占据金雀山，由该部一队队长李继武带19人悄悄从朝阳寺前城墙水眼中爬进城，作为内应；第二路刘献廷部驻南坛以西，以备接应；王伯英率众由西南角攻城。

沂蒙抗日自卫团的岗哨

李继武等进城后，未得城外接应时，便在朝阳寺西开枪进攻。被日军发觉后，仓皇中“四面包围，还枪抵抗”，毙命者无数。攻城部队兵临城下后，因无大炮破墙，只好凭借云梯爬城。队伍中有一姚老四者，临沂城南高都村人，素有武功，自信画符念咒，便可刀枪不入，此时，自恃奋勇，捷足先登，上了城墙顶。正当他高呼下面人快爬时，不幸被日军枪弹击中，顿时身亡。后继之人，眼见有佛爷佐助的姚师父已无济于事，不敢再行冒险。由于联庄会员平素缺乏军事知识与实战经验，临阵后事出所料，不免阵脚大乱，难以控制。而城中李继武等20人，虽左冲右突，殊死搏斗，怎奈寡不敌众，全部壮烈牺牲。这场攻打临沂城之战斗，就这样悲壮地结束了。攻城之失败，挫伤了群众的抗日激情，联庄会的活动趋向低潮。然而，它的影响却很深远，至今临沂一带尚流传联庄会《攻打沂州》的歌曲。其词曰：

日本鬼子，抢占沂州，杀人放火，扰乱不休，这口闷气，不能忍受，冲上去，狠狠地揍。直向前，别后退，我们要报仇！手榴弹，咔！大刀片，杀！大家一齐冲上沂州。

胭脂山伏击战

中共临沂市兰山区委党史研究室

1938年9月上旬，以张光中为总队长、何一萍为政委的苏鲁人民抗日义勇队第一总队，根据中共苏鲁豫皖边区省委决定，改用国民党临沂专员张里元部直辖第四团的番号。并与张部配合，进行了胭脂山（又名燕柱山、雁柱山）伏击战，取得毙敌六七十人的胜利。

胭脂山一带，地势起伏，丘陵逶迤，临（沂）枣（庄）公路穿行其间。战前，我军侦察临郯各据点的日寇调动频繁，做好了在此处伏击日寇的准备。作战计划是郭子化与张里元及其参谋长吴栋云共同研究决定的。部署是：张里元部的卢焕彩团和何志斌团的一个营在公路北面与东面，我义勇队的两个营与临郯费峄边联直辖第一营第一连在南面。规定战斗先由卢团打响，然后全军出击。

胭脂山

义勇队接受任务后，就在公路南面的山脚下选好伏击阵地，一连在东，义勇队两个营在西，进入阵地等候敌人。当天敌人没有行动。

第二天上午9时许，日寇五六百人乘六七十辆汽车，由西南向东北往临沂城急驰。卢团见敌声势大，未放一枪便仓皇撤退，我军与何团一营不知此情，仍坚守以待。等敌人汽车队快要过完时，我直辖第一营第一连连长、共产党员宋荣文恐贻误战机，遂发起攻击。我军及何团一个营全线展开战斗。经过两小时激战，毙敌六七十人。我军也付出重大代价，第一连生还者仅五六人，连长宋荣文、机枪班长孙从善及战士吴绍银、左宗理、宋传理等60余人壮烈牺牲。何团那个营也阵亡四五十人。

战斗结束后，我军在北小寺村为宋荣文等烈士召开追悼大会。会上，群众情绪激昂，踊跃报名参军，五六十人的连队又迅速建立起来。

车辋据点围困战

王华光　尹树文

临、郯、费、峄四县边联是鲁南抗日根据地的中心地区，位于抱犊崮东部，境内多山，地形复杂。抗日战争中，四县边联地区的人民在共产党的领导下，积极参军参战，并组织起抗日武装力量。当时在四县边联一带的抗日武装主要有张光中、李乐平领导的苏鲁人民抗日义勇总队（临沂专员公署直辖四团）；有四县边联游击中队；有长新桥民主人士宋云石、王墨山率领的直辖一营约800余人。四县边联办事处的驻地就在车辋。因此，车辋地区围困的敌、伪、顽与我们之间的斗争是非常激烈和残酷的。

1938年10月，驻守卞庄的日军300余人，在刘克锡、崔六两股伪军的配合下进犯我四县边联地区，并占领了车辋，对我抱犊崮山区抗日根据地形成了严重威胁。为了在鲁南山区坚持抗日斗争，必须首先拔除日伪军在车辋设立的据点。敌人在车辋的据点，深沟高垒，地势险要。当时我军民采取了长期围困的战术，使敌人陷入孤立无援的境地。

张光中

12月中旬，苏鲁人民抗日义勇总队占领了车辋西北及北面的米山子等高地，形成迂回包围之势，钳制日军，使其无法向抱犊崮山区及其周围延伸。日军不断反扑，曾六次向米山子阵地发动进攻，均被我军击退，据守车辋之敌遂陷入孤立待援境地。为解车辋之围，驻临沂城日军多次进行报复“扫荡”，由于我军采取机动灵活的战术，日伪军难以对我边联县军民造成重创。

1939 年 1 月 27 日，临沂日伪军出动百余人，集中马车 230 辆，到车辋大肆抢劫。直辖四团与两个直辖营连夜赶赴车辋周围，并派连长张元丰率 10 多名战士在车辋东南漫溪村设伏。28 日上午 9 点，敌 200 多辆马车满载抢劫的物品行至漫溪村时，突遭我军伏击，敌人被打得晕头转向，慌忙弃车逃窜。车辋之敌闻讯出动，企图援救，被我打死十几人，余者又缩回据点。29 日上午，直辖四团和边联大队战士们乘胜将据点围住，大批农救会员和群众纷纷前来参战，喊声、杀声响成一片，敌人吓得不敢露面。临沂日军急忙出动骑兵 200 余人快速援救，行至棠林一带时，遭到第五战区游击司令部第十七支队和东柳庄联庄会的阻击，日军被打死 40 余人，敌增援计划落空。车辋之敌见援兵不至，于下午 2 点开始匆忙突围，我军先佯装退却，诱敌上钩，首先突围的 30 多名日军被我团团围住，当场击毙 25 人，其他敌人仓皇逃走，随后突围之敌又被我穷追猛打，打死打伤五六十人。长达 40 多天的车辋围困战胜利结束。这一胜利，扩大了我军的活动区，稳定了群众情绪，我义勇总队和四县边联大队等八路军武装，在这一地区站稳了脚跟，为八路军一一五师进入山东，创建鲁南山区抗日根据地创造了有利条件。

1939 年

费县东流村村民抗日自卫战

鲁中区军民反“扫荡”

莒县葛家庄战斗

五井镇战斗

兑头沟伏击战

费县东流村村民抗日自卫战

张乃军

东流村位于费县南新庄乡东部，是一个三面环山的山村。扼临（沂）滕（县）大道中段。20世纪初爆发的义和团运动中，这个村也竖起了义和团大旗，“操枪刀、练拳脚”之风盛行全村。后来为防土匪骚扰，又筑起了围墙。因该村围墙坚固、武器多，村民拳脚也练得好，凡有土匪来攻，都被村民击败，素有“金东流”之美称。

东流战斗遗址

1939年1月30日9时许，日寇派人到东流村送信，说“皇军要借路，千万别开枪”。早就恨透了日本鬼子的东流村民，迅速做好战斗准备。年过70的村长孙义山、副村长沈志安亲自指挥。村民吴宝贵、吴恩庆、吴保佑等人跑出东门，等日寇一接近，即开枪射击，200多日军遂向东流村发起进攻。

吴宝贵、吴恩庆等是四里八乡知名的神枪手，他们以围墙为依托，向日寇还击，接连打死十几个鬼子兵。在村民顽强防守下，日酋恼羞成怒，集中所有机枪、钢炮，向村内射击，致使围墙一片片坍塌，炮楼一个个崩陷，村长孙义山在战斗中牺牲，持枪战斗的村民多人牺牲、负伤。

东流村村民窦玉启（左）与窦洪建介绍当年村民打鬼子使用的长枪

战至下午3时许，日寇攻进村内，村民利用熟悉的地形与其展开巷战。孙义时拿着铡刀将走在前面的鬼子兵劈死，自己被围上来的鬼子用刺刀刺中；吴相勇从北门撤下来，与鬼子周旋，一气掷出七八个手雷，炸死十几个鬼子；吴恩堂手持大刀利用巷口、墙角砍死了3个鬼子后牺牲；连外村来东流打铁的两名铁匠也主动参加了战斗。

但毕竟敌众我寡、武器悬殊，手持现代化武器的日寇步步紧逼。从北门、南门、东门撤下来的村民向西撤退，准备从西门突围，但西门已被日军机枪封锁。在敌机枪猛烈扫射下，手无寸铁的妇孺老少，一片片倒在血泊里。村民们只好又撤回到西门里的几条小巷中。其中有30人挤进一座房子里躲避枪炮子弹，被日寇发现，架起机枪封锁了门口，堆上柴草点火，30村民全部被烧死。

拥挤在西门里小巷里的村民们，被日寇的机枪打得血肉横飞，村民吴广孝一家8口全部遇难。吴宝吉10口之家，2人重伤，8人被杀，外村来打铁的两位铁匠，被日寇用铁丝穿了锁骨，绑在树上，浇上汽油，活活烧死。更令人惨不忍睹的是怀孕8个月的周广兰(孙开箱之妻)，被鬼子兵剖腹开膛，用刺刀挑起腹中婴儿，在街上狂呼乱叫。一时间，日寇见人便杀、见房就烧，东流村血流成河，火光冲天。

事后统计，被杀害村民73人，男52人，女21人，其中60岁以上的老人10人，10岁以下的儿童6人，重伤22人。烧毁房屋69间。7万余斤粮食和其他财物被洗劫一空。

日寇也得到了应有的惩罚，被东流村民众打死75人，致使日寇一提起东流村就如惊弓之鸟。村西有座桥叫猴子桥，栏杆上是石雕的猴子。一次鬼子兵路过，竟误认为是东流的村民，吓得就地卧倒，机枪、迫击炮打了好一阵子。中日邦交正常化后，据说一位当年侵华老兵随田中首相访华，还试探着打听东流村的情况，是对自己当年暴行的愧疚，还是领受东流村民土炮之威的余悸未消呢？恐怕二者兼而有之吧！

鲁中区军民反“扫荡”

崔维志

八路军鲁中部队1939年春调整部署后，山东纵队第四支队频繁向敌人出击。4月下旬，廖容标、林浩率第四支队第二、第三营夜袭泰安东杨庄日军，歼敌一部。5月1日，泰安、莱芜日伪军出动千余人，分3路进攻在泰安东北的第四支队。第四支队英勇抗击，与敌周旋3天，予敌重创后转移到莱芜西北。11日，莱芜、章丘日伪军700余人，又分3路合击第四支队，我与敌激战3小时，将敌击退。战斗中，第四支队政治部组织科科长周绍南牺牲。第二营第八连作战勇猛，荣获“钢八连”光荣称号。接着，赵杰率第四支队第一营袭击津浦路大汶口、南驿、吴村等车站，消灭伪军30多人。

在中共苏鲁豫皖边区省委和八路军山东纵队创建鲁中抗日根据地之时，鲁中还存在着国民党主力部队、地方武装和省、专区、县政权。1938年4月，第六十九军军长石友三率部进入鲁中，同年底离鲁赴冀；1939年春，鲁苏战区总司令于学忠率第五十一、第五十七军由安徽北进鲁中。地方部队方面，1938年11月，鲁苏战区副总司令兼山东省政府主席、保安司令沈鸿烈，率省府机关、新编第四师，由鲁北进入鲁中。于学忠、沈鸿烈收编专、县地方武装，组建了游击纵队、保安旅。国民党山东第三区(临沂)专员张里元在费县活动,所辖临沂、莒县、日照、沂水、蒙阴、郯城、峄县、费县均有县长,他们也都拉起一些武装。边区省委及鲁中各级党组织、八路军游击部队,都同他们建立了统一战线关系。

边区省委及后来改称的山东分局和八路军山东纵队,创建以沂蒙为中心的鲁中抗日根据地,使沂蒙成为山东抗战的指挥中心。山东纵队率第一、第二、第四支队万余人分别依托沂蒙和泰山区广泛开展游击战争,八路军第一一五师东进支队又由鲁西进入鲁中,严重威胁着日军控制的津浦、胶济两大铁路。国民党鲁苏战区总部及主力进入鲁中、滨海,也对日军形成威胁。驻沂水县东里店的国民党山东省政府及新编第四师,虽消极抗日积极反共,但由于还没有公开投降日军,日军也想对其实行武力迫降。

黎玉在八路军山东纵队部署反"扫荡"

日军占领广州、武汉后,基本停止了对国民党正面战场的进攻,开始回师华北,“扫荡”共产党领导的敌后抗日根据地。为此,日军华北方面军制订1939年度“治安肃正计划”,确定从1939年1月至1940年3月,分3期实施“肃正作战”。其作战方针是:“通过讨伐作战,全部摧毁匪军根据地,同时彻底进行高度的分散部署兵力,随后即依靠这些分散的据点,对匪军反复进行机敏神速的讨伐,使残存匪团得不到喘息时间和安身之所。”

1939年3月,华北方面军在“治安肃正纲要”中进一步规定:“重点专以敌人的游击战术为对象给予完全封锁。因此,以奇袭、快速奔袭作为作战指导的基础。”日军在第一期“肃正”作战中,先后对津浦路西、胶济路北,以及胶东、苏鲁边和鲁中泰安、莱芜边,由北而南,先平原后山区,进行了普遍的分区“扫荡”。在第二期作战中,于6、7月份发动了所谓“鲁南作战”,对鲁中进行了抗战以来第一次大“扫荡”。

还在5月下旬,驻济南的华北方面军第十二军司令官尾高龟藏中将就开始集结兵力,以第五师团为主力,以及第二十一、第三十二、第一一四师团和独立混成第五旅团各一部共2万多人,以沂蒙山区为主要目标,由北向南,由西向东,采取长驱直入、分进合击的作战方针,企图一举歼灭山东纵队指挥机关和主力部队,以及这一地区的国民党军。

6月4日,日军分别从临沂、费县、平邑、新泰、莱芜、博山、临朐、安丘、诸城等地出动。7日,日军飞机15架轰炸了国民党山东省政府驻地东里店、八路军山东纵队部队驻地蒙阴县坦埠和国民党鲁苏战区总部驻地沂水县上高湖。东里店有300多人遇难,省动委会主持人张维中牺牲;坦埠适逢大集,群众死伤惨重。日军先后占领了莒县、蒙阴、沂水等县城及大店、河阳、坦埠、东里店、南麻、鲁村等重镇;在沂蒙腹地进行反复的分区“扫荡”，安设了大量据点；控制了台儿庄、潍县公路和沂沭河沿岸，切断了鲁中与滨海的联系；控制了临沂、兖州公路和泗河，切断了鲁中与鲁南的联系；对淄博矿区及淄博以南山区也加强了控制。

驻沂水县王庄的中共山东分局、八路军山东纵队指挥部，事先发出了反“扫荡”指示，缩减与分散了后方机关、学校、兵工厂，并配备了自卫武装。军政人员分散到各部队，帮助反“扫荡”，并协助地方党组织发动群众，建立新的游击队；广泛开展分散的游击战，内外线互相配合，打击日军交通线、运输队与薄弱点。同时避免与日军主力交锋，保存有生力量。命令在滨海活动的第一支队第二营进入沂蒙反“扫荡”。

为了加强对沂水县反“扫荡”斗争的领导，分局两次召开县委和区委负责人会议，具体布置反“扫荡”工作。并派出赵耀白和江滨领导的工作组，直接领导沂水工作。分局与抗大第一分校直接领导沂水县第四、第五、第九区；分局工作组领导第一、第二、第三、第六区，县委领导第七、第八区；日、顽军控制的第十区的中共组织，相机行事。为加强沂水县南部4个区的反“扫荡”领导，县委还成立了沂南中心区委。

在内线坚持斗争的山东分局、山纵指挥部率领山纵特务团、分局党校，转战于沂水县西面的王庄、沙地，新泰县梭里、朴里和蒙阴县坦埠。6月10日，他们由王庄向沂水县第二区转移，在梭庄与日军遭遇，警卫部队奋力冲杀，掩护机关摆脱日军合击，沂水县委军事科长王永才牺牲，警卫连也被打散；下旬，分局和纵队机关在梭庄再次与敌遭遇，特务团与敌人激战，机关和团主力突出包围，副团长曹鸿胜等牺牲。

7月15日，我军一部围攻驻沂水县第四区龙湾的日军，毙伤6人。6月8日，保卫山纵兵工第一厂的回民连，在沂水县绳庄与日军大部队相遇，激战中回民连牺牲22人。后回民连重新组建，改为山纵直属警卫连。8月1日，山纵第一支队与国民党军一部围攻东里店日军据点，我军攻占制高点唐山、凤凰崮，逼近东里店西街，毙敌30多人，友军在敌增援时撤退，我也只好撤出战斗。8月9日至19日，我军又在葛庄、韩旺4次伏击增援东里店的日军，毙其50多人。根据地内游击队、自卫团也普遍活动起来，捉拿汉奸，伏歼、截杀日军小股部队和零散人员。

分散在沂蒙外线的山纵各支队，以灵活机动的战术奋力袭击敌人。活动在泰山区莱芜县的第四支队第三营，于6月上旬在寨里东伏击日军运输队，消灭日军特务队长以下10多人，缴获枪百余支、电台1部、军用雨衣400件；25、26两日，第四支队第三营与先遣大队打击莱芜东北苗山日军及由博山出动报复的日伪军，毙其百余人；7月15日，第三营又在莱芜东北栖龙湾毙伤日军60多人。第四支队第二营在新泰谷里伏歼日军50余人，第四支队作战科长王坤、营教导员王志耕、特派员黄文山等百余人壮烈牺牲。6月19日，日军夜袭博山县南的夏庄，淄博特委军事部长兼第二大队大队长率部掩护群众转移，不幸牺牲。6月29日，鲁东南特委在莒县西南葛家庄与日军遭遇，为掩护机关转移，警卫连牺牲21人。

常恩多

费县西北部的八路军第一一五师直属队和第七团、津浦支队，在云头山打退费县出动的日军千余人的进攻，并乘胜开辟了费西北地区，建立了蒙山支队等若干支游击武装，计2000人、1500支枪，以后这些武装多数与第七团合编为第一一五师津浦路东支队。

这次反“扫荡”，历时 1 个多月，八路军与敌作战 20 多次，多次避开日军的合击，保卫了山东分局和山纵首脑机关，保存了主力，并获得了歼敌千余人的胜利。

国民党方面，在莒县的第五十七军第一一一师，在师长、中共特别党员常恩多率领下，首战板泉崖，继战上河、九里坡，战斗数十次，重创日军。在临朐县蒋峪的省府新编第四师一个团与海军陆战队 2000 余人，遭到日军重兵围攻，激战一天，遭到很大伤亡。最后，他们用上大刀片，与日军白刃血战，结果重创日军，敌人被迫退去。

进入鲁南的第五十一军

在费县的第五十一军第一一四师活动于蒙阴以东，沂水以西，博山以南，沂水、蒙阴公路以北地区。日军占领蒙阴城后，该师师长方叔洪率师部与第三四〇旅、第六八〇团，经一夜行军到达沂水城西三十里铺，得悉沂水县城已被日军占领，于是折向西北，到达蒙阴县鲁村。刚在此休息一天，博山日军3000多人又南犯，方师长只好率部向蒙阴以东、沂水西北部转移。在沂水县第四区柳枝峪村，巧遇八路军山东纵队指挥张经武，他们二人交换敌情后分头转移。

6月15日，日军再次增加兵力，进攻沂蒙北部山区，第一一四师所在的地方正是日军重点“扫荡”范围。24日上午，方部转进到沂水县第四区焦家上庄，遭到日军多路进攻，突围中，第六八〇团与师部失去联系。这时天下起大雨，方师长率师部机关百余人及直属部队工兵营、通信营、特务连、骑兵连，转移到焦家上庄东南10多公里一村庄。

25日凌晨5时许，哨报敌人来攻，方师长率部沿山沟向东南转移，行至拐棒峪以东冯家场附近(今淄博市沂源县)一条大峡谷时，与大股日军遭遇。北侧山头已被日军占领，地形对他们极为不利。方师长亲自指挥部队反击。师部军需官刘衍智大喊：“方师长快上马突围，此处不能久停!”方师长喊道：“不要管我，你们快向外冲!”三四十匹战马向南山冲去。方师长率部英勇冲杀，因日军火力猛烈，直属部队武器简陋，加之地形不利，激战3小时未能突出重围，官兵伤亡过半。

方叔洪

敌人围了上来，方师长头部、腰部中弹数处，为了不拖累士兵、不被俘受辱，他举起手枪向头部开枪，壮烈牺牲。方叔洪遗体被日军一大队长发现，该大队长与方师长是日本士官学校同队同学，他将方师长装棺入殓，葬于冯家场村前，并在坟前竖一木牌：“支那师长方叔洪之墓。”战斗结束后，第五十一军军部将方师长遗体迁葬于石龙官庄第五十一军墓地。

在日机轰炸东里店的第二天，日伪军进犯东里店。驻东里店的国民党山东省政府主席沈鸿烈认为他积极反共，又暗中勾结汪伪，定会博得日军欢心，对他网开一面，因此对日军“扫荡”毫无准备。日军来势凶猛，沈鸿烈害怕被俘遭杀害，即扔下机关人员和部队，只身逃往关河峪村藏了起来。省政府及所属部队被打散，基层政权纷纷垮台。在这次反“扫荡”战斗中，国民党鲁苏战区部队损失惨重。八路军积极出击包围国民党军的日军，带领与掩护他们突围，并帮助他们收容失散的人、枪，协助他们整理部队，东北军中下层军官和广大士兵对此十分感激。

莒县葛家庄战斗

杨　雷　陈连城

1939年6月，日军2万余人对我沂蒙根据地进行大“扫荡”，同时分兵“扫荡”了鲁东南地区。6月27日（农历五月十一日），日军千余人和伪军一个师第二次侵占莒县城。又先后占领了日照、沂水县城。仅在莒县境内的泰石、台潍公路线上就安设了48处敌伪据点。

为集中兵力保卫沂蒙中心根据地，八路军山东纵队将在鲁东南地区活动的二支队编为一支队二营（700余人）调往沂蒙山区。这时鲁东南地区只有中共鲁东南特委领导下的县、区地方部队。为坚持反“扫荡”，特委将其直接领导下的一个营又一个连，改编为一个加强二中队（警卫连），共208人。

鲁东南特委机关和二中队先后在台潍公路两侧的桑园、青云庵一带活动了20多天。6月29日黄昏，特委书记高克亭、军事部长谢辉和李仲林等领导人率领特委机关及二中队，从莒北出发，夜里向泰石公路以南转移。翌日拂晓前，队伍转移到莒县城西南公婆山附近的葛家庄前场地暂时休息。

谢辉

这时，一分队队长陈连城乘休息之机进村买粽子吃,得知日军已到公婆山村(离葛家庄3里路)。陈连城立即跑回向谢辉报告,谢辉命令二分队向公婆山一带警戒。此时忽然听到隆隆的声音由远渐近,原来是满载日军的3辆汽车开到了二中队的跟前。鲁东南特委机关及二中队和从莒县城里出动的敌人遭遇了,战斗立即打响。二中队队长孙盛胜和中队的胡副指导员带领二分队向敌人猛烈射击。天亮的时候,敌人从东、西、北三面包围过来,实行夹击。这时如不迅速撤退,敌人窜到南面去,将会卡死我军的退路。孙盛胜和胡副指导员带领二分队,边打边撤,抢占了葛家庄南岭。敌人边打边追,炮声和手榴弹声震耳欲聋。为了掩护特委机关和葛家庄群众转移,英勇的二分队战士占领葛家庄南岭后,进行了顽强的阻击,舍生忘死,浴血拼搏,打死打伤许多敌人,同时我二分队也伤亡很大。中队长孙盛胜在指挥战斗中英勇牺牲,胡副指导员毫不犹豫地接替中队长继续指挥战斗。他在战斗中腹部中弹,仍掩护同志们撤退,最后和敌人同归于尽。分队的战士们以寡敌众,子弹打光了,就用手榴弹打,手榴弹打光了,就同敌人展开肉搏战,一个个英勇顽强,奋不顾身,皆酬捐躯救国之志,表现了我抗日战士的高尚气节。

在二分队进行顽强阻击的时候,一、三、四分队在谢辉的指挥下,边战边掩护特委机关,顺着葛家庄的西南方向,越沟翻岭,很快摆脱了敌人,转移到圣母冢、汕头渊。

这次遭遇战,激战两小时,打死打伤了许多敌人,长了人民的斗志,灭了敌人的威风,掩护了鲁东南特委机关和葛家庄群众安全转移。在战斗中,我中队付出很大的代价,21名同志壮烈殉国,许多同志受伤,用鲜血写下了英雄的赞歌。

五井镇战斗

李兴河

1939年8月，八路军山东纵队第一支队司令员马保三、副司令员钱钧率部驻在临朐县五井镇一带。同时，临朐县委组建的独立营驻防在下五井。五井镇地处临朐县城西南15公里的山区，镇周围砌有五六米高的围墙，四面各有一寨门。镇东300米处有一座莲花山，山峰不高，但地形复杂，是控制五井镇的制高点。第一支队在山上布置了1个班哨和1个流动哨。

10月24日深夜，临朐城内的日军青州守备队队长有田及木莫等带领日军100余人及伪军300余人，偷袭八路军山纵第一支队驻地五井镇。25日凌晨，日伪军先偷袭莲花山，抢占制高点。由于寡不敌众，八路军班哨被迫撤回镇内。日伪军将八二迫击炮、掷弹筒、轻重机枪架在山顶，对着五井镇狂轰滥炸，并在猛烈火力掩护下，于凌晨3时许，分别从东门、北门和炮台处向我军发起进攻。驻五井部队侦察敌情后，决定由钱钧副司令员亲自指挥一个连守东门，第一营营长李福泽赶往北门指挥战斗，首先打垮进攻北门的伪军，然后待机各个歼灭敌人。李营长赶往北门后，首先命令第一排迂回出北门，向敌人的侧翼运动，联合驻下五井的临朐县独立营从敌人的背后进行袭击。同时，组织镇内军队奋勇反击进攻之敌，把伪军困阻在围墙下。正在激战时，我军迂回部队从敌人背后开火，敌人腹背受敌，阵脚大乱，混乱中一名伪军大队长被击毙，伪鲁南警备军副司令王德平负重伤。在我军夹击下，伪军丢尸弃械逃窜。与此同时，几十名日军在强大火力掩护下，向东门发起冲锋。等日军接近围墙时，钱副司令一声令下，步枪、机枪一齐向敌人猛烈扫射，手榴弹不断在敌群中爆炸，迫使日军逃窜，打退了日军的第一次冲锋。日军依仗着精良武器，一次又一次地向我军阵地发起进攻。在钱钧副司令的指挥下，我军沉着应战，消耗并拖住敌人，又派人赶到支队司令部驻地茹家庄（距五井 4 公里）请求增援。镇内群众也纷纷组织起来，运送弹药，救护伤员，送水送饭。战斗持续到天亮，我军击退了日军的多次进攻。

DAZHUNG RNBAO

大衆日報

社論

庆祝临朐大胜利

临朐五井伟大胜利

《大众日报》于 1939 年 11 月 3 日发表社论《庆祝临朐大胜利》

收到消息后，我增援部队火速赶到。钱副司令员立即命令增援的机炮连配合部队拿下莲花山，占领制高点。李营长带领部队正面出击，临朐独立营配合三连迂回到敌人背后，切断敌退路，这时，驻守在十几里外平安峪的一营三连也赶来参加战斗。反击开始，奉命夺取山顶的部队，在炮火掩护下，巧妙地利用地形，迅速接近山头，与日军展开肉搏战。经过近1小时的激战，又重新夺回了莲花山制高点。日军最后被包围在莲花山脚下的一片坟地里。日军被压制在坟地里，突围无望，援兵不至，便凭借着坟堆、树林，进行垂死挣扎。我军集中迫击炮、轻重机枪等火力，对日军猛攻，我军战士端着刺刀，冲向敌群，展开肉搏战。至下午7时，被困之敌全部被歼，战斗结束。此战，共毙伤日军40余人，伪军120余人，俘日军1人。日军守备队长有田、小队长岩井和石日、医生山田等被击毙。缴获重机枪1挺，轻枪3挺，三八式步枪21支，七九步枪10支，手枪2支，掷弹筒弹2箱，机枪弹1箱，子弹5万余发，其他军用品1宗。1939年11月3日，《大众日报》为此发表了《庆祝临朐大胜利》的社论，指出："这是一个伟大的胜利，这一次胜利是山东抗战两年来最模范的战斗。"

兑头沟伏击战

李兴河

1939年12月25日晚，八路军一一五师鲁豫支队第四大队在大队长梁兴初的带领下，抵达滕县东北上、下户主村宿营。当地群众提供可靠情报，近日有一股日军向费县运送军需物资。梁部遂决定在兑头沟设伏，歼灭日军运输队。兑头沟是费（县）滕（县）公路上的一个险要隘口，位于冯卯西岭北侧，面积约6平方公里。公路由西南向东北翻过此岭，然后由沟底穿过，沟两侧山高岭陡，沟壑纵横。大队凭险设伏，依山布阵。一营（营长周长胜）、三营（营长郭廷万）埋伏在公路两侧高地，担负主攻任务；二营（营长江燮元）为预备队，大队指挥所设在抬头山上。26日上午9时许，日军90余人，驱牛车60余辆，满载弹药等物资由滕县县城方向沿公路向兑头沟缓缓蠕动。1小时后，进入伏击圈。一、三营同时向敌开火，堵住日军去路，第十连于东南方高地切断日军退路。日军猝不及防，惊慌混乱，当即被毙伤一部，其余依托牛车仓促应战，拼命顽抗。日军连续4次突围，均被击退。此时，日军三四十人在猛烈火力掩护下，强占了东南侧的火石岭和水山，其余

兑头沟伏击战指挥员
梁兴初

日军就地固守待援。12时许,一、三营在机枪火力掩护下,向日军连续6次发起冲锋,由于日军火力较强,四大队伤亡较大。三营十连连长牺牲。傍晚,日军企图借黑夜突围。四大队集中9挺轻重机枪以密集火力,掩护一营冲击。一营和三营九连在强大火力掩护下冲上公路与敌肉搏,冲杀声震撼山谷,日军被杀伤一部,其余离开牛车撤至沟底。此时,二、三连向沟底冲击。二连四班在班长张文祥带领下,向沟底猛扑,一阵手榴弹炸死日军7人。二连主力紧随四班之后,相继冲入敌群,与敌展开肉搏。日军小队长小林被砍死。东南侧山包之敌在十连的反复冲击下,已死伤大半,残敌仓皇顺山逃窜。二、三、九、十连紧追不舍,仅用半小时,全歼残敌。此战,全歼日军运输队队长小林以下95人,缴获轻机枪2挺、八二迫击炮1门、掷弹筒1个、三八式步枪50余支、电台1部,获牛、马拉大车60余辆及车上武器、弹药、被服、罐头等全部军用物资。四大队受到一一五师电令嘉奖。

兑头沟伏击战旧址

1940年

莒南县王家庄战斗

白彦争夺战

孙祖战斗

抱犊崮山区反“扫荡”

鼻子山伏击战

青驼寺战斗

铜井战斗

鲁中军民反“扫荡”

武安和塔佛山战斗

莒南县王家庄战斗

莒南县委党史委

1940年1月上旬，在莒南县境内，发生了八路军莒南县大队（大队长张子亮，副大队长熊化民）主动与国民党第五十七军第一一一师333旅（旅长王肇治，后任万毅）666团（团长关靖寰，1942年率部起义）配合，共歼日军的战斗。这就是当时威震滨海抗日根据地的王家庄战斗。

1月23日，驻扎在沈疃据点的200多名日军，对十字路以东、赤眉山一带的村庄进行“扫荡”，被国民党第五十七军第一一一师一个急行军包围在王家庄村内。当时，莒南县大队驻在虎园，得知这一消息后，认为这是打击敌人和主动配合、团结国民党军队作战的好机会，即决定在县大队中挑选出骨干50人，于次日晨6点，从北面插入。

关靖寰

当我军赶到时，友军已将敌人逼到该村西北角的一条深沟里，并从东南西三面向敌人展开了猛烈的进攻。经过近10个小时的激战，日军支撑不住，便仓皇向火力较弱的北面突围。我县大队指战员高喊“杀——杀——”，枪弹、手榴弹齐发，敌人一个个应声而倒。敌人突围不成，只好又龟缩回去。乘敌人慌乱，我县大队和友军抓住战机，一起杀向敌人，与敌人展开了激烈的肉搏战，杀得鬼子嗷嗷乱叫，尸体遍地。下午5点左右结束战斗，县大队无一伤亡。

25日天刚放亮，有人报告，有4名日军逃到虎园附近的刘山。我县大队立即召集100人进行包剿。残敌垂死挣扎，向我县大队开枪，打死我战士一名。经过几个小时的战斗，我部歼灭残敌，其中有一名日军军官。缴获3支长枪、1支被砸坏的手枪。

这次战斗前后经过两天，全歼日军第八混成旅喜早支队200余人，生俘10余人，日军中队长申中信被击毙，缴获三八野炮1门、九二式重机枪2挺、轻机枪3挺、二瓦无线电台一部，以及枪支弹药等物资大宗。我县大队和友军伤亡甚微。

战斗结束后，第一一一师某部长官派人来县大队表示感谢，县大队也表示学习友军英勇杀敌的精神。

这次战斗，威震滨海抗日根据地，受到中共山东第一区第五（鲁东南）地委的表扬嘉奖，地委书记高克亭同志亲笔写信给莒南县委给予鼓励。2月10日的《大众日报》刊登了这一胜利消息，称赞"这次战斗是两军配合粉碎敌人'扫荡'的极好模范"。

白彦争夺战

王　健　张成海　南连忠

白彦位于抱犊崮与天宝山区的中间，周围群山环抱，是南北交通的枢纽，历来为兵家必争之地。1939 年 5 月，八路军第一一五师遵照党中央和毛主席的指示，来到蒙山脚下的平邑县马家峪一带，开创蒙山抗日根据地。日军对我第一一五师的到来十分恐惧，专门印发了《对第一一五师作战研究》。为阻挠我继续创建以抱犊崮为中心的鲁南抗日根据地，他们加紧扩充日伪武装，将白彦镇列为重要据点之一。下半年，日军则调集重兵侵占白彦。

罗荣桓与一一五师其他领导陈士榘（左一）、陈光（左二）、彭畏三（左三）在抱犊崮根据地合影

为打破敌人的美梦，我军通过国民党第五十七军中的地下党员做工作，促使第五十七军于 1940 年 2 月将日寇扶植的白彦土顽势力头目孙鹤龄、孙益庚父子诱捕枪决。2 月 14 日，八

路军第一一五师第六八六团、特务团和苏鲁支队第一大队等部，集中优势兵力对白彦之敌发动猛烈进攻，消灭了孙鹤龄部1000多伪军，解放了白彦。

3月7日，邹县城后据点100余日军向白彦扑来，被第一一五师特务团伏击，敌人丢下数具尸体，仓皇逃遁。

3月12日，日伪军又纠集起700余人，带着钢炮和轻重机枪，从城后、平邑、梁邱等据点向白彦进犯，开始了第二次进攻。我阻击东路之敌的部队先掩护群众撤离白彦，后节节阻击敌人，直到黄昏日伪军才爬进白彦。西路进犯之敌一接近南径，即遭到我阻击部队伏击，后该敌窜至黄草坡村外的一片山地里。我第六八六团第一连的勇士们连续发起3次冲锋，击毙日寇50余人。余敌趁我部队转移之机，于黄昏时攻占了白彦。入夜，我第六八六团一部趁敌立足未稳，勇猛地袭击白彦，又给敌以重大杀伤。

13日拂晓，敌仓皇逃遁，我则穷追猛打。敌人快逃到南径村时，突然向我追击部队施放催泪瓦斯，然后窜进了南径村。毒气一过，我军迅速对敌实施包抄，敌人则连连施放毒气。黄昏时，我军对困在村中之敌开始了攻击。当晚7时，南径村完全被我控制。两天激战，我军共毙伤日伪军200多人。

我军获捷后，日寇再度纠集2500多人，向白彦发动第三次进攻。3月19日晨，守卫在官庄山头的第一一五师第六八六团一部的勇士们，发现了在一片树木稠密的凹地里慢慢行进的1000余名敌人。待敌人进入伏击圈，我军4挺机枪吐出火舌，手榴弹瀑布似的落了下去，这股敌人嚎叫着爬进了山沟。待他们清醒过来以后，便在官庄的两个山头和一片起伏的山岭上与我军展开了激烈的争夺战。与此同时，另一股敌人从官庄斜插向太皇崮，与我特务团展开了激战。不久即被我军指战员打得丢盔卸甲，哇哇叫着四散逃命。这时，官庄方向又枪声大作。原来，敌人的脊背正遭我苏鲁支队第一大队痛击，死伤惨重。时至黄昏，官庄之敌溃败了。

1940年2月，八路军一一五师首克敌伪白彦据点后，召开祝捷大会

21日清晨，2000多名日伪军分别进占了白彦和官庄。上午9时许，两架敌机低空盘旋一阵后，向守卫在东山头上的我苏鲁支队狂轰滥炸，但未能给我们造成什么损失。我主力部队在白彦四周休整待命，敌人则抓民夫抢修工事。夜晚，第六八六团开进了白彦西北的一片密林，特务团占领了白彦东北的一片高地，苏鲁支队占据了与白彦相对的青山。凌晨2时，我强袭白彦的队伍出发了。第六八六团第一连直插原汉奸孙鹤龄的住宅，解救出被日军抓来抬炮弹的老百姓，运出300多发炮弹和几十箱子弹。第一营朱营长带领战士摸到一个屋子跟前，见敌人正在熟睡，他便把所有的枪支递出门外。最后他在捡一把日本指挥刀时被发觉了，便迅速跑出来，手持大刀贴在门旁，一连劈死了9个往外逃窜的日军。

这时，白彦的西北角和东北角战斗都打响了，激烈的白刃巷战也开始了，愤怒的喊杀声在夜空中回荡着。发了疯的日军端着刺刀硬向我冲锋，我军被切断联系，第六八六团的一个排被敌人团团围困。勇士们用刺刀手榴弹消灭了3倍于己的日军后，全部壮烈牺牲。残酷的白刃战达到了高潮，日军的指挥官森川也受了重伤。此时，天将破晓，残敌急忙施放大量毒气，扔下300多具尸体狼狈逃窜了。当旭日东升朝霞满天的时候，白彦又重新回到了抗日军民手中。此次白彦争夺战历经14个昼夜，大小10余次战斗，歼敌800余人，缴获长短枪350余支和大量弹药及军用物资。白彦争夺战的胜利，极大地鼓舞了我抗日军民，为创建以抱犊崮为中心的鲁南抗日根据地扫清了障碍。

孙祖战斗

孙继先

1955年被授予中将军衔的孙继先，山东省曹县人。1911年生。1931年参加宁都起义。1932年加入中国共产党。土地革命战争时期，历任中国工农红军江西独立第四师教导大队区队长，红二十二军第六十四师连长，江西模范师第二团营长，红一军团第一师一团营长，陕甘支队一大队连长，红一军团第一师一团参谋长，红三十一军九十三师参谋长，参加了长征。抗日战争时期，历任八路军一二九师三八六旅七七二团参谋长，津浦支队支队长，山东纵队第二支队支队长，第二旅旅长，教导第一旅旅长，中国人民抗日军政大学第一分校副校长，鲁中军区第三军分区司令员。

孙继先

孙继先同志自1939年随军进入山东后，为创建沂蒙山区抗日根据地，亲自指挥和参加了数十次战斗，著名的九子峰战斗，就是其中的一个成功战例。下面这篇文章是对这次战斗的回忆和总结。

1940年的春天，我所在的山东纵队二支队，正在蒙阴一带整训。一天晚上，突然接到山东纵队司令部的紧急命令，要我带领部队迅速赶到沂南西部的高庄村集合。部队遵照命令，迅速出发了。我们的部队，穿过山崖，跨过河流，越过村庄、田野，向着指定的目标飞速前进。

徐向前在沂蒙

部队到达高庄村外，休息待命，我们支队的几个干部赶忙整了整军装，向司令部跑去。这时，司令部的办公室里已经坐满了人，有纵队警卫团的领导，也有地方武装的负责人。八路军第一纵队司令员徐向前看到我们，赶忙迎出门来，其他部队的老战友们也拥出房门，亲切地围着我们问长问短。徐司令员紧紧握着我们的手，高兴地说："你们来得正好，快屋里坐，咱们开个紧急会议。"

徐司令员指着铺在桌上的地图说："最近，日军调集了临沂、沂水、铜井等数处兵力，进攻我沂蒙山区南部，他们的目的有二：一是捣毁抗日民主政权，破坏沂蒙山区南部根据地的创建；二是掠夺群众财物，实行所谓'以战养战'。"他停顿了一下接着说："敌人正在气势汹汹地向孙祖一带前进，我们要抓住有利时机，歼灭这伙来犯的敌人。"

听了徐司令员的讲话，同志们都很高兴，我的心情更是十分激动，恨不得立刻和敌人拼个你死我活。我们还没来得及提出请战要求，徐司令员就来到身边，拍了拍我的肩膀，爽快地说："把这项光荣而艰巨的任务交给你们二支队，怎么样？"他的话音还没落，我们支队的几个干部便忽地站起来："请首长放心，我们坚决完成任务！"

徐司令员满意地点了点头，指着铺在桌上的地图又说："敌人这次的行动路线是过荆山，经孙祖，穿九子峰，继续向南。你们要把主力放在九子峰，给敌人以迎头痛击。敌人受挫后，必然强攻，你们要坚守阵地，给以狠狠打击。敌人的嚣张气焰被打下去之后，定会退守孙祖，你们要集中优势兵力，乘胜追击。这时，敌人就会顺着来路逃窜，埋伏在荆山的警卫团要断其后路。”他伸开两只胳膊，做了一个包围合击的动作之后，又指着孙祖坚定地说：“一定要在这里把它彻底消灭！”

会议结束后，我们二支队全体指战员飞速赶往孙祖。

孙祖，是沂南县西南部的一个小集镇，它北依荆山，南靠九子峰。所谓“九子峰”，就是从东南到西北方向有一道连绵起伏的山岭，岭上有九个像手指一样的小山峰。在孙祖与九子峰之间，横贯着一条小沙河。这里山岭崎岖，沟壑纵横，地形有利，是阻击日军的好地方。部队到达九子峰后，迅速进入阵地，做好了一切战斗准备。

孙祖战斗中缴获的马蹄铁

第二天拂晓，敌人在抢劫了岱庄、大平一带之后，由铁峪出发了。远远望去，几百人的队伍，像一条长蛇东摇西晃地走来，当“蛇头”刚刚越过孙祖，钻到九子峰下时，埋伏在九子峰上的我九连战士迅速运动到山下，猛然给敌人以袭击。敌人慌了，人马乱作一团，四处奔逃。这时，我埋伏在周围几个小岭上的战士一齐开火，霎时，枪声大作，火光四起，手榴弹像长了眼睛一样直落敌群。日军迫不得已，只好就地组织进攻，他们兵分两部，一部在大路附近找到一块隐蔽地反抗；另一部冒险过河，占领河南岸一带山岭。敌我双方展开了激烈的争夺战，在我伏击部队猛烈射击下，敌人血肉横飞，尸骨遍地，许多被打死的骡马也横倒在沙滩上。敌人遭此打击，不敢恋战，迅速收拢队伍，妄图从西南方向冲开缺口脱逃。见此情况，我赶快命令一连从南山脚下迂回到敌人后面，又命令二连迅速占领北面的小山，堵住敌人的退路。凶恶的敌人在无路可走的情况下，不得不掉转回头，再夺九子峰，妄图冲破我们的包围圈，挽救其垂死的命运。他们在炮火掩护下，越过河床，向山坡冲来。

我守卫在九子峰西头的九连战士们，沉着地等待着。当进攻的日军行进到离我们阵地只有 30 米左右时，曲连长紧握拳头喊了声："打！"随即，枪声、手榴弹爆炸声和战士们的怒吼声交织在一起，在烟雾弥漫中，日军纷纷倒地，留下了一片尸体。但是，敌人并不甘心失败，他们在猛烈的炮火掩护下，接二连三地往上冲，一次，二次，三次……当敌人将要冲上山头，我们的战士枪上装刺刀准备肉搏时，一颗炮弹打来，曲连长身负重伤倒在血泊中。几个战士赶忙跑过去，要架他下火线. 他坚决不肯，忍受着剧痛，吃力地坐起来，望着与日军搏斗的战士不停地高喊："同志们，为人民立功的时候到啦，拼到底也要守住阵地。"在他的鼓舞和激励下，九连战士抱定了与阵地共存亡的决心，先后打退了敌人的 17 次进攻，阵地上始终飘扬着我们的红旗。

罗舜初

时近中午，纵队司令部参谋处长罗舜初同志来到前沿阵地，他了解完战斗情况，察看了兵力部署之后，严肃地问道："怎么样，能不能守得住？有没有困难？"我们坚定地回答："有我们在，就有阵地在！”他紧紧握着我们的手亲切地说：“今天下午还会有场恶战，你们只要能坚持到黄昏，就可以全线出击。”

果然不出罗舜初同志所料，下午一时，敌人集中了所有的兵力，发动了更加疯狂的进攻。密集的炮火不停地在我们阵地上爆炸，燃着了山上的野草、树木，炽烈的火焰不断地蔓延，滚滚的浓烟熏得我们睁不开眼，透不过气。这时，凶恶的敌人借着浓烟烈火，冲上山顶，战士们心急如焚，纷纷端起刺刀，与敌人展开肉搏，枪花刀影，杀声震天。经过一阵激烈的搏斗，敌人节节败退，指导员孙秀泉喊了声：“同志们，杀啊！”带头冲下山去，全连战士在他的带领下英勇奋战，追歼敌人。突然，一颗子弹飞来穿透了孙秀泉同志的胸膛，他用最后的力气，支撑着身体继续指挥战斗。当战士们打退敌人，要把他抬下火线的时候，发现他已壮烈牺牲，匣枪和子弹也都不在身上。大家都很惊奇，指导员是在敌人溃退时牺牲的，敌人没有冲到他跟前，枪怎么会丢失呢？经过一番搜索，才发现枪和子弹埋在离他尸体五六步以外的泥土里。战士们默默地守在他身旁呜咽着，抬担架的群众也都擦眼抹泪。两眼含泪的连长，猛然站起身，紧握着孙秀泉留下的匣枪高声喊道：“指导员牺牲了，把枪留给了我们，我们要接过指导员的枪，英勇杀敌，为他报仇。”为指导员报仇的呼喊声

九子峰战斗遗址

震荡着山川峻岭。

黄昏,我们下达了全力围歼敌人的命令,战士们如虎添翼,冲下山来。守卫在九子峰西山头的三连一排排长李前仁,带头冲进山坡下敌人占据的一间小屋。这时敌人已经退守到这一带壕沟,李前仁迅速带领几个战士迂回到壕沟左侧,沿山坡摸下去,只见一伙敌人正在逃窜,他赶忙掏出手榴弹掷了过去。轰!轰!手榴弹一颗接一颗地爆炸,敌人发疯似的嚎叫着转回身来,机枪、步枪一齐扫来,李前仁迎着敌人的枪弹,端着刺刀扑上去,接连刺倒了几个鬼子。当他拔出刺刀正要继续往前冲刺时,不料身负重伤,最终无力地倒在血泊中。直到同志们把他抬到急救所,他才慢慢地睁开眼睛,不住地问:“我的枪呢?我们胜利了吗?”等同志们告诉他:“枪已经带回来了,鬼子被消灭了!”他才安心地诀别了连队的同志,停止了最后的呼吸。

入夜,全歼敌人的战斗打响了。我们兵分几路,冲向孙祖。敌人见大势已去,迅速向着他们的老巢——铜井一带逃窜,刚逃出不远,便遭到我警卫团和地方武装的伏击,大部被歼。

这次战斗胜利,除了部队的英勇善战,人民群众起了重要的作用。战斗一开始,孙祖附近的民众就自动组织起来,有的直接参加战斗,和战士们一起并肩杀敌;也有的参加了担架队、运输队、情报队,帮助部队抬送伤员,送茶送饭,侦察敌情。铁峪村有个叫田大的农民,当他在附近小山上看到我们的同志顽强地阻击着十几名敌人时,不顾一切地跑过去参加战斗。他从受伤和牺牲了的同志身上取下枪来,装满子弹,递给三位正在射击的同志。敌人冲上来之后,他又和那三位同志一起躲在一道土墙下,等敌人逼近时,他们猛力一推,轰隆一声,土墙坍倒,当场压死了两个敌人。接着,他们又抛出了几颗手榴弹,敌人抵挡不住溃逃了。可是,田大却由于过度紧张，得了精神分裂症，吃不进饭，睡不着觉，到处奔走，四处呼喊“杀鬼子”“打敌人”，不久就去世了。孙祖一带的民众为了纪念他光荣殉国，特地开了追悼大会，还编了一首歌：

三月里来麦青青，
八路军大战九子峰，
英勇的田大也参了战，
铁峪的南山显了威风，
拚命流血战敌人，
为人民解放壮烈牺牲。

像田大这样的群众英雄，在我的记忆中何止一个。正当我们战斗进行得最激烈的时候，附近村庄自动组织起来的担架队，冒着枪林弹雨来到前线，送茶送饭，转运伤兵。其中有一位60多岁的老人，往返数次背送伤员，由于年老体弱，在路上不断跌跤，别人劝他休息，他坚决不肯，咬紧牙关，以惊人的毅力，终于把最后一个伤员转移到安全地带。吃中午饭的时候，大家看到他双手涂满了鲜血，要他洗一洗，他却深情地说：“这是咱们八路军同志的鲜血啊，让它留在手上吧！”高庄一位老大娘，是出名的拥军模范。敌人的炮弹已打进了她的村庄，她仍坐在锅门口（指灶台后面放柴草之处）安详地烧着两锅水。有人劝她暂时离开，她却说：“我走了还行吗？前线的同志没有水喝怎么能打仗呢？”许多战士听了这慈母般的话语，都流出了激动的泪水。

朱瑞在沂蒙

孙祖战斗胜利的消息，像浩荡的春风，吹遍了远近的村落，广大沂蒙山区根据地内群情振奋，歌声飞扬，被我军光复后的孙祖，呈现出一派欢腾的景象，大街小巷，到处谈论着这次战斗的胜利，到处摆满了慰问部队的物品。

为了庆祝战斗的胜利，表彰和悼念在战斗中英勇牺牲的英雄，山东纵队在孙祖召开了祝捷大会。参加大会的有各救亡团体、妇救会、自卫队和驻防的八路军以及这次在孙祖战斗中英勇杀敌的战士们，广场上人山人海，红旗招展。大会宣布开始以后，锣鼓声、鞭炮声随之消逝，会场上充满了严肃与激昂的气氛。中共山东分局书记朱瑞同志登台演讲，他说：“最近，我们山东八路军和地方武装取得了三个大胜利：一是在孙祖，消灭了鬼子一百多；二是临朐，收复了冶源，打死敌人一百多；三是白彦，击毙鬼子三百多，短短几天内，我们消灭了五六百敌人。”他的讲话，不断被一阵阵热烈的掌声打断。朱瑞讲话后，第一纵队司令员徐向前、山东纵队政委黎玉向到会的同志叙述了孙祖战斗的经过，号召大家要继续坚壁清野，拆毁炮楼围墙，加紧逮捕汉奸，救济受难同胞，动员一切力量，迎接并粉碎敌人的新“扫荡”！会上，各界代表也纷纷表示：军民共同努力，争取抗战胜利。

DAZHUNG RNBAO
大眾日報
社論
慶祝孫祖戰斗大勝利
敌遭空前巨創

1940年3月25日，《大众日报》对孙祖战斗的报道

大会结束后，文工团员们自编自演了《大战孙祖》等剧目。他们通过文艺舞台，把孙祖战斗的经过——从九子峰的固守到孙祖夜袭歼敌，从军民们的英勇奋战到日军的彻底失败，一幕幕地表现出来，受到了到会人员的热烈欢迎。

抱犊崮山区反“扫荡”

唐士文

1940年4月14日，日军集中第三十二师团、二十一师团、独立第六和第十混成旅团各一部共8000多人，由邹县、滕县、峄县、临沂、费县等据点，分成十几路出动，向抱犊崮山区根据地进行大规模的合围和梳篦式“扫荡”，妄图趁青纱帐未起之前，一举消灭抗日军队。

敌人的这次“扫荡”，部署周密，阴谋毒辣。为防备八路军和地方武装乘据点空虚进行袭击，大量增加了各据点的守备兵力。敌人的进攻部队，采取了宽大正面和梯次配备，并于夜间行动，先以伪装成我游击队的小部队为前导，主力则避开大路隐蔽前进。各路敌人互相策应，沿路建立临时据点，处处设防，步步为营，还狡猾地预设许多埋伏部队，以防我军突围。在“扫荡”抗日根据地中心区前，敌首先于边沿地区“扫荡”一周，在费南的崮口

反“扫荡”时的抱犊崮

及滕东的山亭等地进行几次小规模合击。4 月 21 日,敌开始向根据地腹地推进,以大炉为中心形成大规模合围。同时在梁邱、埝头两处设置了临时兵站,以供应弹药和给养。

面临敌人重兵压境,八路军一一五师和地方党组织,制定了反“扫荡”的作战方案。其战法是:各部队分区坚持斗争,以少数部队配合人民武装坚持内线斗争,将主力分散置于边沿地区,以保持高度机动性;利用隐蔽地带穿隙插空,靠近敌人之一路,不即不离,既便于打击敌之一部,又容易摆脱合击;加强侦察工作,准确掌握敌情,摸清了再打,看准了再“跳”;在敌人迫近时,适时灵活地转入敌之侧翼,并伺机以埋伏袭击等手段打击敌人。

运用上述方案,八路军一一五师机关率领特务团两个营配合边联支队在内线坚持斗争。一一五师机关成立了干部武装排、勤杂人员战斗班,实行机关自卫,派出机关干部侦察敌情。其直属部队在临沂、费县、滕县等地寻找空隙,灵活穿插,多次避开了敌人的合围,同敌周旋。还在大炉西的宗光峪、滕县东的桃核峪、车辋西北的潘家庄等地,多次打击进犯之敌。

罗荣桓政委率领一一五师政治部和部分主力连队,在边沿地区开展灵活的游击战。有时以一个连的兵力牵制敌人许多部队,顺利地“跳”到四县边联的高山套一带。敌人从梁店向南通过,罗荣桓政委亲自指挥部队掩护机关,结果毫无损失,保全了师机关及(微山)湖西输送到山东分局的一大批干部,粉碎了敌人的阴谋。

在外线,峄县支队于 4 月 30 日在驼山前击溃了由枣庄出犯的 200 余敌人,击毙日军 60 多人。敌人的合围遭到失败,他们调整部署,再次集结大量兵力,伺机反扑。5 月 4 日,从峄县、枣庄、临城、韩庄等据点共出动 3000 余人和数百骑兵，分成 15 路围攻驻在峄县西南的褚楼和罗庄的抗日武装。敌先用密集火力封锁我军出路，再用大炮不停地轰击，仅一小时村里就落下 40 多发炮弹，围墙被轰开许多缺口，我军机枪阵地被掀起的黄土掩埋。战士们冒着枪林弹雨，一次又一次地进行反冲锋，出其不意地从正面攻击和侧面夹击敌人，并在大量杀伤敌人后突围。激战一天，打死敌联队长广田中佐以下共 300 余人。

抱犊崮八路軍
挫敌「扫荡」总指挥

抱犊崮反扫荡的胜利
是軍民血汗的結晶
凯歌声中民众热烈劳軍

【时事通讯社电】此次抱犊崮山区，粉碎了敌寇的扫荡，获得了伟大的胜利，是由于我八路軍××师在鲁部队全体将士的艰苦奋斗与英……

农大众

……痛史实与开会意义，继由中国共产党山东分局代表李竹如同志，八路軍山东纵队代表王副指挥，鲁南总动委会代表李澄之先生及××乡妇救会代表王大娘等相继演说，均极剀切动人，使大家更深切了解日帝国主义者的毁灭，英法等帝国主义的不可靠以及中国大资产阶级大地主投降妥协的一贯性，并指明要获得最后胜利和解放，必须全国工农大众及一切进步人士，团结武装起来，打倒汪逆及其走狗，坚持抗战，坚持敌后游击战争……

《大众日报》报道抱犊崮反“扫荡”胜利的消息

一个多月中，八路军同敌人共进行大小战斗 32 次，毙伤敌军 2200 余人，保卫了以抱犊崮山区为中心的鲁南抗日根据地。

鼻子山伏击战

鼻子山位于沂南县张庄、孙祖、双堠、青驼交界处，主峰海拔475米，山势似鼻。1940年8月16日，正当山东各界代表联合大会在青驼寺召开之际，临沂、费县、蒙阴等据点的日伪军1500余人，分三路向青驼寺进犯，企图对联合大会进行突然袭击。为了防止敌人骚扰，大会代表预先转移到孙祖继续开会。18日，各路敌军窜至青驼寺扑空。19日晨，敌军400余人又向孙祖一带进犯。当敌人窜至鼻子山前时，早已埋伏在此的山东纵队特务团即对敌人发起猛烈打击。激战一天，毙敌200余人，缴获军用物资一宗。

（原载中华书局2001年11月出版《临沂地区志》）

1940年7月26日，联合大会在沂临边县青驼寺隆重开幕

《山东省联合大会材料汇编》

青驼寺战斗

唐士文

1940年9月4日，临沂城日伪军400余人携钢炮1门、重机枪1挺、轻机枪数挺、掷弹筒8个，向青驼寺一带进犯。八路军山东纵队特务二团埋伏在徐公店，给这股敌人以出其不意的打击。5日晨，特务二团又将由青驼寺向大官庄进犯之敌130余人包围，毙伤六七十人，残敌于黄昏时窜回青驼寺。6日上午，敌飞机1架在青驼寺周围低空侦察扫射，并投下两枚炸弹。下午3时许，临沂敌军200余人，骑兵十余，携炮2门，增援青驼寺守敌。山纵特务二团在抗敌自卫军一部配合下，将青驼寺紧紧包围。9月7日夜12时，对守敌发起总攻。一部从村西北角的打谷场攻击，枪声、手榴弹的爆炸声响成一片。敌人在慌乱中用轻机枪向村西北角猛烈扫射，以封锁我军进村。这时，村东及东北同时响起了机枪声和手榴弹的爆炸声，抗敌自卫军从侧翼发起了攻击。守敌分兵抵抗。指挥攻击的二团营长王金如率队冲过了村西有

日军指挥刀

鹿砦的石桥，扑入村内与敌军展开白刃战。敌军向南败退。追敌时王金如被敌弹击中腹部，他忍着剧痛，将手榴弹掷向敌群，命令战士快去追击，而后倒了下去。8日晨，我军收复青驼寺。残敌逃往半程、诸满。此战共毙伤敌150余人，缴获步枪20余支、子弹千余发、钢盔十几顶、指挥刀1把、日旗2面及其他军用品一宗。营长王金如及100余名战士在战斗中壮烈牺牲。

铜井战斗

铜井位于沂南县驻地界湖北6公里处，产铜、金、铝、硫磺等矿。1939年夏，日军渡边中队占据铜井建立据点。1940年秋，八路军决定拔掉铜井据点。事先，伪军于兰田与八路军第二支队密商里应外合，后泄密，于兰田去青岛。9月12日拂晓，八路军山东纵队第二支队按照原作战计划，从铜井西北角发起攻击。由于作战计划泄露，日伪军早有埋伏，我军腹背受敌，虽英勇搏斗，终因敌众我寡，战斗失利，91名战士壮烈牺牲。

1942年1月4日夜，八路军山纵一旅一团再次攻打铜井敌据点。经过4小时激战，击毙日军队长以下25人、伪军270余人，缴获轻机枪2挺、步枪120余支，拔掉了铜井敌据点。

参加1942年铜井战斗的全国民兵战斗英雄金维三在指导民兵练习

（原载中华书局2001年11月出版《临沂地区志》）

鲁中军民反“扫荡”

临沂市史志办

1940年9月18日，日军纠集14000余人，分南北两路对沂蒙根据地进行第二次万人以上的大“扫荡”。南路从临沂、大店出动的日伪军2000多人，向临费沂边联县猛攻，直扑沂蒙腹地孙祖一带，企图围歼中共山东分局、山东省战工会、山纵领导机关。敌人在孙祖一带扑空，日军到处烧杀、抢掠、奸淫，沂南县大桥村全被焚毁，张庄街也遭焚掠。北路“扫荡”之敌，采用长途奔袭战术，偷袭并合围在蒙山以北的抗大第一分校。抗大独立团为掩护学校转移，浴血奋战，团长罗少卿在战斗中牺牲，部队也遭受了重大损失。为粉碎敌人的“扫荡”，鲁中军民以攻为守，展开总破袭战。从10月16日起，山东纵队主力一部和地方武装在数日之内，连续攻克青驼寺、徐公店、垛庄、闵家疃、南薛庄、葛沟、汤头、沙汀、林子村等日伪据点，毙敌500余人，俘敌300余人，缴获步枪200余支。使临沂到沂水、临沂到蒙阴的公路瘫痪。进入蒙山一带的一一五师独立支队在陈士榘率领下，与千余日军展开激战，重创日军。

抗日战争时期的陈士榘

武安和塔佛山战斗

平邑县委党史委

武安村北依蒙山，南临祊河与滋临公路相连，处在费南与费北县的连接地带。此处地域开阔，土地肥沃，物产丰富，战略地位十分重要。

1940年11月，日军调集5万兵力进攻沂蒙山根据地，并沿蒙山的边沿挖封锁沟、修筑碉堡，实行“三光”（烧光、杀光、抢光）政策，妄图消灭我抗日武装，破坏根据地建设。

11月22日，盘踞在铜石、地方的日军田中联队400余人，在刘桂堂匪部的配合下，侵占武安村，企图以此为基地，建立“环蒙公路”，封锁蒙山抗日根据地。为了不让敌人的阴谋得逞，八路军一一五师教导二旅四团以两个营的兵力，迅速出击，包围侵占武安之敌。在夜幕的掩护下，以一个连的兵力接近武安村，不巧被敌人发现，敌以猛烈的火力封锁了唯一通道即东门的石桥。突袭未成，我军遂撤出战斗。翌日晚，我军从东门和村的西北角同时展开攻击。经过激战，从西北角攻击的部队突入村内，将敌人逼入村内一酒店。进攻东门的部队绕进围墙，对敌形成夹击之势。刘匪残部弃村而逃，百余日军仍垂死挣扎。拂晓，日军企图突围，受到了我军顽强阻击，重又退缩入酒店待援。战至下午，敌机前来增援，恐怕被我击落，盘旋了一阵后逃走。黄昏，我军组成火攻组、投弹组，对龟缩在酒店的敌人展开了猛攻。经两天一夜的激战，打退了敌人的数次增援，歼敌300余人，缴获重机枪2挺、轻机枪4挺以及大批枪支弹药和军用品。

敌人并不甘心自己的失败，遂于24日纠集费县、平邑、铜石、地方、温水等据点1000余日伪军，向一一五师教导二旅四团驻地小卞桥进犯。

小卞桥北靠蒙山，南临滋临公路，是连接蒙山和天宝山根据地的战略重地。四团在一一五师代师长陈光的指挥下，早已做好了迎敌的准备。拂晓，战斗首先在小卞桥的西南角展开，敌人以猛烈的火力轰击小卞桥，我军同敌人展开了激战。根据部署，除留小部分人员同敌人展开巷战外，多数人员撤至小卞桥东北方的塔佛山上，利用有利地形，准备给敌人以痛击。敌人攻占小卞桥北边的左庄岭，架起大炮、机枪，向塔佛山我军阵地猛轰。战斗异常激烈，敌人的几次进攻均被我军击退，阵地前留下了大片敌人的尸体。正面进攻不成，敌人又调集兵力从塔佛山南面的王家庄展开攻击，同样遭到我伏击部队的阻击。西边柏林方向进犯之敌，企图偷袭我军右翼部队，也被我军击退。经过几个回合的激战，敌人溃不成军，狼狈逃窜。

此次战斗，共毙伤日伪军300余人，俘虏日伪军40余人，缴获轻重机枪各1挺、步枪100余支、其他军用物资一宗。

1941 年

- 临郯费峄四县边联军民反“扫荡”
- 重坊战斗
- 破敌三道封锁线
- 青口战役
- 西山前村民抗击日伪军
- 反击日伪军临郯地区大“扫荡”
- 瞭阳崮遭遇战
- 马牧池突围战
- 龙须崮保卫战
- 大崮山战斗
- 留田突围
- 坦埠伏击战
- 黄山坪突围战
- 石岚伏击战
- 蒙山百花峪(布袋峪)战斗
- 柳红峪战斗
- 绿云山战斗
- 大青山突围
- 和尚崮战斗
- 高湖突围
- 血战苏家崮
- 渊子崖村民自卫战

临郯费峄四县边联军民反“扫荡”

临沂市史志办

1941年1月17日，日军从济南、徐州、兖州及临沂、郯城、费县、峄县边联地区的据点，抽集兵力，以投降派王洪九、申宪武部为呼应，共纠集日伪军2000余人，向边联地区进行“扫荡”。19日，日伪军3路合击埠阳，另有敌军500余人由埝头进犯长新桥；朱村、土楼日伪军300余人进犯宝山前；梁邱之敌由高桥进犯马窝；兰陵日伪军500余人经峨山进犯大炉。敌人将边联地区四面包围，步步进逼，所到之处，皆实行野蛮的烧光、杀光、抢光的“三光”政策，妄图一举摧毁边联抗日根据地。边联抗日军民针锋相对，奋起反击。以坚壁清野对付敌人的“三光”政策；以分路游击、设伏，粉碎敌人的包围“扫荡”。边联地方抗日

反“扫荡”战场一角

武装和峄县支队在虎爪山和乔山之间，与敌苦战一天，肉搏 3 次，歼日伪军百余人；进入宝山的一股敌军，被三乡联防民兵迎头痛击，激战 3 个小时，敌狼狈逃窜；南路青山套一带抗日武装设伏，缴获敌汽车一辆，夺回被敌人抓走的 100 多名壮丁和抢掠的耕牛、粮食等。

临郯根据地的八路军举行反“扫荡”动员会

重坊战斗

郯城县委党史委

1941年初，八路军一一五师教导二旅在副旅长张仁初的率领下，到郯马地区接替教导五旅的防务后，大力开展群众工作，进一步发动群众抗战。当时驻守重坊的是伪军王化云保安大队的一个中队，他们依仗日军作后台，残害百姓，滥杀无辜，无恶不做，是我党开展工作的一大障碍，老百姓对他们早已恨之入骨。教导二旅的指战员决心找机会拔掉这颗钉子。

血战重坊

2月7日，驻重坊镇的日伪军出动汽车20余辆、坦克8辆，向胡集、铁佛寺一带进犯。教导二旅四团在团长钟本才和政委吴岱的指挥下，乘机向重坊守敌发起攻击。担任主攻的三营在鲁南专署警卫连的配合下，迅速突破敌人防线，歼敌大部，残敌弃镇向郯县方向逃窜，重坊遂被我攻克。

枪声将息，马头增援之敌迅速到达，向四团反扑。四团在地方武装的配合下，发扬连续作战的作风，依托沂河天然屏障顽强抗击，迫使敌援兵大败而归。次日，日军犹如被激怒了的野兽，纠集日伪军400余人，在7辆坦克的掩护下，兵分三路，向重坊镇猛扑过来，企图对我军进行报复。日军在密集炮火的掩护下，发起了一轮又一轮冲锋。教导二旅在副旅长张仁初的率领下，与强敌展开了浴血苦战。战斗进行得十分激烈。战士们众志成城地坚守在阵地上，打退了敌人一次又一次的猖狂进攻。但我方的伤亡亦不断增加。三营营长赵德才壮烈牺牲，十二连已伤亡过半。副旅长张仁初看到这种情景，心里燃起了万丈怒火，他骑上战马，犹如脱弦的利箭，冲进火海。遇到坦克，他就纵马越了过去。张旅长"马跳坦克"的奇勇，成为无声的命令，鼓舞着战士们奋勇冲杀。他们像猛虎下山，冲进敌阵，杀得日军人仰马翻，抱头鼠窜。经过5天5夜的血战，终将敌人击溃，取得了毙敌300余人、击毁坦克1辆的重大胜利。我方在战斗中也有100多名指战员献出了宝贵的生命。

张仁初

重坊战斗是抗日战争进入相持阶段后，我党我军在极为困难的情况下进行的。它沉重打击了郯马地区日伪军的嚣张气焰，极大地鼓舞了全县人民抗日救国的革命热情。

破敌三道封锁线

唐士文

1941年3月5日至12日，日军对沂蒙临费边区抗日根据地进行“扫荡”。继之，敌在临沂以北、费县以东增设了箕山、成里庄、忠义庄、汪沟、沙土峪、尖山子、李官庄、龙王堂子、林子、半程、东哨、白沙埠、俄庄、汤头、白塔、玉皇庙、茶叶山17个据点，并构筑了箕山至林子、玉皇庙至汤头、俄庄至白塔三道横贯东西的封锁线，企图封锁蒙山、沂河，切断我鲁中、鲁南及滨海区的联系，以实现其打通临（沂）蒙（阴）、台（儿庄）潍（县）及沂水至临沂的公路，分割我抗日根据地之美梦。

为粉碎敌人的封锁计划，拔除其楔入我根据地的敌伪据点，八路军对敌情做了细致、周密的分析。认为：敌虽据点林立，貌似强大，但据点守备兵力均系伪军，且远离临沂、费县之敌，比较孤立，易于拔除，拔除之后，也容易控制。因此，乘敌立足未稳，立即进行反“扫荡”。八路军山东纵队第一旅、第二旅各一部，由北向南，分左、中、右三路向敌进攻。左路指向李官庄、茶叶山；中路主攻半程、汪沟；右路袭取箕山及成里庄等地。

3月16日，我军首先攻克沙土峪据点。我军中路经一夜激战，攻克了半程。因敌猖狂反扑，我军左右两路未能奏效，经过战地总结后，我军连续发起猛攻。23日，左路山纵二旅攻克汤头。我军乘胜前进，势如破竹，各据点之敌纷纷逃窜或就擒。

经28次大小战斗，至26日，我军全部攻克了上述17个据点，消灭伪半程、汪沟、汤头、白塔、沙土峪、尖山子、林子等7乡公所和伪临沂四区区公所，击毙伪区长毛伯溪、副区长李其及伪乡长2人，俘虏伪乡长5名；毙伤敌伪中队长以下371人，生俘伪军426人、小队长10多人、中队长30多人。缴获轻机枪4挺，步枪459支，短枪25支，土炮30余门及刺刀、马匹、电话机、自行车、钢盔、军毯、军装、军粮等物品一大宗。营救出被敌伪俘去的民主庄长、乡长等50多人。我军牺牲70多人（其中营级2名，连级3名，排长11名，班长13名，战士42名），负伤234人（其中营级4名，连级11名，排级21名，班长、副班长33名，战士165名）。

这次反封锁战役的重大胜利，沉重地打击了敌伪的气焰，鼓舞了民众的抗日信心，有力地巩固和扩大了沂蒙山区的抗日根据地。

青口战役

赣榆县委党史委

青口战役，是1941年3月由八路军第一一五师组织，教导第二旅和山东纵队第二旅配合作战的一次重要战役。当时日军正在推行第一次“治安强化运动”，日军将赣榆县伪军2000余人编成“剿共军”3个团，第一团（团长李凤和）驻小荒、碱滩一带，第二团（团长张星三）驻石桥、柘汪一带，第三团（团长孙谦昭）驻张城子、李城子至朱堵、寺后一线。日伪安设的据点有青口、城里、海头、兴庄、下口、寺后、大沟南、大沙河、墩尚、李城等处。

八路军第一一五师组织的青口战役，以扩大滨海抗日根据地，打破敌人的海上封锁，打通与华中、胶东的联系，进而控制陇海路，粉碎敌人的“治安强化运动”和“以战养战”的计划为其主要目的。参战部队由符竹庭、曾国华、孙继先、江华等组成前线指挥部，实施战役指挥。

前线指挥部分析了形势，认为赣榆连同新浦、海州的日伪共有4000余人，但伪军较多，战斗力不强。在这以前我军没有大兵团在这一带活动，敌人防御思想较麻痹，战斗打响后短时间不会有大兵力增援；海边多系浅滩，兵舰活动受限，敌人海军亦不可能登陆增援。加之县内公路多为泥土路面，木桥甚多，易于破阻，迟滞敌援。作战地区虽系平原，但河川纵横，坟墓甚多，村落繁密，林木丛生，便于我军运动作战。

“前指”做出决定，以3倍于敌的优势兵力，以突袭战术，乘敌不备，发起青口战役，夺取战斗的胜利。战斗的第一步，消灭青口外围据点之敌，相机袭入青口；第二步进逼东海，控制陇海路北地区。参战部队分为三路纵队，一纵队主攻青口，二纵队解决青口以南各据点，三纵队在青口、县城之间活动，打击敌增援部队。

3月19日晚，一纵队进攻海头，揭开了青口战役的序幕。各路勇士英勇奋战，至23日，连克海头、兴庄、寺后、大沟南等据点；25日下午10时，各线同时动作，展开总攻，老四团由郯马奔袭大沙河，以钳制敌人的援军。进袭青口的部队为参加过平型关大战的老六团，指战员冒着敌人猛烈的炮火，奋勇登城，以手榴弹等短兵火器迫敌退守炮楼。我军一鼓作气向两翼发展，与敌展开激烈的巷战。突击部队迅速占领敌人仓库，大批军用物资被我缴获。

在猛攻青口的同时，二纵队对张城子、李城子发起进攻。在强大火力攻势掩护下，向守敌进行政治喊话，瓦解了守敌的防御力量，张城伪军300多人缴械投降，李城子200余伪军一部投降，一部企图突围，被我军俘获。同时，我担负钳制任务的“岳州”第九连攻入青口东面的海口下口，日伪人员仓皇逃窜，群众自动帮助我军拆围子、破桥梁。敌人正在装运出口的数万斤粮食，也为我军缴获。新浦日军一部乘汽车5辆星夜向青口驰援，被我阻击部队击退。26日拂晓，敌又以汽车20余辆、坦克两辆、大炮4门、400余人绕道海边，并有敌海军一部配合，企图从侧后攻击我军，遭到我“岳州”第九连迎头痛击。激战4小时，我第九连按原定计划撤出战斗，胜利转移。

我攻入青口之部队，在撤离阵地时，担任掩护任务的某部第二、第七两班原非友等18名战士与部队失掉联系，没有撤出青口。他们与敌人浴血奋战，用生命写下了英勇杀敌的壮丽史诗。他们就是著名的青口战役“十八勇士”。

青口十八勇士纪念地

敌人惨遭失败后，于3月30日，集结千余人向我进犯，企图报复。4月1日，敌军进犯至城头一带，遭我伏击，旋即退至门楼河。是夜，我又猛攻门楼河之敌，敌狼狈退回。青口战役，我军攻克日伪海头、兴庄、李城子、张城子、寺后、大沟南等据点，毙日伪军200余人，俘伪军800余人，缴获大炮3门、步枪800余支、驳壳枪48支，缴获子弹和军用品无数，毁敌汽车两辆。

青口战役，给日军以沉重打击，歼灭了伪剿共军第三团，重创第一、第二团。敌军在我军的威慑下，龟缩到青口、赣榆县城、大沙河3个据点。我军乘胜向赣榆南部及东海进军，陇海路以北地区大部为我军控制。

青口战役结束后，我军正确地执行了优待俘虏的政策，热情接待了前来探望的伪军家属，对不愿留下的伪军，经过短期教育后释放。我教育释放俘虏的政策，在伪军中产生了很大影响，为以后争取伪军的工作打下了良好的基础。

青口战役的胜利，鼓舞了根据地广大军民的抗战信心。各地纷纷召开祝捷大会，热烈慰劳我军。从此，滨海抗日根据地进入了蓬勃发展的阶段。赣榆县党组织和抗日政权的建设及群众运动的发展，也进入了一个新的历史时期。

参加 2015 年“9・3”大阅兵中的“青口十八勇士”的旗帜

西山前村民抗击日伪军

袁均念

1941年9月30日(农历八月十日),日伪军1000余人突然袭击临沭县岌山区西山前村。在山前乡乡长、村自卫团团长张作洪率领下,西山前村村民同仇敌忾,用土枪、土炮、大刀、长矛等与凶恶的敌人激战一天,击毙日伪军100余人。战斗中,张作洪等50余人壮烈牺牲,村民近百人被杀,110余人被捕,500余间房屋被烧,史称"西山前惨案",西山前村也赢得了"抗日模范村"的光荣称号。

西山前村,坐落在沭河西岸、岌山前怀。抗日战争中,村中以张作洪为首的青壮年秘密组织起来,每到夜晚或农闲时,在打谷场上操拳弄棒,演习武艺,时刻准备着抗击日寇,保卫家乡。1940年1月,八路军第一一五师东进支队第二大队、山东纵队陇海南进支队第三大队挺进鲁南苍(山)马(陵山)地区,先后攻打郯城、李庄敌据点,继而解放了国民党顽固派郯城县政府秘书陈冠华部所盘踞的郯东北重镇南古庄,开辟、创建了临沭县抗日根据地。

这一切,使饱受封建地主阶级压迫和剥削、国民党政府苛捐杂税压榨的西山前群众,看清了只有共产党领导的八路军,才真正是打鬼子救穷人的军队。在共产党和民主政府的领导下,西山前人民纷纷组织起来,先后成立了农救会、妇救会、青救会、儿童团,抗日斗争十分活跃。

与此同时，为了打鬼子、保家乡，在岌山区武委会的支持下，西山前成立了自卫团，推选张作洪为团长。1940 年下半年，山前乡成立，张作洪又被任命为乡长兼岌山区自卫团山前乡分队队长，同时还任岌山区青抗营第三营(山前营)营长。乡公所常驻西山前村，因此乡分队员 30 余人与西山前村自卫团合在一起训练，站岗巡逻。

本着“有钱出钱，有枪出枪，有力出力”的原则，自卫团筹集资金，先后购置了“汉阳造”“土压五”“单打一”等步枪、子弹一宗和大小 200 余台“五环”、两台“生铁牛”土炮及炸药一宗，并将乡公所驻地西山前村的围墙予以整修加固，修筑了 20 座炮楼，在村子北面对着岌山山口处修筑了两座岗楼，围绕村庄开挖了纵横交错的地下交通沟。

自卫团实行“劳武结合”，白天下地，夜间守庄，干活时一手拿锄，一手拿枪，敌人不来就种田，敌人来了就打仗。在乡长、自卫团长张作洪的率领下，配合区中队和县大队作战，多次打退敌人的进犯。西山前，成为临沭县抗日斗争前沿的坚强堡垒，也曾一度是滨海至鲁南根据地秘密交通线上的必经之地。许多来往于滨海、鲁南的抗日干部都在此休整后再起程。乡分队和村自卫团还多次配合八路军主力，胜利完成护送高级领导干部由此经湖西奔赴延安的艰巨而又重要的任务。

因此，日寇和国民党顽固派对西山前觊觎已久，盘踞在大哨一带的伪临沂第十六(后改称第八)保安大队大队长、国民党顽固派鲁南专员张里元部第四支队支队长许兰笙更把西山前村视作眼中钉、肉中刺，看成是他们进犯抗日根据地的一大障碍，必欲置之死地而后快。

为了破坏滨海至鲁南根据地的秘密交通线，除掉“扫荡”“蚕食”抗日根据地的障碍，许兰笙在临沂日军顾问川本授意下，派出大批密探，化装进入根据地打探消息，伺机向根据地发动进攻。1941 年 9 月中旬，山东军政委员会根据中共中央指示，做出关于八路军第一一五师与山东纵队建立统一指挥的决定，并将两个指挥机关靠拢，临沭县大队和各区中队升级为主力部队。同月 28 日，第一一五师从蛟龙湾出发，向沂南青驼寺一带转移，只留其民运部民运工作队在临沭一带活动。刚刚组建的临沭县大队正远在 10 多公里外的店头村集训……许兰筌得知这一情况后，连夜窜到临沂城，密报川本。1941 年 9 月 30 日拂晓，川本带领日寇一个小队，纠集沙墩、陈家埠、李庄、大哨等处据点的伪军共约 1000 人，抢占了岌山。日寇在岌山顶上架起钢炮和轻重机枪，驱使伪军在前面向西山前进攻。

黎明，村北两个岗楼上的民兵发现敌情，立即发出警告。全村父老兄弟闻警即起，手持大刀、长矛奔赴自己的岗位。这时，张作洪见大家都已做好战斗准备，便率领乡分队和村自卫团共 100 余人，沿着地下交通沟，跑步来到村北岭顶，迎面碰见一股伪军猫着腰向这边奔来。张作洪急命“散开”，大家“一”字摆开卧倒。

见伪军进入射程之内，“打!”张作洪一声令下，“汉阳造”“土压五”“单打一”等各式步枪一齐开火，走在前面的十几个伪军立即见了阎王，后边的伪军并不还击，掉头窜回。战场立即静了下来。大家正在纳闷儿，岗楼上的哨兵跑来报告，敌人从山上四散而下，乌压压一片向村庄迂回……张作洪立即传令撤回村里，各奔各的岗位，坚守村庄，坚持战斗。

回村后，天已大亮。张作洪站在围墙的指挥位置，见敌人已完成对村庄的包围，感到事态严重。他走下指挥位置，身背“三八”式大盖枪，手握大刀，沿着围墙走了一圈，鼓励大家，奋勇杀敌，保护村庄，并不时串岗巡逻，高呼：“坚持住，不要怕，县大队快来到啦，老四团也来啦，咱们的援兵这就要到啦!”以此鼓舞大家的士气。把守围墙的民兵们也慷慨回答：

"作洪,你放心吧,敌人有枪,咱们也有炮,小鬼子的肚皮再厚也挡不住咱的土大炮。敌人胆敢向前攻,咱们就大小土炮一齐轰,叫他尝尝土大炮是啥滋味。"

早 8 时左右,北山顶上的日寇大炮向西山前村倾泻了数十发炮弹,紧接着,轻重机枪一齐向村庄扫射。在大炮、机枪的掩护下,敌人从四面向村子围上来,发起了第一轮进攻。敌人的大炮炸毁了数十间房屋,有多处燃起大火。炮击一结束,张作洪一面命令守围墙的民兵坚守阵地,同时将炸塌的围墙再垒起来,一面抽调部分民兵与老人、妇女一起救火,迅速将大火扑灭。伪军们越来越近了,100 米、50 米、30 米……"打!"一声怒吼,大小土炮、各式步枪一齐开火,数十名伪军当场毙命,余者抱头鼠窜。就这样,西山前民众用土枪土炮、大刀长矛,一连打退了日伪军的三次进攻,敌人始终没能靠近围墙一步。

中午时分,战斗异常激烈。恼羞成怒的川本,又从临沂调来大批人马和重武器,把村子围得水泄不通。枪声、炮声、手榴弹的爆炸声响成一片,炮楼、围墙被炸塌多处,村外草垛和村内房屋也多处起火,浓烟滚滚。面对强敌,张作洪沉着地组织防守,鼓励大家坚守阵地,不时走下指挥位置,组织非战斗人员抢修围墙和炮楼,扑灭烈火。

正在这时,北围墙的一座炮楼被敌人的炮弹击中,楼塌墙破,张作洪的长子张福明不幸中弹牺牲。张作洪怀着失子之痛,一面组织抢修炮楼围墙,一面组织火力打击即将攻到围墙根的敌人。他把满腔怒火都集中到了枪口上,接连打死十几个敌人。

下午 2 时,见敌人还没有撤走的意图,借敌人调整部署之机,张作洪派出两名村民,悄悄出村,奔赴店头村,向上级请求派部队支援。2 时半左右,穷凶极恶的日伪军再次发起进攻。由于战斗激烈,村民、自卫团伤亡较大，村东南角防守力量薄弱，一时又抽不出人力支援。张作洪只身飞奔来此，见墙根有猪圈，猪圈墙上面平放一盘耙。他站在耙上，猛烈地向敌人射击，接连击毙 4 名日伪军后，不幸头部中弹。牺牲前，他一再鼓励身边的民兵："战斗到底，不当亡国奴！"

张作洪牺牲后，敌人发起了更加疯狂的攻击。一阵狂轰滥炸，围墙被炸开多处缺口，炮楼大都被炸毁，发疯似的日伪军像猪一样嚎叫着，从四面八方攻进村里。西山前人民没有被敌人的凶残所吓倒，他们把悲痛化作对日伪军更加仇恨的火焰，把仇恨集中在枪口上，集中在大刀、长矛上，在老村长阚宝增指挥下，与穷凶极恶的日伪军展开了激烈的巷战、肉搏战。经过一整天的激烈战斗，共击毙日伪军 100 余人，伤 100 余人。在给敌人以重大杀伤的同时，西山前村也遭受了重大牺牲，除张作洪、张福明父子外，还有张永宗、张永奎、张永钦、张作敬、张作铎、张作礼、魏振常、王守勤、阚怀勤、孙孝光等 50 余名乡分队队员、村自卫团团员牺牲。为了保存力量，减少牺牲，老村长阚宝增当机立断，决定突围，遂集中火力，向敌人力量最薄弱的村东南角发起猛烈冲击，掩护群众突围而出。

傍晚，正当窜进村子的敌人丧心病狂地大肆烧杀抢掠之时，临沭县大队两个新兵连赶到，向敌人发起攻击。见援兵已到，日酋川本急忙传令撤退。敌人逃窜时，撇下 100 余具日伪军尸体，掳走未及转移的群众 110 多人。

天黑后，临沭县大队的战士们与突围出去又陆续回村的群众一起扑灭烈火，埋葬了壮烈殉国的张作洪等 50 余名烈士和近百名死难乡亲的遗体。不久，鲁南专署第四行署、临沭县抗日民主政府在西山前村召开追悼大会，悼念死难烈士，慰问死难烈士和遇难群众的家属，发放了救济物资，号召广大群众化悲痛为力量，大力发展抗日武装，继续开展抗日武装斗争，保卫家园。

1943年10月，为表彰西山前人民和死难烈士，经山东省武委会批准，滨海区武委会在临沭县岌山区曹庄东岭兴建了抗日烈士纪念塔，临沭县民兵、群众4000余人参加落成典礼，滨海区第二地委（滨南地委）书记兼第二军分区政委张雄参加典礼并讲话，滨海专署授予西山前村“抗日模范村”、张作洪“抗日民族英雄”称号。

1991年7月，中共临沭县委、临沭县人民政府兴建“抗日模范村纪念碑”，以彪炳后世。

西山前抗日模范村纪念碑

反击日伪军临郯地区大“扫荡”

唐士文

1941年10月10日(农历八月二十日),为了夺取临郯平原,日伪军1万多人,采取长途奔袭和拉网、梳篦战术,对临郯地区进行了空前规模的大“扫荡”,将临沂县委、县政府,鲁南三地委、三军分区,鲁南专署第三行署和一一五师教导二旅四团三营(营长卢从政,教导员王明礼)等机关,重重包围在庄坞、层山、涌泉等方圆12华里狭小地区内。在和敌人战斗、周旋、突围中,各机关人员被打散,各部分别于当天夜晚或次日方突出重围。

日军“扫荡”队伍

临沂县委机关:

敌伪大“扫荡”前,临沂县委机关驻在庄坞区的杨官庄。9日晚,县委研究决定于第二天机关转移。10日晨,层山方向响起了激烈的枪炮声。一一五师教导二旅六八四团和沂河支队队部,通知人员赶快转移。当撤到杨官庄村东头时,沙埠、褚墩、永安方向都响起了枪声,所有人员便掉头朝东南小傅家庄方向跑去。但刚跑到黄土洼崖(杨官庄与小傅家庄之间的一条大深沟)时,小傅家庄方向也响起了机枪声。于是,他们便又向沂武河岸跑去。在离河岸几百米的地方,又听到前面有激烈的枪声。部队和机关人员,纷纷向一一五师主力部队靠拢,以致部队和群众混杂在一起,使部队建制被打乱。在一片平原湖荡中,我军只好依靠交通壕沟、黄土洼崖和大小坟堆作依托,各自为战,与敌人拼杀。在边打边撤中,县委机关向北庄坞方向突围。当到达庄坞南2华里许的南宅子村时,有4名同志负伤倒地,而庄坞也响起了机枪声,他们只得再向东转移。刚走不远,县委组织部长张兆涌负伤,找一个小谷堆藏了起来。这时,机关人员已分散到居民家或找谷堆分散隐蔽。

县委书记傅展如突围后,到达县委原先预定的集合地点——道桥区谢家官庄。随后,王文彬、张士珍等县领导也来到。他们开会研究决定,与各级党组织建立联系,寻找被敌人“扫荡”时冲散的干部。

县政府和县大队:

驻在涌泉村的临沂县抗日民主政府和临沂县大队机关。10日晨发现敌人从沙埠、兰山、双石桥方面扑来之后,立即进行突围。县大队长李华源见层山方向还无敌人动静,让县长丁梦孙带领一连保护县政府机关先走,他带三连在涌泉掩护。丁梦孙率部与郯城县县大队长朱继箴等一起,跑到武河东边时,见日军骑兵正漫山遍野地迎面扑来,不得不将人员分散隐蔽。丁梦孙和三军分区侦察员刘景华等涉水过河,到了多福庄沟北崖,遇见了该村职工会长刘祯祥,便到刘家暂时躲避。天黑以后,由刘祯祥带领，他们顺着一条天然沟，奔向涌泉以南地带。在交通沟里，他们和两个手持步枪的汉奸遭遇，打死一人，另一人逃走。第二天拂晓时，他们胜利地到达了宋家庄，和已经到达那里的战士们团聚。

李华源将三连集合到涌泉西门里的小学里时，周围的敌人正发动进攻，北面之敌兵分三路，一股奔北楼，一股奔高尧，一股直奔涌泉东门。李华源利用敌人进攻后方空虚之弱点，率部出涌泉村西北门，沿南北大沟向北急驰。他们到达永安村前时，因该村北有日军的炮兵队，就沿着村前的交通沟向西面的梁庄方向突围，当得知褚墩无敌人后，便转入了褚墩。午饭后，侦察员报告前面的东卜庄、汤庄据点一个汉奸中队正在抢劫群众财物的消息，便商量由李华源带主力埋伏在西卜庄的西岭上，由三连连长周兴龙带一个排进村去驱赶伪军。周兴龙等进东卜庄后，立即向伪军发起攻击，伪军遭突然袭击后，拼命向西逃窜。当敌人进入埋伏圈，顿时枪声、手榴弹爆炸声响成一片。经过战斗，全歼伪军一个中队56人(其中打死1人，打伤11人，俘虏44人)，缴获步枪47支，子弹千余发，手榴弹100多枚。

战斗结束后，战士们押着俘虏撤到赵家庄西休息。次日晚，他们转移到达北官庄，和突围到达这里的沂河支队一大队会师。

一一五师教导二旅六八四团三营：

一一五师教导二旅六八四团三营驻在层山后村，负责掩护中共鲁南三地委、鲁南三军分区和鲁南三行署机关。10日早晨，三营的战士正在出操，突然，枪炮声四起。由于侦察工作的疏忽，未能及时掌握敌人动态，陷于仓促应战的被动局面。当时觉得东北方向比较安全，因而三营组成小分队掩护营主力向层山东北地带撤退。

三营教导员王明礼带领十一连顺着“抗日沟”，准备靠近涌泉，掩护驻在那里的党政机关。可是，当撤到层山、庄坞与涌泉之间时，已被敌人跟踪追击，庄坞、涌泉、褚墩、磨山等方向也都传来了枪声。正在这时，他们发现从层山撤退的三营营长芦从政和教导二旅六八四团政治处副主任钟生栋等和敌人在"抗日沟"东北方向遭遇，九连、十连与敌人正进行激战。上午10点多钟，三营各部会合。营部召开了紧急会议，决定将四周"扫荡"的敌人吸引过来，保证地方党、政机关安全突围。为此，他们在战术上以攻为守，组织小部队四面进攻，以火力杀伤敌人的有生力量，阻止敌人压缩包围圈，拖延时间，疲惫敌人，于黄昏时突围。

这时，敌人集中了强大的炮火，向我三营阵地猛烈轰击，凶恶的敌人不惜一切代价，炮火冰雹似的倾泻而来，交通沟被炸得尘土飞扬，多于我数倍的敌人成群结队向我阵地前面移动。三营指战员严阵以待，当敌人进入我火力范围之内时，各种枪炮以密集的火力杀伤敌人，一次又一次地打退了敌人的猖狂进攻。在敌人密集的炮火之下，九连连长李得胜和十一连连长李××等连、排干部十多人都在激战中壮烈牺牲。十一连排干部和战士们伤亡也大，连驮电台的骡马也被打死，电台只好分件用人背着，电台被迫停止工作，与上级和友邻失去了联系。

下午5点多钟，战火逐渐稀疏，敌人在我阵地前沿丢下了200多具尸体。三营领导根据敌人害怕夜战和我军善于夜战的特点，决定迅速突出重围。突围刚开始，就被敌人发觉。此时，各种枪炮声骤起，战士们一次又一次地冲锋，突破了一道又一道火力封锁，终于胜利地跨过沂河，于第二天拂晓到达临沭县大官庄。

在这次敌人大"扫荡"中，鲁南军区三军分区副政委赖国清、沂河支队一大队教导员崔广润、沂河支队独立团一团团长颜景伦等100多位干部战士壮烈牺牲。经过这次"扫荡"，临郯抗日根据地几乎全部被敌占领。

瞭阳崮遭遇战

李作义

瞭阳崮，位于蒙阴县城东北方向约25公里处，海拔560.6米，在周围区域内，站在崮顶上可以最早望见初升的太阳，故有此名。崮周围山岭起伏，沟川纵横，崮前是一条狭窄的山谷，近20华里的弯曲小道穿过其间，地势复杂险要。

1941年11月初，日军5万重兵大举“扫荡”沂蒙抗日根据地。八路军山东纵队第一旅副旅长兼参谋长钱钧奉命指挥一团在蒙阴县的旧寨、坦埠一带坚持反“扫荡”。2日，一团在沂南县田家北村与敌人激战，掩护山纵指挥部转移。4日清晨，一团到达瞭阳崮。钱钧命令前卫营三营抢占制高点，掩护部队前进。部队刚进入山谷不久，侦察员即发现了前去合围山东纵队指挥部的日军，前卫营居高临下首先开火，敌人在这突然的打击下乱作一团，还未清醒过来，已被打倒几人。在狭窄的山谷里，敌人的兵力、火力不易展开，我军则发挥手榴弹攻击的优势，打得敌人东躲西藏，哇哇直叫。敌人在惊慌之余，不停地发信号弹求救。不久，两架敌机飞临瞭阳崮上空轰炸，亦无济于事。战斗持续了一天，黄昏后敌人丢下一片尸体撤退。一团除损失了两匹骡子外，无一伤亡。这次战斗为山东纵队指挥部的转移争取了时间。

马牧池突围战

李兴河

1941年11月2日，敌人对沂蒙抗日根据地的“扫荡”从北面开始。盘踞新泰、蒙阴之敌，先以小股不断出扰。在蒙阴县东部旧寨、坦埠一带坚持反“扫荡”的山东纵队第一旅副旅长兼参谋长钱钧指挥一团给“扫荡”之敌以有力打击。11月3日晚，蒙阴之敌400余人秘密出动，不走大路，不经村庄，偷袭驻沂南县马牧池的山东纵队指挥机关。4日拂晓，敌人包围了马牧池，然后冲进村内施放毒气。后勤哨兵发觉，即鸣枪报警。山纵领导机关警卫部队迅速掩护黎玉等领导人和机关人员从马牧池后山向东突围，跳出了敌人的合围圈。4日晨，钱钧指挥一团，在马牧池西北的田家北村和瞭阳崮一带与前去合围山东纵队指挥部的日军激战一天，为山纵指挥部转移赢得了时间。山纵机关准备向泰宁区转移，下午5时到达蒙山东部的紫荆关。不料关口已被敌人封锁，扼住了西去之路。山纵机关立即改变西去计划，遂回头向东转移。经一夜急行军，于5日拂晓到达沂水县南部的南墙峪北山一带。下午，日军便尾随至北山脚下，双方又激战至天黑。夜幕降临后，山

钱钧

纵机关向正南突围，行军 2 小时，突然发现前面一片火光，东西有几十里长，经侦察，火堆原是敌人虚张声势。山纵专从有火堆的地方走，很快悄悄穿过了敌人设下的“火堆封锁线”，渡过东汶河，进至费南柱子一带。这里是国民党新编第三十六师刘桂堂部的防区。柱子村系刘桂堂的老巢，围墙高丈余，墙下有护圩沟，沟外是大道，为必经之路。为了顺利通过此处，摆脱日军尾追，山纵派人与刘部谈判，晓以民族大义，申明利害关系。刘部允许通过。山纵部队排成八路纵队，迅速从刘部防区通过。刘部士兵站在围墙上观看。黎明前山纵越过东蒙山到达天宝山区。在此休整两天，又沿蒙山南麓向西转移到泰宁区的石莱村一带。

1941 年 11 月 3 日，八路军山东纵队机关在马牧池突围

龙须崮保卫战

李作义

龙须崮位于蒙阴县岱崮镇驻地坡里村西6公里处，海拔707.1米，面积1.5平方公里。它绵延近千米，包括大崮、二崮、三崮、龙须崮四个部分，大崮龙头、二崮龙身、三崮龙尾，有两座尖山连着大崮，状似龙须，遥遥相望，宛若一条巨龙游走在群山之间。龙须崮的闻名，不仅仅是因为它绝无仅有的形态，更因为在这里曾发生过许多可歌可泣的抗日故事。

龙须崮

1933年9月5日，我党领导的龙须崮武装暴动，在这一带点燃了革命斗争的火种。抗战爆发后，这一地区又成为我党创建的抗日民主根据地。龙须崮成为我军民反“扫荡”的重要支撑点，多次经历了血与火的洗礼。

1941年11月2日，日军以5万重兵大举“扫荡”沂蒙山区，历时7周。5日，日军从新泰方面出动1000余人，在飞机、大炮的配合下，向我大崮独立团二营的龙须崮阵地实施强攻。在敌强我弱的情况下，二营指战员充分利用地形优势，英勇反击，激战3日，打退了日军10余次进攻。7日，日军东去攻占大崮山，国民党第五十一军六八七团趁火打劫，竟公然接替日军继续进攻龙须崮。崮上条件非常艰苦，时值初冬，山高风寒，对仍身着单装的二营官兵来说，无疑是雪上加霜。他们不但要用生命和鲜血来阻挡顽固派的进攻，还要用常人难以想象的意志战胜寒冷和饥饿。崮上缺水，守崮战士就在夜里下山摘野柿子，用火烧着吃；下雪了，战士们就用雪煮高粱米吃；夜晚就拥挤在一起取暖御寒；弹药打光了，他们就地取材，将零散的石块堆集起来，敌人进攻时，就滚山石消灭敌人。就这样，二营官兵以惊人的毅力坚守龙须崮27天，胜利地完成了反“扫荡”任务。当鲁中十一团奉命上崮接应他们下山时，守崮官兵绝大多数已无力走动，十一团的战友们硬是把他们从悬崖峭壁上一个一个地背下山来。

大崮山战斗

李作义

大崮山位于蒙阴县东北部，山势陡峻，四周悬崖峭壁。山顶从南向北，分为大顶子、二顶子、北顶子。八路军创建的兵工厂、弹药库、粮库等均设在山上。守卫部队是山纵第四旅大崮山独立团一营、特务连，山纵第一旅第二团的1个加强排在执行任务返回途中，遭到敌人堵截，也来到大崮山。11月4日，日军千余人在伪军的配合下，包围了大崮山。敌人先以飞机、大炮轮番对崮顶进行轰炸，然后发起攻击。当攻至山腰谷堆顶时，闯入八路军虚设的堑壕里，被埋设的地雷轰下山去。11月5日，日军再次以飞机、大炮轮番轰炸，然后步兵一次又一次地强攻。守崮战士和兵工厂工人，在独立团团长袁健（达）、政委于（余）辉和山东分局妇委委员、省妇救会常委陈若克带领下，与日军展开激战，击退敌人。之后敌人重点进攻东门和南门，守卫指战员沉

大崮山

着应战，凭借有利地形和工事，待敌进至阵地前沿，用手榴弹、步枪、机枪打击敌人。从拂晓战至黄昏，十几次击退冲锋的敌人，敌人伤亡惨重。夜间，守军收拣敌人丢下的枪支弹药，补充部队。11 月 6 日，守崮指战员再次与进攻之敌展开激战，崮顶硝烟弥漫，弹片、石块横飞，冲杀声、爆炸声，震天动地。11 月 7 日，疯狂的日军组织了更为猛烈的进攻。日军飞机将崮上东门炸塌，阵地多处被摧毁，守军仍顽强抗击。扼守南门的山纵第一旅第二团加强排，连续打退敌人十几次进攻。这时，日军二三十人沿着被炸塌的北门冲上山来，独立团 1 个连与敌展开拼刺战，将敌全歼。接着另一股敌人又攻占了南门，加强排经肉搏战将敌歼灭，夺回阵地。敌另一部趁加强排与敌激战之机，从南门两侧两个阵地结合部冲上山崮，并占领了最高峰。守军组织两次冲击，未能夺回制高点。山顶日军居高临下，山下日军团团围定，守军腹背受敌，加之与外界联系早已中断，难以寻求外援，战况发展对守军十分不利。恰在这时，兵工厂内原从陈三坎部俘虏来的技术人员乘机叛乱，掉转枪口向守山八路军射击。他们还用布匹作绳索，从崖下向山上拉日军，崮顶形势愈加严峻。为保存有生力量，团首长决定撤守突围。11 月 7 日晚 11 时，将山上所有仓库及兵工厂炸毁后，秘密撤下山崮。临近分娩的陈若克主动要求带领一部分战士留在崮顶掩护突围。大部队撤离后，陈若克又指挥几十名机关家属和群众用绳索从崮顶撤下来。此时，陈若克极度疲劳，行动十分困难，又加在大雾中迷失了方向，当警卫员去找担架时，天已大亮，被搜山的日军发觉，不幸被捕。守军在守崮和突围中，独立团林参谋长、坦埠区区长公蒲东等牺牲。在沂水城日本宪兵司令部陈若克遭受毒刑拷打，宁死不屈，11 月 26 日，陈若克和她刚出生的婴儿同时被日军杀害。

留田突围

欧阳文

1955年被授予中将军衔的欧阳文，湖南省平江县人。1912年生。1930年参加中国工农红军。1931年加入中国共产主义青年团，同年转入中国共产党。土地革命时期，任红三军团第三师政治部主任，第一师政治部油印股股长，一团宣传队队长，二团俱乐部主任，红一军团第四师十二团连政治指导员、团总支书记、师政治组织科科长。参加了长征。抗日战争时期，任八路军一一五师三四三旅六八六团政治处组织股股长，六八六团政治处副主任、主任，一一五师独立团政治处主任，独立旅政治部副主任、一一五师独立团政治处主任，独立旅政治部副主任，黄河支队政治部主任，教导第四旅政治部主任，一一五师政治部秘书长，山东纵队第五旅政治部主任，胶东军区政治部副主任。欧阳文同志任一一五师政治部秘书长期间，参与指挥了“留田突围”。他在回忆录中记述了这次突围的经过，本书节选有关部分，题目是编者加的。

欧阳文

1941年，是我山东抗日军民最困难的一年，侵华日军推行“治安强化运动”，频繁“扫荡”山东各地区。当时，一一五师所处的鲁中沂蒙山区，是山东抗日根据地的战略中心。我党和国民党在山东的军政首脑机关，都集中在这一带。因此，这里自然成了敌人“扫荡”最注重的目标。中共山东分局、山东军政委员会以及一一五师，为了对付敌人的“扫荡”，发出许多指示和通报，做了各种具体、切实而又充分的准备。

留田突围旧址

11月初，侵华日军第十二军团司令官土桥一次中将调动第十七、二十一、三十二师团等部兵力，以及各地伪军共5万余人，从临沂、沂水、莱芜、蒙阴、新泰、费县等地出发，向沂蒙山区的垛庄、青驼寺等地扑来，妄图以突然袭击“铁壁合围”“全面包围滚推式”的战法，先打掉我党政军领导机关，然后彻底摧毁沂蒙山抗日根据地。

这时，罗荣桓同志率一一五师师部移驻沂南县留田村。同驻在这里的还有中共山东分局、山东省战工会和党校共2000多人。而真正的战斗部队只有一一五师一个特务营和分局的一个特务连。在这数十倍于我军的敌人面前，能不能粉碎“铁壁合围”，保证领导机关胜利转移，关系到山东抗日斗争的成败。这副重担就很自然地落在分局主持军事工作的罗荣桓同志的肩上。

5日下午，在留田村附近的钮家沟，罗荣桓同志主持召开了高级军事会议。我记得参加会议的有：朱瑞、陈光、萧华、陈士榘以及司令部、政治部各部门的负责干部和师特务营的领导人。会议主要研究突围方案。在充分讨论之后，罗荣桓以独特的见解提出向南突围的建议。他认为：南面虽是敌人指挥部所在地，但是他们的兵力已倾巢而出，合围沂蒙山区，临沂一带已成了敌人的后方，必定空虚。此外，敌人也不会想到我军敢于向这一带突围，这样就给了我们一个可乘之机。罗荣桓的分析，合情合理，得到大家的赞同。当即决定：向南突围，并将突围人员分成前后梯队。前梯队由师司令部、特务营组成，随师首长行动，配合山东纵队一旅和广大民兵坚持沂蒙山区斗争。后梯队由中共山东分局、师政治部、后勤部、省战工会机关，以及两个警卫排组成，共1500多人，由我负责率领。突出重围后，转移到鲁南山区活动。

会后，罗荣桓同志把我和师特务营领导分别找来，站在军用地图前，将突围的任务、要求、纪律、路线等有关事项，都一一进行了详细的部署。遵照这些部署，我立刻投入突围前的各项准备工作。

这天晚上，月亮正圆，但是雾气很重。雾气与月亮的银辉融合在一起，使整个山野大地变得迷迷茫茫，好像为我们的突围施放的烟幕。8点钟左右，我率领后梯队静静地集中在村庄的南头，等候着出发的命令。透过烟雾弥漫的夜幕，我能看到不远处的山头，燃起了点点火堆，不时还传来阵阵马嘶声、嚎叫声。那是包围我们的敌人正在烤火取暖、嬉笑打骂，只等天亮后向我们发起总攻。

出发命令悄悄地传过来了。走在最前头的是开路先锋——精神抖撤的师特务营的战士，他们手提着上了刺刀的步枪，随时准备战斗。然后是前梯队、后梯队。罗荣桓同志走在前梯队的前面。当他迈着坚定的步伐，从容不迫地从我面前走过时，就好像平素见面一样，向我点了点头，挥了挥手。他这种临危不惧、镇定自如的神态，感染了我和后梯队所有的人，更加坚定了我们胜利突围的信心。

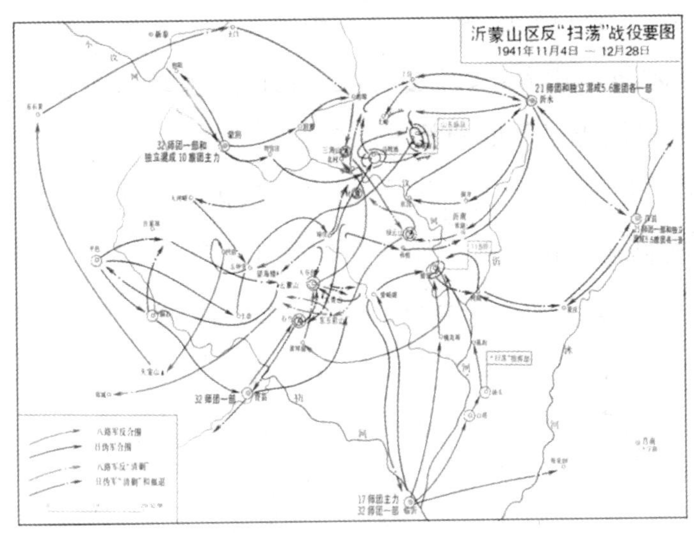

沂蒙山区反“扫荡”战役要图

按照罗荣桓同志预定的方案，我们顺利地通过了敌人的第一道封锁线，继续向南急进。下半夜，到了敌人第二道封锁线的高里附近，稍事停顿了一会儿。罗荣桓同志根据侦察员的报告，及时判断了敌情，准确地引导我们顺利地通过高里。过了高里，果然如罗荣桓同志所料，敌人后方空虚，警戒松懈。我们折南向西，这天晚上，一口气跑了100多里路，有几次几乎与敌人巡逻队相遇，但由于罗荣桓同志指挥得力，调度有方，我们巧妙地躲过了敌人，在一个距临沂只有50多里的埠山庄宿营，取得了顺利突出重围的胜利。为此,随军德国进步记者汉斯·希伯写了一篇《无声的战斗》登在《战士报》上,赞扬留田突围的指挥是神奇的。

我们在埠山庄隐蔽了一天,晚上分前后梯队开始活动。前梯队在陈光、罗荣桓的率领下,回到沂蒙山区,从内线打击敌人。我率后梯队经费县以西,通过公路,进入到天宝山区,脱离了敌人的“扫荡”范围。后继续南下,经白彦、梁邱、徐庄、桃峪,进入抱犊崮山区,同鲁南的部队会合。我们在鲁南活动了几天,又经苍山,东渡沂河,来到滨海地区,在西朱仓与张仁初、彭雄同志率领的师教导队会合。

12月初,“扫荡”的敌人陆续撤回。陈光、萧华率师部也转入滨海区。24日,罗荣桓同志与山纵政委黎玉研究完山东军事部署后,率一个骑兵排,穿过敌占区,安全到达滨海根据地,从此扎根滨海,直至大反攻。

时至今日,我们这些曾经参加当年沂蒙山区反“扫荡”战斗的老战士,一谈到“留田突围”,都不约而同地认为:如果没有罗荣桓同志的料事如神,决策英明,指挥若定,那后果是不堪设想的。

坦埠伏击战

李作义

坦埠，位于蒙阴东部，与沂南、沂水接壤，是三县交通要隘，也是历史名镇、重镇。因其北依群山，东、南、西三面环河而得名。坦埠伏击战是抗战期间钱钧将军指挥的一次著名战斗。

1941年11月初，日军纠集5万重兵大举“扫荡”沂蒙山区，八路军山东纵队一旅一团在副旅长兼参谋长钱钧指挥下，在旧寨、坦埠一带坚持反“扫荡”。5日，一团转战到坦埠金钱官庄一带。蒙阴县公安局发现坦埠有一支200多人的队伍，都是伪军装束，抢劫了大批物资。蒙阴县政府立即向钱钧汇报了这一情况，钱钧同志命前卫营迅速侦察后，遂下令部队三面设伏，消灭这股敌人。

1941年底，八路军在守卫沂蒙山区

午饭后，敌人押着满载鸡鸭等物资的大小车辆，赶着成群的牛羊，离开村庄顺着公路西行。

敌人虽然是伪军装束，但看神情又不像伪军。敌人进入伏击圈后，随着一声令下，机枪、步枪一齐向敌人扫去，敌招架不住，掉头向东逃跑，东面的部队用手榴弹把敌人打了回去。敌指挥官见中了埋伏，仓皇指挥突围，然而向东、向北、向南均遭到迎头痛击，我两个营的兵力，把敌人紧紧地压迫在干涸的河滩上。当我军从三个方向发起攻击时，日军的真面目暴露出来了。往常，伪军在我英勇战士面前，一触即垮；今天的敌人，非但不溃退，反而端起刺刀“呀——呀”地朝我军扑上来。日军的伪装，更加激起了我指战员的义愤。于是，一场恶战在河滩上展开了。日军指挥官眼见首尾不能相顾，死伤惨重，无力反击，只好率残兵溃逃，刚到坦埠西河，即被我伏击部队一个排子枪击中，翻身落马，死于河中。余敌见事不妙，掉头向西南方向逃窜。钱钧命部队追击，因河套河滩松软，使少数残敌侥幸逃命。此战历时约两小时，大部分日军遭歼，而我军无一伤亡，给“扫荡”日军以沉重打击。

战后，蒙阴县委、县政府慰问了参战部队。一团将截获的家禽、牛羊等全部归还给群众。

黄山坪突围战

临沂市史志办

沂南行署、沂南县委机关常驻依汶一带，也是敌人“扫荡”的重要目标之一。1941 年 11 月 6 日晚，中共沂南县委书记李铎和沂南行署主任赵治平等率领县机关人员，从涝坡店子出发，转移到张庄北山坡，侦察员发现敌人从青驼寺一带向北压来。李铎等率机关人员立即回头向北转移。过了汶河，顺着山坡丘陵，经鲁家庄西南头，向西爬坡上山，很快登上位于依汶村东北的黄山坪山顶。这时，沂南县大队一部分人员也来到这里。经一夜急行军，在此稍稍休息。此时离天亮只有 2 个小时。黄山坪已被敌人包围。县委书记李铎、行署主任赵治平、组织部长秦昆、宣传部长吴克东等开会决定突围，并通知全体人员做好战斗准备。大家立即靠近山寨的残墙根下，注视着山下敌人的动态。天刚蒙蒙亮，日军就开始了进攻，步枪、机枪扫射得越来越猛烈。黄山坪有 3 个 300 米以上的山头，主峰海拔

黄山坪远眺

461.4米。山上人员居高临下，地形有利，给围攻之敌以有力打击。敌人又用小瓦子炮轰击山上。四面包围的敌人，多倍于我，形势严峻，不能久战。李铎遂令县大队等一部人员向北突围，自己带领县机关人员向南突围，由山南两个山膀中间往下冲。山陡无路，不能往下走，只能向下滑滚，很快到了山下。日军已在两侧山托角处设下埋伏，妄图把突围人员一网打尽。突围人员距敌人两边不到100米，敌火力交叉，枪炮齐鸣。紧要关头，李铎等领导一边沉着地挥动匣枪点射敌人，一边指挥警卫班掩护机关人员奋勇突围，突出敌人包围圈，又向南急行军十几里，越过汶河，转移到朱家里庄。战斗中，行署主任赵治平和两名战士为掩护战友突围牺牲，妇救会长于波被捕。

石岚伏击战

张明光

黄草关，坐落在蒙山第三高峰望海楼东侧，位于费县城东北30公里处，系蒙山东部的第一大关口，是蒙山东部南北交通的咽喉要道。其东侧是著名的大青山，这里地处费县、蒙阴、沂南三县交界，地势险要，有一夫当关万夫莫开之势，历来为兵家必争之地。抗日战争时期，成为日军对我沂蒙山区抗日根据地进行残酷“扫荡”的必经之路，但也为我军消灭侵略者提供了地利之便。1941年11月9日，在罗荣桓的指挥下，八路军一一五师特务营就在这黄草关下打了一个漂亮的伏击战。

1941年11月5日，罗荣桓率一一五师和山东分局等机关，从沂南县的留田胜利突出敌人重围，一夜之间插到费县的汪沟区埠山庄。次日南逼临沂，折转向西，似神兵天降般来到费县诸满村。而敌人还以为我军主力仍在留田，蜂拥而去。为减轻根据地的压力，将敌人主力调出根据地，罗荣桓又果断地采取了调虎离山之计。

11月8日，罗荣桓找来特务营副营长黄国忠指示说：“敌人在留田扑空，正在摸我们的去向，我们要将计就计，暴露一下自己，把敌人调出我们的根据地。敌人在垛庄、青驼寺一带抢了很多牲口和其他物资准备外运，必经石岚，你带上两个连在石岚附近打个伏击，动作要快，要打得狠，声势大，打了就撤。”

9日晨,黄国忠率部到石岚察看了地形,认为罗政委选的这个伏击地点非常恰当。中间一条沙河,顺河谷而上直到黄草关口,向下只有一个出口到薛庄。两边高山耸立,别无出路。我军占领两侧高地,只等敌人一到就可以关起门来打狗,堵住笼子捉鸡,即使他有三头六臂也难逃天罗地网。

为贯彻罗政委"打得狠、声势大"的意图,黄国忠把全营的所有轻重机枪集中使用,组成密集交叉火力网,又把全营的司号员集中起来,从多方向同时吹响冲锋号,以壮声势。一切准备就绪,只等敌人"光临"。

细雨纷纷,寒风习习。我们的战士潜伏在冰凉的岩石上,忍受着寒冷的侵袭,等了将近一天,依然不见敌人的踪影。天色渐暗,是继续等还是撤?这时通信员传来罗政委的指示:坚决等下去!

黄昏,雨停了。忽然,从北面山口传来"嗒嗒嗒"的马蹄声,接着又发现了影影绰绰的人影。果真是日军来了,在饥寒交加中忍耐了一天的战士们顿时兴奋起来,各自占好待攻位置。

敌人毫无戒备,没料到这里会有八路军。他们押着抢来的牲口、物资,队形零零散散、断断续续。当最后一个日军进入我们伏击圈时,一颗红色信号弹腾空而起。顿时,全部轻重机枪、步枪喷出愤怒的火舌,掷弹筒、手榴弹在阵中猛烈爆炸。所有军号一齐吹响,伴着呐喊声、爆炸声,如山崩,似海啸。敌人遭此突然袭击,手足无措,乱作一团。狭长的山谷里人撞马,马踏人,人喊马叫,鬼哭狼嚎。埋伏了一整天的八路军战士,新仇旧恨像火山一样迸发出来,势如泰山压顶,扑向敌群。经过半小时的激烈搏斗,300多敌人当场毙命,只有几个狼狈逃窜。

这场漂亮的伏击战是罗荣桓运用"翻边战术"导演的调虎离山之计,有效地把日军从我根据地中心区调出来,减轻了我根据地的压力。

蒙山百花峪(布袋峪)战斗

李作义

百花峪,位于蒙山中部云蒙峰和天蒙峰之间,峪谷深险而陡长,形似口袋,又称十里布袋峪。走进百花峪,一片神奇的景象,奇峰耸列,幽谷深邃,林深树茂,涧水奔泻。更迷人的是,进入花季,野生的桃、杏、李、菊、杜鹃、映山红、紫藤萝等山花,扑天盖地,层层叠叠,五彩缤纷,争奇斗艳,如虚如幻。百花峪是花的世界,也是英雄的土地。革命战争年代,这里是重要的革命根据地。

蒙山百花峪

1941年11月初，日军出动5万重兵对沂蒙抗日根据地实行残酷的大“扫荡”。抗大第一分校奉命以蒙山为依托反“扫荡”。该校属非战斗部队，武器装备很差，只有3挺轻机枪，200余支劣质步枪和部分手榴弹，但校部选拔的300名战斗队员，军政素质都很强。中旬，日伪军4000多人，在飞机、大炮配合下，分九路合击百花峪，企图一举吃掉抗大第一分校。

战斗于11月14日凌晨打响。日军把峪北口松山作为主攻目标，飞机、大炮集中轰击，1500余名日伪军轮番进攻。据守松山顶的战斗排，在王排长的指挥下，敌人轰击时就隐蔽在悬崖下，炮击一停就进入作战阵地，居高临下，等待敌人爬到前沿才开火，打得敌人攻无力攻，躲无处躲，只好溃退。第二天，因弹药不足，战斗排撤离松山顶，登上大沙山。在大沙山阵地上，不管是敌人飞机炸、大炮轰，还是多路进攻、集团冲锋，在我英勇善战的军队学员面前只有死伤和溃退。整个一天的战斗，日军精心地组织了4轮冲锋，动用2000多兵力，结果都是一样：死伤惨重。16日，严重丧失了“皇军”尊严的日军不甘心失败，组织敢死队，在炮火掩护下，从山谷、山梁多路向大沙山攻击，有的被击毙，有的被炸得血肉横飞，有的被滚石砸成肉饼。日军溃退时，我学员们就开展射击比赛，迫使敢死队龟缩在崖根、石缝不敢露头，皇军尊严和武士道精神丧失殆尽，只好望山兴叹，最终不得不全线溃退。

三天的抗击战，学员们以牺牲2人、负伤5人的代价，击退了十倍于我之日伪精锐，击毙敌人100余人，打伤400余人，消耗敌人炮弹数千发，子弹数万发，创造了以少胜多、以弱胜强的模范战例，有力地配合了整个反“扫荡”斗争。

柳红峪战斗

临沂市委党史委

1941年11月14日，日军集中7000余人，反复合击蒙山西部地区。15日，在沂南县柳红峪一带发现200多日军正向山东分局和一一五师师部驻地进犯。代师长陈光决定调两个主力团歼灭这股敌人，并要山东分局代理秘书主任谷牧先指挥一一五师特务营的两个连，阻击日军的进犯，等待主力部队到来。这天拂晓，谷牧率部抢占了柳红峪村南山头，迅速构筑工事，但立足未稳，日军就冲了上来。谷牧沉着指挥，组织密集火力，向敌人反击，由于敌我力量悬殊，敌人虽遭到我大量杀伤，但仍蜂拥向我阵地围来。这时情况十分危急：主力团不能前来，仅有我两个连孤军奋战。为保证力量并引走日军，谷牧率部向山东分局等领导机关驻地相反方向撤退。敌人紧追不舍，集中火力向我扫射。突然，一颗子弹击中谷牧后背右侧，打断两根肋骨。他忍着剧痛，坚持指挥部队边打边撤。转移到安全地带后，他身上已血迹斑斑，血液已经凝固粘连，只好用剪刀铰破衣服包扎。

谷牧在沂蒙

为判明日军的“清剿”动向，山东分局、一一五师等领导机关进至东西蒙山之间的大谷台。17 日午后，敌从空中侦察发现后，即对大谷台进行合击。我领导机关遂东越临蒙公路进入北村，继续指挥部队打击敌人。11 月 18 日，鲁中军区司令员刘海涛、鲁中区党委社会部长朱毓淦等数人，在沂南官庄被敌人抓捕，不久被杀害。

一一五师特务营在十天内连续作战七次。11 月 19 日，在垛庄附近伏击日军一股，毙敌数十人；24 日，击退由旧寨南犯之敌 200 余人；25 日又在三角山抗击日军 700 余人的进攻，激战竟日，打退敌人三次冲击，毙伤敌 300 余人；29 日，又与山东纵队二旅四团二营合攻绿云山之敌。活动在东西蒙山地区的山纵二旅、蒙山支队和抗大第一分校，也多次打击"清剿"的日军。23 日，鲁中军区部队进攻尚店据点，俘伪军 282 人。

绿云山战斗

郑国华

1941年冬，抗日战争进入了最艰苦、最困难时期。侵华日军总司令畑俊六纠集了5万余重兵，企图一举摧毁沂蒙抗日根据地，消灭我山东党政军领导机关。

从11月4日起，我山东党政军领导机关，在经过马牧池、留田等突围后，跳出了敌人的合围圈，粉碎了敌人的阴谋。到11月中旬以后，数万日军进占根据地，并在根据地的中心区域内建立了数十处临时据点，在根据地内反复地“拉网清剿”，并实施灭绝人性的“三光”政策和伪化宣传。在日军铁蹄的践踏下，根据地内一片白色恐怖，形势极为严峻。

为粉碎敌人的“扫荡”，我山东党政军领导机关，在一一五师政委罗荣桓和山东分局书记朱瑞的率领下，又重返敌重兵占据的根据地，和敌人展开了殊死搏斗。

11月29日，一一五师、山东分局机关转移至孙祖北荆山沟一带，早上就发现敌情，一一五师特务营和尾追之敌交火，掩护机关安全转移。当天晚上，尾追我指挥机关的日军在孙祖北绿云山上和狼窝子村宿营。一一五师和山东分局首长决定消灭这股日军，打掉敌人的嚣张气焰。为方便部队作战，当天黑之后，一一五师师部机关非战斗人员及山东分局、省战工会等机关先行向东蒙山的大青山、大古台一带转移。

入夜以后，在罗荣桓、陈光、朱瑞、萧华等首长的指挥下，一一五师特务营，山纵二旅四团三营，沂临边联县县大队一连分别进入攻击位置。半夜时分，罗荣桓、陈光、朱瑞、萧华等亲临前线指挥战斗。山纵三营充分发挥夜战、近战的特长，以密集的火力，一鼓作气攻进狼窝子村。日军遭到突然袭击，被打到了村外，一些人弹药未及携带便溃退到村外的坟地里，清醒过来后，立即组织队形，以猛烈之火力向村内发起攻击，并一度攻进村内，战斗尤为激烈。三营全体指战员，在团政委刘仲华和副营长秦鹏飞的指挥下，英勇作战，在村内和日军反复拉锯达三次之多，战斗呈白热化，最后形成僵持状态。进攻绿云山的特务营，经激烈的战斗，同敌人形成僵局。原来在天黑之际，从界湖、依汶、铜井出动的日军，已经增兵绿云山和狼窝子村之敌，故使战局发生了变化。为避免不必要的伤亡，在罗荣桓等首长的指挥下，我军主动撤出了战斗。此次战斗，伤日军200余人，毙100余人，杀死日军战马40余匹，我军亦伤亡50余人。

罗荣桓（左三）和陈光（左二）、萧华（左四）在临沭合影

绿云山战斗，是在反“清剿”最艰苦时期，根据地形势极为恶化，斗争最为残酷的时候，我抗日军民对日军的一次沉重打击，它迫使四处分散的日军不得不收缩集中，这不仅减轻了地方武装和人民群众的压力，而且极大地鼓舞了中心区军民的士气，进一步增强了根据地军民抗战必胜的信心。

大青山突围

诸葛瑞钦

1941年11月，侵华日军调集4个师团和5个独立混成旅团及伪军共5.3万余人兵力，对沂蒙山区抗日根据地实行“铁壁合围”，进行长达两个月的大规模“扫荡”。11月下旬，日军200多人，在特种部队和伪军配合下，尾追八路军一一五师师部，占据绿云山、萧家坪、狼窝子等地，并在绿云山新建一处据点。11月29日，八路军一一五师特务营、山东纵队二旅四团三营等部在罗荣桓、朱瑞、陈光指挥下，发起绿云山战斗，当日夜拔除该据点，歼敌100多人。战前为确保机关及非战斗人员安

大青山胜利突围纪念碑

全，中共中央山东分局、山东省战工会、八路军一一五师师部工作人员、八路军山东纵队部分后勤单位连夜向大青山地区转移。同日晚，抗大第一分校各单位、第二建国大队、第五军事大队等，相继转移至大青山一带，分别驻在胡家庄、大古台、杨家庄、梨行沟、梧桐沟等几十个村子里。30日拂晓，对大青山地区进行分区"清剿"的日军一个混成旅团的兵力，就包围了这一地区，并与抗大第一分校的警卫部队接上了火。这时，山东分局、山东省战工会、一一五师机关以及姊妹剧团、大众日报社、医院等单位的约2000人误入敌人合击圈。在狭窄的山凹里一下涌进来5000人（含抗大第一分校）的非武装人员，要统一指挥安全突围非常困难。而日、伪军装备精良，有备而来，占尽优势。我方只有抗大第一分校警卫连和第五大队（军事大队）300多人的武装，且装备有限的武器弹药。

抗大第一分校校长周纯全，临危不惧，毅然挑起指挥突围的重担。他命令五大队抢占有利地形，掩护大部队突围，严令大队长陈华堂"要拼死守住阵地，人在阵地在"。五大队迅速占领大古台、胡家庄南的高地，掩护其余人员撤出驻地。敌人猛烈的炮火、密集的子弹扑向五大队的阵地，那里即刻成为一片火海。五大队指战员毫不畏惧，顽强战斗，坚守阵地，打得阵地前敌尸成堆血流遍地。五大队二中队由队长邱则民、指导员程克各带40多人，分别坚守在

抗大第一分校五大队二中队队长邱则民率部在大山顶阻击敌人

梨行沟、梧桐沟附近的两个高地上英勇阻击敌人。他们在各自阵地上打退敌人多次进攻。子弹打完了，就用石头、手榴弹回击敌人的进攻。邱则民所带学员大部分牺牲，他自己也身负重伤，忍着伤痛抱起机枪向敌人猛烈射击，最后子弹打光，陷入敌人重重包围。他誓死不当俘虏，砸毁机枪，跳崖殉国。程克带的区队仅剩下10多人，子弹、手榴弹都打光了，就与敌人拼刺刀，用枪托痛击敌人。凶恶的敌人包围了程克等人，程克抱住一个敌人，一口咬下其半只耳朵。其他学员也都徒手同敌人搏斗，无奈寡不敌众，最后十几名学员全都壮烈牺牲。

省战工会副主任兼秘书长陈明和一一五师司令部五科科长袁仲贤所率的山东分局、省战工会、一一五师等机关、后勤人员队伍，大都是非战斗人员，缺乏军事知识，听到枪炮声就到处乱跑，难以统一指挥。

山东省战工会副主任陈明、山东姊妹剧团团长辛锐夫妇在大青山突围战斗中壮烈牺牲

陈明身负重伤后，仍坚持战斗，4名随行人员已牺牲3名，只剩下19岁的吴开玉，被陈明严令突围。最后陈明饮弹牺牲。陈明的夫人、姊妹剧团团长辛锐，在这次战斗中为掩护战友身负重伤，被抢救藏在火红峪村养伤，后被二次“扫荡”的日军发现而壮烈牺牲。德国共产党员、著名记者汉斯·希伯也壮烈牺牲。

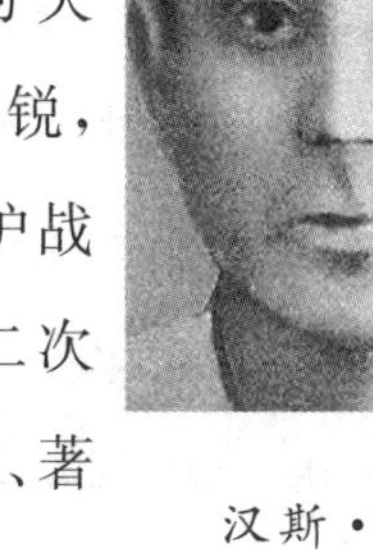
汉斯·希伯

包围圈越来越小，战斗越来越激烈，形势十分危急。校长周纯全果断决定，由校训练部副部长闫捷三率警卫连和校部人员由梨行沟向西，打开突破口，越过沙河向望海楼、洋山（今为费县塔山）方向突围。在阻击部队的掩护下，大部分被围人员从梨行沟、梧桐沟向洋山方向蒙山深处突围，少数人员向其他方向突出重围。周纯全在被围人员全都突围后，才同几名警卫人员经彭家岚子向洋山转移。

一一五师师部机关由袁仲贤科长率领，于30日拂晓前到达宿营地。担任前卫的防化学主任尹健，派一个班在迷雾中到宿营地东北的山上设军事哨，尹健指挥带枪人员跑步向大青山主峰前进。此时，东南边约一个中队的日军企图抢占主峰。因敌路途较近，抢先到了主峰下，随即以一股兵力向尹健他们进攻。尹健等抢占了主峰北侧一高地组织还击，以准确的射击打得敌人不敢继续进攻，进而形成对峙。后来，敌转而向西离去。下午。

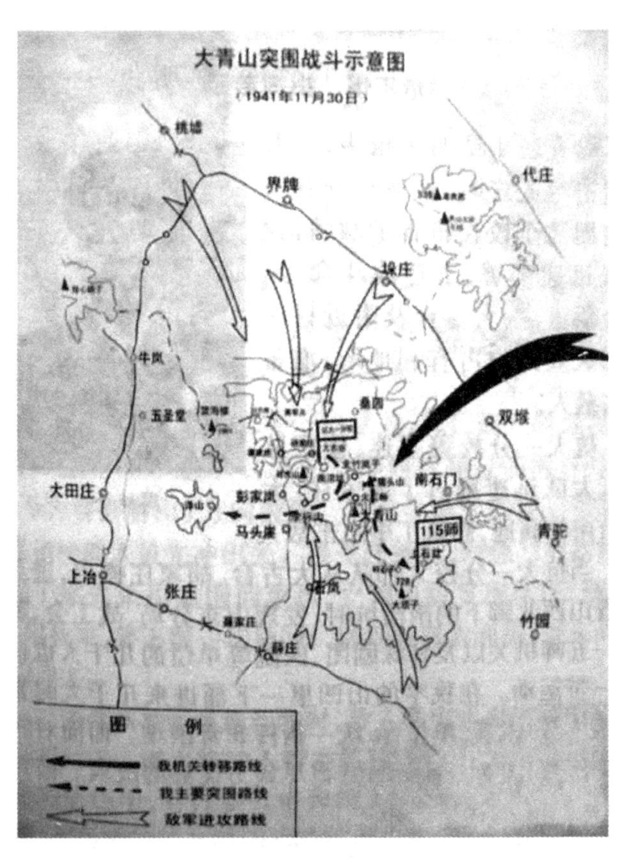

大青山突围战斗示意图

师机关相继转移到上、下石盆村。师首长率部撤出绿云山战斗，夜半时分与机关汇合后，移驻砰石子村。

随同师机关向大青山转移的师通信营，在发现敌情后，各级指挥员组织严密，因而伤亡很小，电台等装备完好无损，而且还收容了一些骡马。全营于12月1日晚间与机关会合。

这次突围战斗，陷入日军合围圈的山东党政军机关和抗大第一分校等单位共5000余人，战斗中，省战工会副主任兼秘书长陈明、一一五师敌工部副部长王立人、抗大第一分校二大队政委刘惠东、省抗协宣传部长赵冰谷、蒙山独立支队政委刘涛、德国友人汉斯·希伯等300余人牺牲，山东分局组织部长李林等约500人负伤，省战工会副主任李澄之等多人负伤后被俘。战斗中击毙日伪军300多人。

和尚崮战斗

沂南县委党史委

为加强沂蒙中心区武装斗争力量，彻底粉碎敌人“清剿”，跳到日军合围圈外的滨海区的山东纵队二旅四团三营，在团政委刘仲华的率领下，1941 年 11 月中旬，奉命返回沂蒙中心区。

和尚崮风光

12 月初，山东纵队机关返回沂蒙中心区，罗荣桓、朱瑞命令三营去接黎玉，研究布置反“扫荡”事宜。12 月 3 日，三营从孙祖一带行军到艾山前夏庄、栗林宿营，刘仲华率警卫排和七、八连驻夏庄，九连、十连驻栗林村。部队宿营后，4 日拂晓，十连三班班长聂振田在村西岭上，突然发现数百名日军偷袭上来，三班班长立即开枪射击，一时枪声大作。驻夏庄的部队听到枪响以后，知遭日军合击，立即派出通信员，命令九、十连向夏庄靠拢。但九、十连已被日军切断，无法传达命令，刘仲华便率七、八连，向岸堤方向突围。九、十连便与营部失去了联系。

九、十连在听到报警以后，立即集合部队，在副营长秦鹏飞的指挥下，向东边和尚崮方向突围。当部队撤到村东时，日军已冲进村中，部队刚撤过村东的河滩，日军便在河西架起机枪和掷弹筒，向九、十连猛烈射击，当即有数名同志中弹牺牲。九、十连边打边撤，给追击的敌人较大的杀伤。经一个多小时的激战，部队向东撤到了和尚崮西侧的山脚下。此时，从孟良崮北侧的河北村、南瓦庄一带分兵迂回合击的日军，已占领了和尚崮东侧和山顶的制高点，截断了九、十连向东撤退的道路。在发现敌情变化以后，部队准备向和尚崮西侧山下深沟向西北转移，但在此时，山沟里已拥满了当地群众2000多人和沂南县行署机关人员，如没有部队掩护，当地群众和地方机关将遭受不可估量的损失。在这种情况下，秦鹏飞毫不犹豫地命令九连一、二班，抢占和尚崮西侧的无名高地，掩护群众突围。当一、二班占领阵地后，从铜井、界湖出动的日军已从东北越过和尚崮，接近了一、二班阵地，双方随即展开了激烈的战斗。日军凭借优势兵力和密集的火力，向一、二班阵地发起了猛烈的攻击。一时间，一、二班阵地上枪声、杀声和手榴弹的爆炸声交织在一起，经10余分钟激战，一、二班战士全部壮烈牺牲。日军在占领和尚崮西侧的制高点后，当即设下三

和尚崮战斗遗留的弹壳

道防线。这时,已进入和尚崮西侧半山腰的九、十连,三面受敌,陷入了极端的困境,且山沟里的群众还没有完全转移出去。在这生死关头,秦鹏飞命令部队扔掉背包,脱掉上衣,做最后的突围。战士们端着刺刀,在一片喊杀声中,冲上了和尚崮。经10余分钟短兵相接,一举夺回了被日军攻占的制高点,但有30多个同志壮烈牺牲。在子弟兵的拼死掩护下,大部分群众突出了敌人的合围。

日军在丢失制高点后,其指挥官气极败坏地用督战的机枪向退下来的日军开枪射击,并重新组织三道防线上所有的日军,向九、十连发起反冲锋。九、十连再度和日军短兵相接,战斗呈白热化,经10余分钟的激战,日军被压制在阵地前沿不远的地方。此时,尾追而来的日军,已堵截了九、十连攻上山来的道路,九、十连四面被围。在激烈的战斗中,包围圈越来越小,部队虽做过几次突围,终未成功。上午10时左右,部队被压迫在南面的绝壁边上。陷入绝境的我军战士,个个视死如归,子弹打完后又和敌人展开白刃搏斗,有的战士连挑数名日军,刺刀都拼弯了……在激烈的战斗中,我部终因寡不敌众,大部分壮烈牺牲,最后剩下17名壮士,他们摔碎了枪支,跳下悬崖,壮烈牺牲。

此次战斗,歼灭日军300余人,我军也遭受重大损失。山纵二旅四团三营九、十两连共172人,除4人突出重围,4人受伤被当地群众救出外,164人全部壮烈牺牲。同时还有100多名群众未能突出合围,也惨遭日军杀害。值得一提的是,三营九连,就是在孙祖战斗中固守九子峰、打退日军九次冲锋的英雄九连。

高湖突围

沂南县委党史委

1941年12月10日，进入沂蒙中心区的山东纵队指挥机关，转移到岸堤北面的东北村，司令部驻村内，政治部驻村北，背靠村后三角山。拂晓时分，由沂水、蒙阴、铜井、垛庄等据点出动的日军4000多人，分进合击我东北村的指挥机关。我部队刚吃完早饭，村南的哨兵便和偷袭上来的日军接火，在警卫部队的阻击下，指挥机关迅速向北转移至山根，转而沿山根向东突围出去。在机关转移时，山东纵队宣传部长刘子超带数名警卫员沿村西河边的大路向北突围，和指挥机关脱离。当机关出村之后，铜井和垛庄的日军均进入东北村，继而汇合一起向三角山攻击前进，并分兵一部向刘子超部追击。

刘子超

10日晚上，在三角山北朱家林村宿营的还有沂临边联县县大队二连及与朱家林隔一山梁的石旺庄三连。当日军朝三角山合围时，在三角山上的二连哨兵，发现敌情后当即开枪打倒两名日军，日军立即用机枪还击，并一拥而上，抓住了两名哨兵。三角山上的枪声，使朱家林村我宿营机关和部队知道已遭日军合围，立即向北转移。当行至村北时，突然和沂水方向出动的日军遭遇，县大队先敌开火，并派一个班阻击日军。在一个班的掩护下，县大队和机关向东突出了敌人的合围。

天亮后，南北两股日军在朱家林汇合，因其合围阴谋失败，日军便气急败坏地残杀了我两名被抓的哨兵。随后，日军越过朱家林村西的山梁，向高湖峪方向前进。

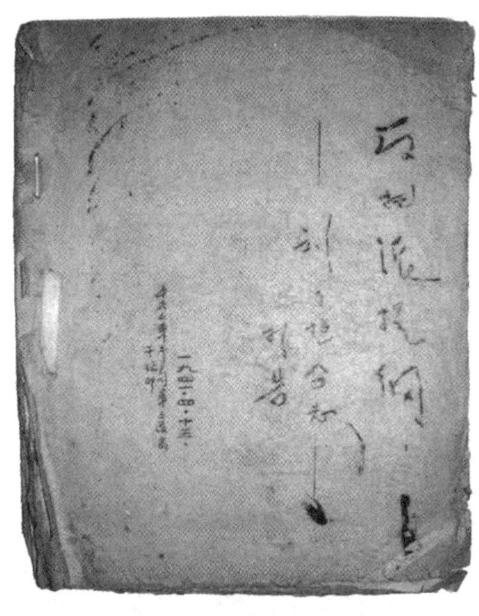

油印本《反托派提纲——刘子超同志报告》

此时驻朱家林村西石旺庄的县大队三连，知遭日军袭击，便向高湖峪方向撤退。当撤下山来时，正好与山纵宣传部长刘子超部会合，同时沿高潮河底向北突围。这时，从东北村及朱家林追来的日军，紧紧地咬在后面，情况十分危急。部队撤至中高湖一带时，有十几名年龄较小的战士，因体力不支而掉队，被追上来的日军抓走。部队撤过中高湖后，刘子超便率部队向西，钻进了通往佛山村的深沟。当部队行至佛山村东沟底时，在佛山村内和村北的山梁上，突然出现了从蒙阴方向出动的日军，敌人居高临下，数挺轻重机枪挡住了部队西去的道路。在佛山村东的深沟里，后有追兵，前有堵截，部队陷入了日军的重围。在紧急关头，刘子超命令部队爬出深沟，向北突围，被日军数挺轻重机枪压制封锁，数次突围均未成功。随后，部队又转向西南水塘崮方向突围。在向西南的突围中，三连指导员李长进率部分战士，一度攻占佛山村东，但终因寡不敌众，最后又被日军压回沟底。陷入绝境的我军全体将士，个个视死如归，顽强战斗。指导员李长进在身负重伤后，仍击毙一名日军，最后被日军用刺刀挑死，壮烈牺牲。上午9时左右，日军冲进深沟，对我干部战士进行了残酷的迫害。山纵宣传部长刘子超，在日军冲进深沟之前，便烧掉文件，顽强地战斗到最后一刻，当日军冲进深沟时，他宁死不当俘虏，自饮最后一颗子弹，壮烈牺牲。

此次战斗，我干部战士50余人，除4人受伤被当地群众救出外，其余全部遇难。

血战苏家崮

张玉华

1964年晋升为少将军衔的张玉华，山东省文登县人。1916年生。1935年加入中国共产党。1937年参加胶东天福山起义。抗日战争时期，任山东人民抗日救国军第三军一大队中队政治指导员、大队政治委员，八路军山东纵队第五支队六十一团营政治委员，第六十三团政治委员，山东纵队特务一团政治委员，第一旅三团政治委员，鲁中军区后勤处政治委员。张玉华同志任山纵一旅三团政委时，曾指挥所部掩护山东分局党校突出日军的“铁壁合围”。他与魏学诚同志合写的《血战苏家崮》，再现了这场战斗的壮烈情景。

张玉华

“1941年12月，山东纵队两个连队又一个排在坚守苏家崮时，与敌人反复冲杀，最后仅剩下30多人全部抱敌投崖，与敌人同归于尽。”翻阅1985年的《红旗》杂志第十七期，读到这一史实，作为参加那次战斗的幸存者，再一次引起了我们对众多英勇牺牲的先烈的无限怀念和敬仰。

那次作战的部队，是山东纵队第一旅第三团的第一、第四连及第五连的一个排。作战时间是1941年12月8日，战斗是在遭到日伪军6000余人合围后发生的。

1941年11月3日开始，日军集中5万余人，在其中国派遣军总司令官畑俊六大将直接指挥下，对山东沂蒙山区实行“铁壁合围”，进行了空前规模的“扫荡”，妄图摧毁我鲁中根据地，消灭我领导机关和主力部队。当时，我三团正在鲁南的天宝山区坚持斗争，处于敌人的合围圈外。为配合鲁中部队反“扫荡”，并防止遭敌袭击，根据上级指示，三团将部队分成40个单位进行分散活动。至11月底，鉴于周围敌情无变化，部队分散了一段时间需进行整顿，乃决定将全团集中在宁家圈休整一周。在休整中，团召开干部会，总结了一月来的工作，对部队分散活动情况进行了讲评，组织了全团大会操。由于分散后又集中，指战员中的麻痹思想有所滋长。

12月5日，旅电示三团在外围进行积极活动，打击钳制敌人，配合沂蒙山区的反“扫荡”。这时，我一一五师师部由沂蒙山区转到鲁南，随行的山东分局党校约400人交由三团负责掩护。三团首长当即研究确定：由罗文华副团长率第三营到泗彦（费县西22公里）一带活动；第一营副营长高子堂率第二连到平邑西南之丰阳一带活动；侦察参谋罗联甫率侦察排大部到城后日军据点附近监视敌人。以上各部统于6日出发。团长王吉义、政委张玉华率团主力掩护分局党校，定于7日晚向城后以西地区转移，并准备伏击城后、崇村出犯之敌。但是，7日上午，一一五师一位领导同志来团向全体干部讲话，因此，团决定主力推迟一天行动。恰巧这一改变使我们错过了及时转移时机，陷入了敌人重围。

战后查明，敌人侦察到我一一五师转移到鲁南，宁家圈地区有部队集结的情况后，即集中约6000人的兵力（大部为日军），分别由滕县、邹县、平邑、地方、铜石、费县等据点出犯，利用夜暗隐蔽开进，以宁家圈为合击目标，于8日拂晓占领晒书台、白彦、山阴、薄石板、郑城、崇圣庄等要地，并在常庄、桃花山布置伏兵，防我向西北方向突围。敌旅团长福田少将在晒书台设指挥所，统一指挥各部行动。敌人布下的这一合围圈，南北相距5公里，东西相距8公里，主要通路都有重兵把守。

宁家圈位于费县正西35公里、白彦东北4公里。它是一小块山间盆地，六七个小山村错落其间，周围是标高在四五百米左右的山岭，向西北通山阴方向有一敞口，向西南翻山通白彦，向东翻山口通郑城，均有人行路。我三团团部及一营驻盆地中央，二营驻西北山口之两水河及辛庄，分局党校驻扎山岭东侧的铁里营。

7日夜是一个寒冷而昏暗的夜晚。各路敌人轻装疾进，途中遭我侧击，仅以少部掩护，主力仍奔向预定目标。我军虽加强了警戒，却没有想到敌人会突然合围，而且只靠徒步通信，因而未能及时得知敌人行动情况。午夜时，二营报告："在岗哨上听到正西方向炮响三声，并有步枪声。"接着其他岗哨也报告："白彦以西有步枪声。"值班参谋及时将这一情况报告团长、政委。王团长问其他方向有什么情况，参谋告以其他方向没什么动静，也没有侦察员回来报告。团长指示：派侦察员到白彦以西及郑城方向侦察，着二营派一个班向山阴方向游动警戒。随后，派出的侦察员回来报告没有发现情况，也未听到枪炮声。由于我们西距日军据点城后、崇村只十几公里，前些日子我曾派小分队多次袭扰敌人，夜里能听到该方向的枪炮声，所以未能引起高度重视，就只通知各部队一律于拂晓前开饭完毕，并严密警戒，以防意外情况发生。

8日拂晓，我二营各连饭后正集合出操跑步，进占山阴东岭的日军突然向两水河发起袭击。六连立即占领阵地，抗击敌人。接着白彦、崇圣庄、郑城方向也响起枪声。原来我侦察员到自彦、郑城侦察时，敌人尚未到达该地；二营向山阴派出的游动班哨走了南边的一条较大的路，敌人却沿北侧小路东进，又值有雾，故未能提前发现敌人。

战斗打响后，二营报告：“城后出犯之敌有一千余人，六连正在抗击。”这时，团对周围情况仍不了解，还以为仅是据点的敌人来袭击或报复“扫荡”，即令二营主力在两水河坚决抗击敌人，并把敌人向东北方向吸引，掩护团主力向白彦西南方向转移。

当团长、政委率担任前卫的第一连进至通往白彦的山口时，发现白彦及其东西各高地已布满敌人。这时，两水河方向战斗正激烈进行，而东北郑城方向尚无大的动静，判断西面、南面已有多路敌人，向西南方向突围已不可能。团随即改变决心，以第四连占领宁家圈南山及西山，阻击白彦之敌；以第一营营长徐振明率第三连，跑步抢占宁家圈东北的重山，掩护团直及分局党校向东北方向突围。

此时，太阳已高高升起，晨雾已消。当我们掉头向东北疾进时，第六连已在优势敌人猛攻下向重山转移，突过两水河的敌人即以火力压制我运动的部队。敌人的炮弹已在附近爆炸，机枪子弹在部队运动道路左侧打起阵阵飞扬的泥土。白彦东西一线的敌人，则同时向西山、南山发起攻击。

当团主力越过通往郑城的山口进达木头崖东北的地域时，才遇到三营派来的通信员，他报告：“泗彦发现敌人数百向西急进中，梁邱也发现敌人西进，进至何地不详。”时间已近上午9时，山阴及白彦之敌猛攻我掩护部队，已占南山及西山，突入宁家圈，并继攻重山。我四连正向宁家圈东山转移。郑城（正东近2公里）、常庄（正北7公里）方向无动静，情况不明。王团长针对当时严重情况，决心由参谋主任孙光率团直及分局党校，由第二营（营长戴文贤、政教王良恩）掩护，向四开山（正北方向）突围；第三连控制重山阻击敌人，尔后任后卫跟进；团长、政委，率第一连抢占东南高地苏家崮钳制敌人，并杀开一条血路，向东南方向突围，求得和第三营汇合，寻机打击敌人。由于笨重武器已不便携带，即令特务连将两门迫击炮及数十发炮弹埋藏在河滩沙堆里。张政委说："这样既能使党校安全转移，又能保障团主力少受损失。"

各部依团长决心立即行动。第一连从北面登上苏家崮，向南展开。王团长、张政委、政治处主任陈晓峰及机关少数人员也随即上了山。由于情况紧急，决心变得快，具体任务未逐级交代清楚，特务连（欠一个排）、第四连及第五连的一个排，见团首长上了苏家崮，也随后跟了上来。

苏家崮是一列呈东北、西南向的长形山崮，标高近500米。崮的地形特点是临到山顶有数十米高的陡崖峭壁，能上下通行的道路很少，山顶则为较平坦的开阔地。该山崮只有北头及南头有路，东西两侧均为三四十米高的崖壁；山顶平地北低南高，长约1800米，北头宽近百米，中部以南宽达200米左右，南头隆起为一小高地，与西南侧的晒书台高地相连；山顶中部稍凹，有十几间旧房残壁。当我一连沿山顶前进时，日军也从南头登上山顶，我军越过中部废墟，即同敌人遭遇。一连

苏家崮远眺

连长是一位红军干部，立即率一排向敌人冲击，一度攻占小高地，但遭敌反冲击，连长牺牲，该连退守废墟，与敌人对峙。团首长登上山顶后，发现苏家崮东北及东侧之郑城、崇圣庄一线已布满敌人，有的正烧火做饭，有的正部署火力、修筑工事。为杀开南突血路，又派参谋鲁军（即本文作者之一的魏学诚）到一连传达命令，让该连坚决奔占小高地，驱逐敌人。一连受令后，即以第二排发起冲击，用刺刀、手榴弹杀退敌人，冲向高地。日军随即以成倍的兵力反击，小高地得而复失。晒书台、崇圣庄、郑城各点之敌，均以火力向我猛烈射击。

在一连登上苏家崮的同时，我向北突围的参谋主任孙光所率之团直及分局党校等单位，沿重山东侧进到杜家庄时，发现由铜石经响水凹、杜家山进占薄石板村的日军150余人，已南去攻重山，恰好闪开一个空隙，即速经杜家山、王家沟，向西北翻越狼窝顶，突出了敌合围圈。坚守重山的第三、第六连予进犯之敌做重大杀伤后，也跟随突出了敌人的合围圈。我上述各单位的突围路线，虽东距常庄、桃花山的敌伏兵不过一二公里，西距进占山阴周围之敌不过3公里，但由于行动迅速、突然，未遇拦阻，安全突出，未受损失。

团首长眼见第一连两次冲杀受阻，晒书台的日军继续增援苏家崮南头高地，我所占山顶北半部较狭窄，部队展不开，天时尚早（约10时）。难以固守到天黑；我向北突围的部队已安全突出，宁家圈东山及重山已被敌占领，各路敌人正向我迫近，但东西两面之敌尚相距2公里多，尚有空隙可利用，当即决定迅速下山向东北方向突围。突围的顺序是：第五连一个排为前卫，其后是团首长率特务连、四连、一连，并以第四连机枪班占领北山咀，以火力压制郑城西侧小高地之敌，阻其西进。作战参谋龙非向来作战勇敢，机枪射击技术精良，此时他主动充任射手，掩护突围。

这时，我各单位队形较乱，除特务连的干部当面领受任务外，其他都是派通信员口头通知的。郑城西侧高地敌人发现我先头人员下山，即以数挺机枪封锁下山通路，敌炮兵也向山上射击。特务连后续人员，只好转到西侧用绑带系人坠崖，以致不能迅速跟进。团首长下山后，未见第五连那个排跟上来，即将身边几十个人稍加组织，由通信排排长任保庆带一个班掩护，迅速向北突围。

敌人发现我突围行动后，立即分多路东西对进，并集中火力向我射击。顿时，在我前进路上形成层层火网。我掩护兵力有限，无法压制敌人。政治处主任陈晓峰、组织干事张凯、见习参谋张兴柞、温××及部分战士中弹牺牲。有些战士受伤后无力突围，就地抵抗直至弹尽；也有少数徒手的勤杂人员就地隐蔽。我先头人员突至蒋家庄（苏家崮北3公里）附近时，从重山上下来的敌人刚到该地。我乘敌未及展开，即从敌人之空隙中冲了出来。我后续人员不顾被敌人层层截断，仍边打边突，不少人中弹或中敌刺刀倒下，也有的从敌间隙中突出。当时突出包围的有30余人；因受敌人层层拦击，实在突不出而隐藏于山沟、乱石中，乘夜暗又突出者近20人。但是，我第四连及第五连那个排、特务连部分人员，看到下山突围人员受到敌人夹击，伤亡重大，即就地抵

血战苏家崮（版画）

抗。第一连见第四连未动,也继续同当面敌人对峙,错过了突围时机。

山下战斗结束,时间已近中午。敌人又集中兵力、火力转向我守在苏家崮上的部队,一面从四周实施猛烈射击,一面在山南头集结优势兵力向一连连续冲击。我一连依托山顶中部十几间旧房残壁,同敌人展开了残酷的拉锯战。他们先用枪支和手榴弹打,子弹打光了就同敌人拼刺刀。敌我反复冲杀数次,阵前日军尸体成堆,我一连人员也大部伤亡。由于我山上部队无人统一指挥,除五连一个排增援外,位于山顶北头的四连受敌人压制,未能和一连会合。战至下午3时,我一连和五连那个排还剩下30余人,有的在同敌人肉搏中倒下,有的抱住敌人滚下山崖,同归于尽。我军这30多名同志,在这次战斗中全部壮烈牺牲。

苏家崮战斗遗址

随后,敌人即向四连冲击。该连处于狭窄地形,一无工事二无天然障碍物,且在敌人火力持久压制下已有较大伤亡,难以坚持,即于此时冲下山来,想经木头崖抢占宁家圈东山,再向东北突围。但山下已布满敌人,下山后便陷入了重围。我四连指战员勇猛冲入敌阵,大部分同志在同敌人肉搏中英勇牺牲,少数人利用敌空隙边打边突。通信员高鸿声只有十六七岁,个子比背的三八式步枪高不了多少,他边打边寻隙北突。在他身后的日军端着刺刀边追边喊,他见敌兵临近,突然返身,一边举枪扣着扳机向敌人射击,一边高喊:“叫你再追!”把追赶他的日军撂倒后继续北突，终于突出重围。像这样突围出来的有七八个人。

在这一场血战中，我军发扬英勇作战精神和优良的战斗作风，毙伤敌官兵400余人，战后日军在郯城、白彦等处焚尸两天。

我军的壮烈行动，极大地激励了当地群众的抗战热情。战斗中，有的群众冒险抢救伤员，帮助隐藏零散人员。战后，许多群众又主动寻找、掩埋烈士遗体。当地群众第一次见到打这样激烈的仗，给日本侵略者这样大的杀伤，男女老少交口称赞。

战后不久，三团受命转移到泰（安）泗（水）宁（阳）边界地区活动，担负开辟该地区局面的任务，只能派少数干部到战地处理善后。经几天清查统计，归队及就地休养的伤员有55人；在苏家崮山顶、木头崖及蒋家庄南北岭等处找到尸体的烈士118名。另生死不明者122人，其中有的是在两水河、重山等处牺牲后被群众分散掩埋了，有的向其他方向突出加入了兄弟部队，或辗转几个月又找回到原单位来，也有少数受伤力竭被俘的。

烈士们的英勇事迹是突出的，可惜由于战后转战南北，任务繁忙，未能及时收集。尚能记忆起来的有：政治处主任陈晓峰，二十四五岁，精明能干。他上山后看到形势险恶，就对周围同志说："为了掩护党校和团主力胜利突围，我们要不惜局部代价同敌人血战到底！"在突围中，他边走边招呼其他的同志紧紧跟上团长、政委，重伤倒地后，他还鼓励别人要坚决突围出去。作战参谋龙非，24岁，重庆人，本姓翁。抗日战争前夕，他在上海读书，向往共产党，辗转来到山东参加八路军，一贯工作积极，业务熟练，对人热情，作战勇敢，深得指战员爱戴。这次突围，他先督促别人带战士坠崖下山，又主动代替机枪射手，以精确火力压制敌人，担任掩护。后来在战场上找到他的遗体，见其身中数弹，手枪零件散落各处，显然是重伤后打光子弹，自己将枪拆开丢散，不让敌人缴去。特务连政治指导员张静波、副连长杨春雨，都是20岁刚出头的青年，他们帮助战士跳崖后才下山，沿途督促大家迅速跟进。副连长杨春雨的左臂被打断，让别人把枪弹装好，仍同其他同志一起坚决冲上蒋家庄东南山岭，同数十名日军对阵射击。后来，在那个山岭上找到张、杨及其他同志遗体，身上都是多处中弹。在一连、四连同敌人反复拼杀的现场，所见烈士们的遗体，有的残躯断肢，有的弹孔遍体，有的多处被刺刀戳烂，抱敌跳崖者更是血肉模糊。那种景况，真实地反映了战斗的激烈和烈士们的英勇顽强。由于时间已过去数十年，能记起的烈士姓名寥寥无几，他们大都是无名英雄。

张玉华将军接受采访

英雄们的行为是壮烈的，这次战斗对敌人的打击是沉重的，但我三团也遭到严重损失。究其原因，主要是吃了麻痹大意、刚驻进新区缺乏群众基础、情报不灵和对地形不熟的亏，其经验教训是极为沉痛的。

苏家崮上血战之日，恰是日军突袭珍珠港之时。在过去几十年中，每逢这个日子，都使我们深切怀念那些在苏家崮上英勇献身的先烈，现在写出这个材料作为对革命先烈的纪念。

渊子崖村民自卫战

林凡义

1941 年 12 月 20 日，是我终生难忘的一天。这一天，我们渊子崖村 312 名庄户汉子手持大刀、长矛，和 1000 多名全副武装的日寇，整整激战了一天，消灭鬼子官兵 100 余人，赢得了“抗日楷模村”的光荣称号。40 多年过去了，每当我回忆起这场惊心动魄的战斗，心里便充满了民族自豪感。

一、首战告捷

渊子崖在沭河东岸。抗日战争时期，沭河以西的临沂县境是日寇占领区，沭河以东的莒南县就是我滨海区的根据地，我们村正处在敌我交错的拉锯地区。鬼子和汉奸经常来这一带“扫荡”，残杀百姓，抢掠财物。小梁家据点的汉奸也经常来派什么“地亩税”、“人头税”、“慰劳捐”、“手提款”。一些地主、土匪武装，也打着“抗日”的旗号，到处横行。穷苦百姓，过着“白天怕见人跑，夜里怕听狗咬”的日子，提心吊胆，不得安生。

1940 年 1 月，八路军山东纵队第二旅独立营进驻俺村。营长纪尊平和指战员们，生活艰苦，平易近人。他们打鬼子捉汉奸，出生入死，不怕流血牺牲。我们把八路军的英雄行为和国民党军队的狼狈相做了对照，初步认识到“只有八路军，才是真正抗日的队伍”。这年 10 月，抗大第一分校工作团又来到了我们村。他们宣传抗日救国的道理，真是句句说到大家的心眼里。这使我们更加感到，要赶走日本鬼子，只有靠八路军和共产党。

村民林祥松指着烈士纪念塔上的名字介绍渊子崖自卫战的故事

这年年底，我们村建立了民主政权，我被选为村长，接着成立了农救会、妇救会、青抗先等群众抗日组织，还建立了抗日自卫队和游击小组，把过去抗土匪用的“生铁牛”、“五子炮”、大刀、长矛、雁枪集中起来，作为和敌人斗争的武器，抗日救国工作开展得轰轰烈烈。在我们村里到处可以看到抗日的标语，听到抗战的歌声。

随着抗日斗争形势的发展，中共板泉区委号召我们抗粮、抗捐。区长冯干三亲自帮助我们召开了自卫队员大会。会上，冯区长讲明了抗捐、抗粮的意义，指出了斗争的艰巨性和复杂性。接着，我们就展开了热烈讨论。曾给地主扛过多年活的林九兰说：“八路军是真正的抗日队伍，是咱老百姓的贴心人，咱留着粮食给自己的队伍吃，决不送给鬼子、汉奸。”林庆海说：“人心齐，泰山移，大家只要齐起心来，敌人就是来个千儿八百的咱也不怕。”大家越讨论，情绪越高昂，人人心明眼亮，个个摩拳擦掌。一致表示：“不交一粒粮，不出一分钱，饿死汉奸，困死日本鬼子！”

1941 年 12 月中旬的一天，盘踞在沭河西岸小梁家的伪军，送来了一张条子，上面写着要鸡、肉、酒和白面等食品，还要大洋 1000 块，我一看火了，立即找人写了一个回条：“酒、肉、鸡、面、钱都准备好了，请来拿吧！来一个杀一个，来两个杀一双。”把条子交给来人以后，我们马上召开了自卫队员和群众大会，号召大家做好一切准备，迎击敌人。

2 月 18 日，小梁家的汉奸队长梁化轩，纠集了临沂的伪军共一百四五十人，把我们村包围了，伪军副队长高声尖叫：“赶快交出所要的东西，慢一点就攻进围子，杀你个鸡犬不留。”他的话音未落，我们自卫队的土炮便“轰隆”一声，随后瓦片、石头一齐向敌群飞去，打得汉奸队抱头乱窜。梁化轩一面用枪顶着伪军，不准后退，一面喊着我的名字：“林凡义，你过去抗粮不交，现在又向皇协军开炮，真是该死，若再继续顽抗，老子的二十响不认人。”我站在围墙上，用讥笑的口气高声回答：“对不起，俺一切都准备好了，还没来得及送。”说到这里，我有意地停顿了一下，接着十分气愤地高喊：“你们来拿吧，来一个杀一个，来两个杀一双。”

梁化轩一听这话，气急败坏地朝伪军高喊：“有种的跟我来，爬墙攻寨！”他边说边向村内打了一梭子子弹，匪徒们便一拥而上。我们自卫队员不慌不忙，沉着应战，等敌人靠近了围墙，聚集成堆时，“生铁牛”一声怒叫，弹药喷向敌群，只见烟雾起处，人仰马翻，众匪徒被打得腿断胳膊折，纷纷后退，败下阵去。

我赶忙发出“开炮追击，活捉伪军”的命令，霎时火炮齐鸣，自卫队员在炮火的掩护下，手握大刀、长矛、土炮，向败退的敌人追去。汉奸们见自卫队员们杀出围墙，英勇无比，一个个六神无主，抱头鼠窜，有的跑掉了鞋子，有的跑掉了帽子，拼命向沭河西岸逃去。首次交锋，我们获得了全胜。

二、迎击日寇

打跑汉奸以后，冯区长来到我们村，表扬我们村群众不怕流血牺牲的革命精神，帮助我们总结战斗经验，鼓励我们再接再厉，做好一切准备，应付汉奸、鬼子的卷土重来。我们火速投入了更加紧张的备战工作。全村男女老少齐动手，有的修补围墙，打通全村的巷道；有的加固炮楼，抬高脚手架；有的擦拭武器，制造弹药。为了适应战斗的需要，我们重新编排了战斗组，全队共分为24个排，每排都配备了较有战斗经验的同志，负责领导工作。全村群众也做了分工：一旦战斗打响，男青、壮年守围墙；女青、壮年运送弹药、石头；老年和儿童烧饭送水，救护伤员。

果然没出我们所料，12月20日早晨，汉奸队长梁化轩带领着日寇骑兵、步兵1000余人，拉着4门大炮，气势汹汹向我们村扑来。自卫队员按照预先的部署，火速进入战斗岗位。我围着防地转了一圈，一方面检查战斗准备情况，一方面鼓励大家沉着应战。不多时，敌人的骑兵、步兵很快地包围了村庄，接着向村里打了20多发炮弹。顿时，响声震天，烟雾四起，房倒屋塌，亲人丧命。自卫队员们眼望着在炮火掩护下攻上来的敌人，个个怒火烧心，眼巴巴地等待着还击的命令。

当敌人进入我们设置的火力圈时，我就让林清洁手下的五子炮首先开火，接着雁枪、土炮、“生铁牛”一齐打响，只见敌群中浓烟滚滚，敌人哇哇直叫，慌乱地向后退了几十米。炮火刚停下，自卫队员们就忙着装弹药，修工事。我从瞭望孔里看到一个指挥官模样的敌人，端着望远镜对着我村横瞅竖看。不多会，望远镜对着围墙东北角停住了，另一个敌人拿着小旗在摆动。

这时我明白了：东北角的围墙有一段是新修起来的，狡猾的敌人妄想从这里打开缺口，攻进村来。我一看大事不好，马上带着30多名身强力壮的青壮年，顺着巷道赶到村东北角。这时区委留在俺村帮助工作的李秘书和副村长林庆忠，也带着几十个人，扛着土枪、火炮迅速赶来了。

红色沂蒙爱国主义情景组歌《沂蒙红崖》首演现场

同一个时间里，一大批鬼子兵也顺着北沟，拉着大炮向村东北角集中。他们兵分东西两路，拉开了决战的架势，4门大炮，若干门小炮，向我东北角围墙猛烈轰击。鬼子的步兵端着刺刀，成群结队地向围墙下扑来。我们自卫队员的各种火炮早已装足了弹药，其中的一门“生铁牛”就“喂”了5碗黑药、5碗铁砂。20多名炮手守在炮旁，手拿火绳，准备射击，眼看着敌人距围墙只有20米远了，我低声喊道：“准备——放！”霎时，20多门土炮一齐喷出怒火。烟雾丛中，敌人连滚带爬退回了北大沟，留下了十几具尸体。

从东路攻上来的鬼子，被我们的炮火打败之后，从西路进攻的鬼子利用我们给火炮装药的机会，又在大炮、机枪的掩护下，从沟底扑了上来，走在前边的敌人已爬到围墙根下。在这危急的时刻，火炮手林九兰、林崇松等人，立即点燃“五子炮”，随着响声，离围墙稍远的几个鬼子见了阎王，随后，他们又各自抱起一块大石头，向顺着围墙往上爬的鬼子砸去。只听得“呀”“呀”几声，又有3个鬼子兵成了肉泥。

敌人的又一次冲锋被打退了，我让自卫队员抓紧时间休息。这时村里的老年妇女和姑娘们挑来一担担的热饭，一桶桶的开水。他们把热饭、开水盛好，一碗一碗地往自卫队员手里送。乡亲们的关心，给自卫队员们鼓起了更大的勇气，增添了更大的力量。大家立时行动起来，有的给火炮装药，有的加固围墙，有的修理炮楼，准备迎接更大、更残酷的战斗。

三、血肉长城

中午过后，敌人的大炮又一次轰鸣起来，炮弹接连落在我们的炮楼、围墙、房屋和大街上，霎时，烟雾腾腾，火光冲天，村东北角围墙被轰塌了三段，很多自卫队员被埋在土里，有的光荣牺牲了。拼上了老本的鬼子嗷嗷叫着往前冲。

我大喊了一声“堵住缺口”，就飞奔过去。这时，领头的一个鬼子已冲进了缺口，年轻的自卫队员林端五手握铡刀，迎了上去，只听得“唰”的一声，这个鬼子脑浆迸裂，倒在地上。当他举起铡刀，冲向另一个鬼子时，一颗子弹飞来，夺去了他年轻的生命。

林端五的父亲林九宣看着倒在血泊里的儿子，立即两眼出火，转身向缺口处的敌人冲去。他举起长矛，狠狠刺死一个鬼子，刚抽出长矛，又一群鬼子扑上来，我们一左一右守着缺口，与敌人短兵相接。不多时，老人身上已受两处重伤，支持不住，倒在围墙下。他非常吃力地说："凡义，拼到底，报仇！"老人的话给我增添了无穷的力量，我忍住心头的绞痛，挥动大刀，和两个敌人进行肉搏。

这时，膀大腰圆的林九乾提刀赶来，手起刀落，结果了一个鬼子的狗命，他自己也身中数弹，倒在地上。我正要下腰挽起自己的战友，另一个鬼子的刺刀，已经对准了我的脑门。正在危急时，突然，那个鬼子瘫倒了，我惊奇地一看，原来是林九乾的妻子用镢头把鬼子砸死了。

鬼子的进攻又被打退了，但缺口也扩大了。缺口内外，死尸横躺竖卧，鲜血染红了黄土。林九乾的妻子，呆呆地跪在丈夫的尸体旁，像失去了知觉一样。林九乾的父亲林秉标闻讯赶来了，九乾的妻子看到公公，喊了一声"爹……"就"哇"的一声哭起来，眼泪像泉水一样，不住地往外流。

林秉标站在儿子的尸体前面愣了一霎，转身拿起一捆草，轻轻地盖在九乾的身上，对儿媳妇说："孩子，现今不是流眼泪的时候，站起来和鬼子拼到底！"说着他扛起门板走向围墙。几十个乡亲赶来了，大家用一筐筐石头、一块块门板、一袋袋沙土，重新把缺口堵住。

暂时的平静，往往预示着更大的战斗。果然，不多久，鬼子又发动了更加猛烈的进攻。密集的炮火，掀开了刚刚修起来的缺口；滚滚的浓烟，呛得人们喘不开气，睁不开眼。在炮火的掩护下，一群群鬼子兵端着刺刀再次冲向缺口。

林九兰、林崇松等人，手持铡刀，避在缺口旁，当鬼子冲进缺口时，他们一连砍死了两个。敌人越来越多，我们渐渐支持不住了，林九兰、林庆海等人分别撤到了围子里东西两个炮楼上，我和林庆会等人也撤到围子里一个院落内。

鬼子蜂拥越过缺口，冲进村内，守卫东炮楼的林九兰、林九先用石子瓦块继续战斗。鬼子一拥而上，有的冲进了炮楼，林九兰看到护身楼墙被炮弹打得就要倒塌，便争中生智和林九先一起把一段楼墙推下，几个鬼子被砸死在墙下，冲到炮楼底层的鬼子也吓愣了眼。林九兰、林九先借机飞身下楼，抡起大刀和鬼子拼杀，终因寡不敌众，壮烈牺牲。

东炮楼丢掉以后，鬼子又冲进了西炮楼。守在这个炮楼的林庆海，下定了与鬼子同归于尽的决心，3 个鬼子刚冲到眼前，他就把火绳向火药罐里一抛，轰隆一声，火光冲天，林庆海冲出火海，他的头发、眉毛、衣服都着了火，冲上来的 3 个鬼子还没闹清怎么回事，就变成了“火人”。

林庆海喊着：“快来人啊！”我和林庆会、林兆岭、林崇松冲向前去，把 3 个鬼子刺死。还没来得及撤退，另一群鬼子又冲上来了，我们用大刀、长矛和敌人拼杀，边打边撤。林庆海因烧伤过重，光荣牺牲。林崇松也在砍死最后一个鬼子时中弹倒下。

四、巷内激战

太阳偏西的时候，大批鬼子涌进村里。自卫队员和乡亲们在街头巷尾与鬼子肉搏，有的夫妻并肩在院里和敌人拼杀，有的父子协力在巷口阻击敌人，到处是自卫队员的喊杀声和鬼子的嚎叫声。我和林庆会边打边撤退到村东南的一个巷口，见林崇洲负了重伤，就赶忙把他架到一个柴园里叫他休息。林崇洲怎么也不肯，他大声喊道：“凡义！凡义！咱们的房屋在着火，乡亲们在遭难，我宁愿拚死，也不能躺在这里。”说着昏倒在地。

我安排林庆会看守着伤员，自己赶忙往外走，刚翻过墙头来到了另一个院落，几个鬼子就冲进柴园。林庆会再也按不住心头怒火，猛地从草垛根里冲出来,把长予刺入一个鬼子的后背。这个鬼子送了命,林庆会却被另外一个鬼子抓住,他拼死搏斗,咬断了敌人的一个手指头。这壮烈的情景,被苏醒过来的林崇洲看见了,他忍受着伤口的剧烈疼痛,挣扎起来,刚抡起镢头要打鬼子,又昏倒在地。凶恶的鬼子,把林庆会、林崇洲用绳子捆绑结实,扔进了熊熊燃烧着的草垛里。烈火中不断传出:“打倒日本帝国主义”、“中国共产党万岁”的呼喊声。

在激烈的巷战中,鬼子到处杀人放火,整个村庄上空一片浓烟,孩子的哭喊声,像尖刀一样刺痛我的心。我忍着悲痛,翻过几道墙,来到一个巷口,只见林九臣的妻子,手拿一把菜刀,正向前冲。我赶忙把她拉住,她挣开了我的手,悲愤交集地说:“孩子他爹被鬼子杀死了,我要替他报仇!”正在这时,林清洁被3个鬼子追来,我们赶忙闪进院内,等鬼子走到门口,九臣的妻子手举菜刀冲出,砍倒了后面的一个鬼子,走在前面的两个鬼子丢下林清洁,回过头来把九臣的妻子刺死。

我和林清洁一起冲了上去,和两个鬼子搏斗,刚把两个鬼子刺倒,又有几个鬼子从街口冲来,林清洁中弹牺牲了。我急忙冲到另一个街口,迎面碰上了林清武,他一手握着一个从敌人身上缴来的手榴弹,一甩手扔进敌群,两个鬼子被炸倒,其余的鬼子继续向我俩扑来。林清武为了掩护我,故意向另一个方向奔跑,鬼子紧紧追赶,他跑到街口转弯处,纵身跳入井内,敌人赶上来,向着井里打了几枪,由于林清武紧贴井壁,才死里逃生。

我穿过几条街道、几处院落,很快集合了10多个自卫队员。大家虽已精疲力竭,心里却燃烧着复仇的怒火。我们在各个院落、巷道、街口和敌人展开了麻雀战,得势就打,不得势就走。这时,我忽然听到西小巷子里,发出一阵阵的喊杀声,我带着几个年轻力壮的小伙子,向西小巷子靠拢，只见林清义等十几位60多岁的老人，手拿大刀、长矛、铁叉，正和十几个鬼子肉搏。我们立刻翻过墙头，去支援老人。但占领了街口的鬼子用密集的枪弹，封锁了前进的道路，使我们寸步难行。

太阳快落山的时候，敌人撤退了。村里的枪声逐渐停下来，村外却响起了更加激烈的枪声。我惦记着林清义几位老人，火速跑到他们战斗的地方。一到那里，我不由愣住了：现场堆积着死尸，林九星老人正从乡亲们的尸体堆里往外钻。我扑上去把他拉了出来，揽在怀里。老人的皮肤烧焦了，几处被脏水浸过的伤口还在往外溢血，痛得全身哆嗦。

他对我说："咱没给渊子崖村丢脸！"接着，他断断续续地讲述了十几个老人死难的经过："我们和鬼子拼了一场，十几个人被鬼子打得死的死，伤的伤，剩下的几个全被抓住了。鬼子用刺刀逼着我们投降，我们早把生死丢在一旁，抬着头，挺着胸，痛骂鬼子。没有人性的鬼子用刺刀把我们穿完后，扔进大粪汪里，又泼上汽油烧！"老人说到这里，咽了最后一口气。我怀抱着老人的尸体，悲愤交加，半天说不出一句话来。

天快黑了，村外的枪声也停下来。这时，我才知道鬼子兵是被我增援部队赶走了。这次来增援我们的是八路军山东纵队第二旅第五团和县委、区委临时召集的武装，他们为了解救渊子崖人民，付出了很大代价。在打扫战场时，我们发现县委宣传部长徐坦身上有9处枪伤，奄奄一息，经抢救才脱险。区长冯干三的腹部、胸部、头部都被刺刀戳穿，全身血肉模糊。我站在冯干三等同志的遗体旁，禁不住泪水直流。

五、永垂史册

渊子崖保卫战，很快在滨海地区传扬开来，大大振奋了人们的抗日精神，狠狠打击了日寇的嚣张气焰。为此，滨海专署授予我村"抗日楷模村”的光荣称号。

1944 年春，滨海专署为了表彰在渊子崖保卫战中牺牲的烈士，召集了全区的能工巧匠，在村北的小岭上，用紫红色的巨石，建成了一座六角七层纪念塔。塔的正面简述了我村自卫战的经过，塔的北面雕刻着烈士的名字，他们中有中共板泉区委书记刘新一、区长冯干三、优秀的共产党员赵同、刘成汉、谷洪安和我村 147 名英勇牺牲的同志。塔的两侧，是滨海专署主要领导人和参议会的题词。参议会的题词是：

云山苍苍，沭水泱泱，烈士之风，山高水长。

少先队在渊子崖烈士纪念塔前过队日活动

全国解放后，党和各级政府为了纪念在渊子崖战斗中死难的烈士，缅怀他们的丰功伟绩，在华东烈士陵园纪念堂里陈列着渊子崖战斗的浮雕；在山东省博物馆里展出了渊子崖战斗时用过的大刀、长矛；在北京军事博物馆里设置专门版面，介绍渊子崖战斗的经过。党和人民政府给渊子崖人民极大的荣誉和关怀。

从渊子崖战斗到现在(指 1983 年)已经 40 多年了。40 多年来，我时刻把这场战斗记在心上。建塔以后，我经常默默地站在塔前，悼念在这次战斗中牺牲的革命先烈。有时我在夜深人静的时候，来到塔前，暗暗落泪，寄托心中的哀思。后来，我村在烈士塔周围建立了果园，我就主动地要求看园，日夜守护在塔旁。每年春季，我在塔前陈放最鲜艳的桃花和最洁白的梨花。秋季，我采摘最好的鲜果，向塔前奉献，借以表示对死难战友的无限崇敬和深沉的怀念。

1942年

铜井战斗

圈里战斗

唐王山战斗

岌山反“扫荡”

南墙峪突围

仙姑顶抗击战

奋战对崮峪

马鞍山战斗

铜井战斗

李伯秋

1955年被授予少将军衔的李伯秋，辽宁省辽阳县人。抗日战争时期，任山东人民抗日救国军第四支队一团一营连指导员、营政治教导员、团政治处主任，八路军山东纵队第四支队政治部组织科科长，鲁中军区第二团政治委员（吴瑞林任团长），第五军分区政治委员兼第二团政治委员，第一军区副政治委员兼警备第二旅政治委员。

李伯秋

1941年12月，山东纵队第一旅发起了反封锁战役，第一、二两团和其他兄弟部队一起，先后攻克了碾子峪、垛庄、崖子、界牌、朝仙桥等伪军据点，而后移兵向东，准备对沂河对岸据点发起进攻，以恢复原来态势，保证我军的生存和机动。二团在连续两个月的外线作战和环蒙封锁线的作战之后，马不停蹄，人不下鞍，接受了拔掉铜井据点的任务。

铜井北距沂水县城50余公里，驻有一个日军分队25人，伪军大队长率其所部600余人，已修成大小炮楼17座，内有中心炮楼二座，外壕、鹿砦、铁丝网等防御工程也已完成，是一系列据点的中心支柱。它截断了鲁中与滨海之间的联系，分割了我军的回旋机动地区，对我威胁极大。这股敌人还乘大“扫荡”的“余威”不断四处活动，在伪化周围地区，奸淫掳掠无恶不作。尤其是这个著名的小镇还有一座有名的金矿，敌伪此来，除了它的重要军事价值以外，还因为它是日伪军头目垂涎已久的一只“聚宝盆”，都想来大捞一把，发笔洋财。因此，我们预计在这里将会发生敌我之间的剧烈争夺，不能等闲对待。为此，驻鲁中地区的山东分局和山东纵队首长，亲自把吴瑞林同志召去，询问二团有没有把握把这个“钉子”拔掉，以打开鲁中与滨海地区的联系。吴瑞林同志向来是一个在战斗任务上不讲价钱的人，他不假思索地说：“能。”首长问他要打几天，他说：“两天可以。时间拖长就不好打了。”首长们一听非常高兴，说：“三天能打下来就算不错了！”这是由于当时敌人在山东刚刚结束一次大“扫荡”，当然也有能力来增援铜井，下这个决心不是没有顾虑的。他回来之后，我们仔细地研究了这项任务，分析了有利条件和不利条件，提出了作战方案：我们预定用两天时间把它打下来，争取一天完成。恰好二团在外线作战中刚刚从新(泰)、汶(大汶口)矿区收买来 200 多斤炸药，大大加强了我们攻克铜井的信心。

吴瑞林

我们分工负责，全面展开战斗准备。吴瑞林同志抢着去搞战地侦察，我掌握部队动员和战勤准备；副团长王凤麟掌管部队的战备和训练。其中，当务之急是对铜井这个坚固设防据点进行深入周密的侦察。不但要弄清敌人的兵力、火力部署，而且要摸清它的围墙、外壕、寨门和每座炮楼的构造和强度，特别是那座装有吊桥的寨门和日伪军头目据守的中心炮楼的情况，找出便于实施爆破的弱点。通过当地群众的掩护和帮助，利用敌人的麻痹和混乱，争取骗开敌人的寨门，抢过吊桥，用突袭手段突入据点，实施强袭爆破，而后展开兵力逐个收拾残余的伪军。

吴瑞林同志带着主攻部队二营的干部20余人，在当地县、区武装干部的带领下，一连3个夜晚摸遍了铜井周围的地形、地物、水壕、工事等情况。他们蹚着没腰深的冰水，接近到炮楼二三十米的地方，观察敌人的射击位置和外围障碍，连敌兵咳嗽声也听得十分清楚。从参加修筑工事的民工中调查，弄清工事结构，甚至把炮楼上的枪眼数目也数得一清二楚。吴瑞林同志一马当先，摸爬滚打，一身泥水一身汗，完全不像残疾在身的样子。王凤麟同志则按照传回的侦察成果，组织干部和战斗骨干集体讨论，人人出主意，个个想办法，落实到人，分工到位，同时向旅部汇报情况，提出建议，争取指示。我们又把当地县、区的领导干部请来，研究布置了支前工作，分工负责对沂水敌人的侦察、监视和警戒，并确定由地方政府负责接收、审查处理战俘，以便掌握政策，区别对待，及时开展政治攻势。这一切都是在严格保密的条件下进行的。

为了直接指挥这次战斗，旅长王建安亲自到二团指导战备。

1942年1月4日20时，战斗开始了。首先按照预定方案，由火力分队携带机枪隐蔽地进入了寨门对过的几栋民房，按照侦察中定下的压制目标，凿墙开洞，占领了火力阵地，枪口直指寨门上的炮楼。一个突击组化装成村民前去报信，骗过了门卫，一枪不发地通过吊桥，擒住哨兵，夺占了寨门。主攻部队乘机袭入据点，在敌人还没有弄清情况时抢先把一包炸药放在日本兵守卫的炮楼上。一声巨响，第一座中心炮楼砖石纷飞，日军的分队未及抵抗就被消灭在一片瓦砾之中。进攻部队顺序突入据点,各按各的指定任务,像走在自己的院子里一样直奔各自的目标,激烈的突袭、爆破活动迅速展开。不久,伪军大队长据守的炮楼也被炸垮,敌人的指挥全被打乱,我军在不到两个小时里攻下了6座炮楼。团的指挥所进入了据点,调整了3个连的进攻部署,并让部队开饭、喝水,尔后稳扎稳打,实施第二批爆破。同时,我军利用俘虏和伪军家属展开战场喊话,促使伪军一股一股地缴械投降,又陆续攻占了6座炮楼。

这个据点占地范围很大,几乎占铜井四分之一的面积。据点里关押着许多供他们驱使的民工,其中有许多妇女为他们做饭、洗衣,大多数人被日伪军轮奸,群众恨之入骨,急盼八路军来拯救。一部分大胆的伪军家属已开始搬来安家,当地的投敌、附敌分子也挤进据点避难,一时鱼龙混杂、良莠难分,但也给开展政治攻势带来了方便条件。在战斗初步得手之后,政工小组处处展开了喊话,军政攻势双管齐下,一时枪声、喊话声此起彼伏。由于大小伪军头目大多是沂水城中长期残害人民的老手,有些还在拼死顽抗,企图固守待援,战斗仍在激烈地进行着。

为了便于指挥,我们与后山上的王建安旅长架通了电话。他掌握着周围敌军的动向,支持二团继续据点里的战斗。接近拂晓,他看到胜利在望,要求二团在天亮后攻下剩余的炮楼,他才下山回到旅部。部队在1月5日8时将残敌全部肃清,战斗12个小时完成了任务。战斗中共毙伤日军25人、伪军大队长以下270余人,俘伪军650余人,解放被押群众430余人(其中妇女150人),缴获机枪四挺、长短枪500余支,拔掉了铜井这个中心据点。

随后,一旅又组织一、二两团攻克了南北薛庄,二团三营拔除了最南端的蔡家庄(当地称之为菜园子村)等伪军据点,全部肃清了“蚕食”入侵之敌,胜利地完成了反“扫荡”第二阶段的任务。

铜井战斗是二团运用爆破战术以来比较完整、成功的攻坚战斗，也是吴瑞林同志离开二团之前的一次重要的战斗。在战斗的组织准备和临战指挥上都有新的突破，以爆破为主要手段的攻坚战术有了新的发展，首次对坚固设防的中型据点发挥了威力。二团部队的攻坚能力和各级指挥水平有了进一步的提高。这与吴瑞林同志的积极善战，亲临一线，深入指挥，按照情况及时决策是分不开的。他终于把二团带成既能打游击战又能打运动战，也能打攻坚战的一支野战部队，对二团初期的建设和发展做出了重大的贡献。

1942年8月，吴瑞林奉命调任山东鲁中军区第二军分区司令员，我们从此分开。但从鲁中到辽东、从抗日战争到解放战争，从辽东战场到平津战场，又从中南到朝鲜参加抗美援朝战争，我们仍然并肩战斗，一起度过了那些金戈铁马、风云变幻的岁月。他一贯积极战斗，带着强烈的全局观念去执行那些艰巨的战役、战斗任务。不管带着什么样的部队，他都言传身教，以突出的模范作用把部队带成能攻善战的劲旅。他勇于承担战争重任，创造性地完成党赋予的每项战斗任务。不避艰险，奋勇当先，这是他一生不变的品格，使他成为一员名副其实的独具特色的战将。他的这些突出的特点有口皆碑，体现着一位工农出身的老红军干部的优秀品质，成为广大指战员的学习榜样。和他一起度过同一历史进程的人们是永远不会忘记他的！

圈里战斗

李景圻撰 朱学民 江 波整理

1942 年春至 1943 年夏，日本侵略军对我沂蒙山区发动了多次大“扫荡”，其中出动 2 万人以上的有 3 次。笔者亲自参与了反“扫荡”作战。1986 年，受中央军科院之托，我重访抗日战场绪泉村作调查，往事历历，回忆如下：

圈里是沂水县东北部的一个集镇。国民党鲁苏战区总部和第一一三师师部及其所属部队，驻在圈里附近各个村庄，总司令部驻许家庄，第一一三师师部驻七箭村。当时敌我双方的兵力部署，在我军方面，第一一三师防区内，总部直辖的保卫部队有一个特务团(新由特务营扩编为团，人枪尚未补齐，官兵只有 800 余人)。另有一个负责保护于学忠总司令的卫士排，全排 60 余人，武器都是最先进的自动步枪，是东北军统帅张学良从法国购置的。据说在徐州会战中，这部分武器发挥了威力，打开一条血路，保护于学忠突出重围。

第一一三师司令部直属部队有通讯兵营、工兵营、辎重兵营、特务连、高射机枪连，共有 1500 余人。驻此防区的主力部队有第三三七旅第六七四团，第三三九旅第六七七、第六七八团，总兵力约 7000 余人(当时第三三七旅第六七三团常驻沂青公路以西第五十一军军部防区)，其中第六七四团和通讯兵营常驻安丘县。另外，莒县有张里元的挺进第一纵队，安丘有厉文礼的挺进第二纵队，沂水有王晋藩的茹素团，安丘泥沟子一带有杨焕彩的青岛海军陆战队(500余人)。这些部队总共8000余人，人数虽然不少，但战斗力不强。

敌人方面，在胶济线、津浦线和陇海线，以及台潍公路等，分别驻有第十七、第二十、第二十一、第三十二4个师团和第五、第六、第十3个独立混成旅团。敌人凭借交通便利的条件，随时可以迅速集中，并有空军优势。1941年11月，日军中国派遣军司令官畑俊六指挥上述4个师团和3个混成旅团5.3万余人，对沂蒙山区发动了“铁壁合围”大“扫荡”。

2月7日(农历腊月廿二)敌人对我防区大举进犯，规模之大，来势之猛，据老战士说仅次于台儿庄大战。因我军早得情报，知敌志在必夺，已做空室清野、整装待发的转移准备。不意敌先头部队，路经安丘“挺进二纵”防区时，游击队不战而逃，敌人从安丘南逯、贾孟一带长驱南进。穿过青石胡同后，我第一一三师所属部队虽然阻击，但没能抵挡住，以致当日下午3点左右，敌人先头部队3000余人即进犯到天晴旺东山。

当时干训团教育长温念忠严令警卫连迎击敌人，并限坚守两小时始能退却，借以掩护非战斗人员转移。该连有战士150余人，配有轻重机枪10余挺、迫击炮2门，枪炮齐全，打得非常激烈。但由于敌众我寡，该连第一排陷入敌阵重围，生还者仅有3人。为了掩护非战斗人员转移，我军官兵宁死不退，实在壮烈可钦！当时有28架飞机飞临天晴旺上空，每4架一批，轮番扫射轰炸，炸得尘土、石块纷飞。敌人以天晴旺为集中攻击目标，因干训团新建了一大片房屋，看起来像一个小市镇，敌人误认为是总司令部驻地，故炮火最猛。由于大批敌先头部队被牵制在天晴旺，因而驻许家庄等村的战区总部及党政分会、政治部等机关，得以安全转移。

在敌我交战之前，下了一场中雪，尚未化尽。战区总部各机关离开战场时，天色已黑，稍事休整，便开始了雪地夜行军。行军大队共有3000余人，编为3个大队（干训团为第三大队），由王静轩参谋长任行军总指挥。有百余匹马的骑兵队在前搜索前进，特务团殿后。在行军中，回头眺望天晴旺和圈里一带，火光耀天，是敌人正在放火烧村。敌人的信号弹、照明弹也不时在空中闪烁。大家快步疾走，鸦雀无声，如同衔枚，估计走了20余里，第三大队到一山村开饭宿营。次日，因敌机侦察扫射，不利行军，便隐蔽休息。敌机有时散发铅印传单，称于学忠、牟中珩、周光烈各将军“要改邪归正，弃暗投明”。但从敌人的传单看出，敌人认为第一一三师师长仍是周光烈，殊不知道台儿庄大战后，周光烈早已回大后方治病去了，遗缺由周毓英升任，可见敌人情报失灵。当日傍晚，我军又开始了长途夜行军，饥餐冷馍渴饮冰雪，约行80余里，到莒北源河村北时，总指挥部传令停止前进，说有敌人混进我行军队伍，每逢岔路时，敌人将我军走的路线口撒上黄米，以便让追赶的日军识别。经调查，果然查出两个汉奸，冒充我军战士，每人背着一挎包黄米，经审问就地枪毙了。大家都拍手称快，汉奸认贼作父，罪有应得。

第五十一军第二任军长牟中珩

周毓英与蒋介石合影

我因在停止前进时，在雪地上打了一个盹，冻得感冒了，行走很慢，落在队伍后头，当登上源河北山时，天已放亮，适遇殿后部队的特务团第三连连长，正在部署阻击敌人，他要我快往山前跑，因追赶的敌人已离山后不远了。当我赶至源河村时，北山上我军已与敌军接火，枪炮声响成一片，并有敌机两架低空扫射，被我军打落一架（机骸后来被敌人运走）。这场阻击战打得非常激烈，据说敌我双方都伤亡百余人。这场阻击战，在源河北山坚守了两小时，使我行军大队得以顺利地穿过台潍公路，到达第一一一师防区。

日军从沂青公路上排成6路纵队赶到圈里一带，结果扑了个空，懊丧至极，便拿当地老百姓出气，杀人放火，无恶不作，烧毁了30多个村庄。敌人蹂躏半月多后，除留下竹林部队（也叫大炮联队）在沂青公路上的马站、圈里两村建立据点外，其余都陆续撤走了。那时第一一三师师部及其直属部队已转移到沂青公路以西，只留下所属第六七四团在圈里一带与竹林部队转山头打游击。因敌炮兵运转不灵，我军便利用地形随时伏击和袭击敌人，使竹林部队屡战屡败。

这股凶恶残暴的敌人，到处杀人放火，仅涝坡一村就有10多个老农民被刺刀捅死，老乡们谈起来都咬牙切齿，恨之入骨。我第六七四团与其游击3个多月，消灭敌人200余，不久竹林部队撤走。这是1942年6月，我调第一一三师司令部工作，到天晴旺去看望老房东时听说的。天晴旺全村已烧成一片废墟，原来高大的中山堂仅剩下屋框子，高墙上又出现了“军民团结，抗战到底”的新标语，这是第六七四团用石灰水新写的。敌人所吹嘘的“铁壁合围”大“扫荡”就这样被我军粉碎了。

唐王山战斗

李景圻撰 朱学民 江 波整理

唐王山战役，实际上是以唐王山、虎眉山和擂鼓山三座山头为核心，绵延20余里的山区为主要战场的战役。这三座山头位于沂水东北乡与安丘西南乡接壤的边境上，当时第一一三师司令部及其直属部队，以安丘谭家秋峪等一溜儿5个秋峪及其附近各村为驻防中心。所属第三三七旅第六七四团、第三三九旅第六七七、第六七八团分别驻安丘、沂水、莒县边区。圈里大战之后，都在进行休整、补充和训练。

先是，1942年8月12日，日军组织驻胶济铁路线的独立第五混成旅团（也叫内田旅团）和独立第六混成旅团，共约1.5万余人，连同新投敌的张步云伪军5000余人，企图包围消灭移驻莒县东30里坪头村的鲁苏战区总司令部。当时保卫总部的特务团，作战兵力只有600余人。幸而早得情报，在于学忠总司令亲自指挥下，率部抢在日军包围之前北上，意在靠第一一三师保卫。日军大部队尾追而至。

19日，第一一三师司令部紧急命令各部整装待发，准备战斗。20日凌晨，师属各部齐集谭家秋峪，正准备开早饭时，8里之外的日军远射程大炮射来的几枚炮弹在村里爆炸，敌人以炮击战开始了拂晓攻击。我师属各部立即集合出发，一气跑了10余里，跑到一个大山沟内。师长召开紧急会议，首先介绍了战事的紧急情况，并决定八大处的非战斗人员立即作战地紧急疏散，宣布了全军的联络口令是“第三大队“，联络信号是挥动小红旗。并告诉了东西南三面来的敌人最多，只有北面和东北方向尚无敌情。我受命带领两个传令兵和一个炊事兵突围。

当北上行至唐王山脚下，鲁苏战区总部也已到达，适遇于总司令，我上前打了一个举手礼，他了解到我们是师部临时紧急疏散的（以前在干训团秘书室时，每周星期一他去做团长的精神讲话，常到秘书室休息，故认得我），就让我们随同总部登上了唐王山顶。这时正是中午，火毒的太阳晒得人们直流汗，于总用块湿毛巾盖在头顶上遮荫凉，坐镇指挥战斗，由总部特务团米如云团长做阵前指挥。除特务团外，第一一三师还调派第六七八团负责保卫总部，该团在唐王山、虎眉山及其周围与敌人作战。另有第六七四团驻守擂鼓山，以牵制东、南两面之敌。第六七七团负责在外围作战，及时策应和增援。这三大山头由西而东，排列成三点一线。我军利用熟悉的地形，凭借险要的山势，利用青纱帐为掩护，与强敌激战。下午 3 点，第一一三师师部及直属部队也登上了唐王山。

鲁苏战区总司令于学忠

再说日军方面，华北驻屯军司令官冈村宁次指挥日军两个混成旅团及张步云伪军 2 万余人，并调来了最凶恶的竹林部队，配有大炮百余门，飞机 10 余架，飞临战场上空，不断侦察和扫射。当战斗到白热化时，敌人东、南、西三面的大炮，齐向唐王山射击，曾有带手表的战友计算过，每一分钟响 80 多炮。山上山下，炮火连天，一片硝烟火海。

在唐王山上的于总司令被密集的炮弹炸伤胳膊，经包扎后镇静如常，指挥若定。总部阵地虽炮弹密集，但官兵没有乱，只有2匹战马被炸伤后跑上了山顶，将敌人大炮的射击目标引向了顶峰。总司令下达命令：下午5点撤离唐王山阵地，撤退路线是东北方向。第六七八团的战斗部队一定要继续坚守到下午7点，以掩护总部和师部撤退。当部队坚守到下午4点时，特务团米团长用望远镜发现西南山口敌人攻入，因联络旗不对，敌人在摆动小黄旗，距离总部阵地只有1.5公里远了。他立即命令特务团第一营第二连进行阻击。二连连长作阵前动员说："弟兄们，养兵千日，用兵一时，有敌无我，有我无敌。有种的，跟我冲上去！"不多时，就把进入出口的敌人打了回去。

下午5点整，总部和师部及其直属部队开始从唐王山向东北方向撤离。当敌人发现并调集各处的大炮，齐向东北的山口密集射击封锁时，我军撤退的人员绝大部分已冲过去了。战后，第六七八团的战士说，他们坚持到下午6点多时，进攻唐王山的伪军不断地喊："你们这些不知死的家伙，现在四面已围了三面，只有东北面没有围，你们还不赶快退吗？"因伪军士兵怕被打死，才这样喊的。但第六七八团为掩护总部安全转移，仍然坚守到晚7点才撤退。

我在下山时，因被炮火硝烟熏得头脑发胀，不慎从悬崖上跌下，当时休克了。及至苏醒后，天色已黑，我奔到安丘徐家沟村南时，截击的敌人正在用机枪扫射，只好跑到沟底一间瓜屋里躲避。种瓜的老乡听说我是第五十一军的，给我两个面瓜充饥，并说新赶来徐家沟的1000多日本兵，想截击你们第五十一军，因为他们来晚了，五十一军大部队已经过去了。老人唯恐我天明受伤害，向北走又有危险，便指明了向东南虎眉山的突围路线，让我趁黑夜赶快离开。

瓜地距徐家沟只有1公里，我趁月色，奔上虎眉山，这夜住宿在一块大山石上。第二天清晨，有日军百余骑兵在周围山上，边吼叫边打枪，进行搜山。我藏在大石底下，未被发现。下午敌人马队撤走，我冒险下山东行到了一个大山沟，适遇郭家秋峪的房东在那里逃难，他们给我两个高粱饼子吃了，并告诉我，昨天，五十一军守擂鼓山，打得很好！敌人3次冲锋，都没有冲上去，被打死打伤200多人，从我们庄抓了很多人去抬担架，一直打到天黑，五十一军才从擂鼓山撤走；还告诉我附近各村住着很多敌人，千万不要进村，要走最好爬山头走。

当我单身穿过青石胡同（是敌人常经过的南北要道）时，我看到两边沟内仍有阵亡的10余个战士遗体尚未抬走。我爬上擂鼓山顶，只见子弹箱、子弹壳等比比皆是，向附近各村眺望，真是村村着火，处处冒烟，有的村头还插着日本的膏药旗。奔到麻湾村，用“第三大队”口令联络，知是第六七八团第三营在此驻防，营长找我了解了西边敌人的情况，并让老乡招待了我一顿晚饭。次日北行，路过石门、洞西头两村，见仍有不少逃难的。到达绪泉村时，才算离开了方圆百余里的大战场，便觉安全了。

到辉渠老家后，有第五十一军战友到我家说，大战进行了5天5夜，敌人大部队才撤走了。日军这次“扫荡”，有2万重兵，配有飞机大炮，实行“铁壁合围”，本想消灭我鲁苏战区及主力第一一三师，可不但企图未得逞，反而被我军消灭了400余人。此役，我军伤亡的指战员也有300人。

接受检阅的第五十一军机关枪队

在唐王山阵亡的将领有鲁苏战区党政分会少将军务处长兼总部高参张庆澍(山东东平人,字雨村,保定军校毕业)及党政分会中校科长商彝。

此役负伤将领有:

上将总司令于学忠,胳膊被炸伤。

战区总部中将参谋长王静轩,膝盖骨下被打穿。

战区总部中将副官长陈策,外肾(睾丸)被打掉。

第一一三师少将副师长潘国屏,胳膊被打断。

战后传闻:日军驻张店的旅团司令,在"扫荡"中缴获我军一挺轻机枪和一门迫击炮(均系第五十一军在山区的兵工厂制造),便送去上级军部报功请赏,结果"赏"了一个撤职处分。据说日本军部斥责,如果让其再当司令,在沂蒙山区的中国军队不但能造枪炮,而且能造飞机了。

岌山反“扫荡”

袁均念

台儿庄战役之后，日寇在沂河沿岸、临(沂)郯(城)公路以东，大挖封锁沟，沟边垒起高高的封锁墙。封锁沟宽1丈有余，绵延几十里，每隔一二里地建一座炮楼。一眼望去，“沟墙横贯，炮楼林立”。不久，敌人又向滨海抗日根据地的临沭县“蚕食”、推进，在沭河西岸的大哨、醋庄、黄庙一带挖沟、筑墙，阴谋安据点，并多次纠集兵力向我沭西根据地进犯、“扫荡”。临沭人民同仇敌忾，奋起抗击，广大民兵、地方武装积极配合八路军作战，粉碎了敌人的“扫荡”、“蚕食”，保卫了根据地。

岌山一角

1942年9月28日，临沂日寇纠集临郯公路各据点日伪军700余人，携带迫击炮1门，掷弹筒2个，重机枪2挺，轻机枪10余挺，汽车4辆，洋马8匹，由日军第三十二师团第二一一联队联队长小林指挥，气势汹汹地向岌山扑来，企图“扫荡”、“蚕食”临沭县岌山区。

接到侦察员的敌情报告，驻守在沭河东岸的八路军第一一五师教导第二旅第四团团长贺健、政委吴岱，决定在马陵山北麓的岌山北端山脚下设伏。第四团第一、第三营集合完毕，吴岱作了简短的战前动员：“敌人这次‘扫荡’，来势凶猛，是冲着根据地减租减息运动来的。我们一定打好这一仗，不让敌人踏进根据地一步！用反‘扫荡’战斗的胜利，保卫根据地，保卫减租减息运动。”“出发！”团长贺健一声令下，部队像猛虎下山，飞涉沭河，提前来到岌山脚下，进入指定位置。临沭县大队、岌山区中队和西山前、马庄、曹庄等村庄民兵也按照临沭县武委会命令，及时赶到岌山跟前，埋伏在主力部队的东、西两翼，构成了一个陷敌于灭顶之灾的“口袋阵”。

吴岱

敌人刚走到岌山脚下，埋伏在正面的第四团两个营，集中火力，机枪、步枪猛烈开火，射向敌群，手榴弹也不断地在敌群中开花。遭到突然打击的敌人惊慌失措，乱了阵脚。一股日军命伪军在前，向东面窜来，企图突围，遭到临沭县大队的迎头痛击，掉头西窜，又被埋伏在西面的岌山区中队和民兵击回。骑着高头大马的联队长小林，惊魂稍定，挥舞着指挥刀，组织日伪反击。枪打出头鸟，第四团立即组织神枪手，专门对付小林，一阵排子枪，将小林当场击毙。顾问伊滕见小林被打死，气急败坏，声嘶力竭地哇哇怪叫，重新组织火力反扑。区中队和民兵游击小组联手，组成神枪手

贺健

战斗小组，一阵猛烈射击，伊滕脖颈中弹，滚下马来。日伪见指挥官一死一伤，不敢再战，狼狈逃回李庄据点。

粉碎了日伪的“扫荡”之后，岌山区民兵用水洗去小林尸体上的泥土、血污，在中弹处贴上膏药，然后用白布裹起来，趁着夜色，送到李庄据点跟前。又附上一封信，信中写道：“送上小林队长尸体一具，希查收验尸。这是一切侵略者的可耻下场！”

第二天，日伪发现了小林的尸体，将其抬回据点。看着小林的遗尸，读着民兵们的那封信，士兵们心中更加恐慌。有的士兵声嘶力竭地喊着：“厉害！厉害！八路的厉害！游击队的厉害！”小林队长被击毙，李庄据点日伪的厌战情绪陡然增长，精神极端空虚，他们竟然沿袭旧中国农村妇女“捏面人咒仇敌”的手段安抚自己空虚的心灵。他们捏了一大一小两个面人：大面人是日军指挥官，手握战刀，威风凛凛；小面人是游击队，举着双手，屈膝投降。他们把两个面人放在院子中央，几个士兵跪在地上，口中念念有词，祷告天皇、上帝，保佑皇军打胜仗，八路军快灭亡……正在这时，一条军犬闻到面人的油炸香味，挣断绳索，猛扑过去咬着“日军指挥官”撒腿就跑。跪在地上叩头的几个日军士兵见了，不由大吃一惊，叽哩哇啦地喊着：“皇军被狗吃啦，皇军被狗吃啦！”伪军们赶忙去追，一边追，一边高声吆喝：“狗吃皇军啦，狗吃皇军啦！”从此以后，李庄、大哨据点的日伪军再也不敢轻易出来骚扰抗日根据地了。

岌山反“扫荡”战斗，除击毙联队长小林、打伤顾问伊滕外，还打死日寇20名，伪军死伤90余人。中共中央机关报《解放日报》自10月9日至11月13日，曾3次报道了这一胜利消息。10月19日，滨海专署、军分区明令嘉奖临沭参战民兵。

南墙峪突围

韩　斧

1942年秋，敌人在多次“扫荡”失败之后，恼羞成怒，又纠集更多的兵力，对我鲁中区进行大规模“扫荡”。在东起沂水，西至蒙阴，南抵临沂，北达莱芜的范围内，反复拉网合围，妄图将我鲁中军区机关及部队一举歼灭。

10月下旬，敌军集中万余重兵，合击我驻沂水县南墙峪一带机关部队。山东军区后勤部、鲁中二军区、新起义的一一一师一部及区中队、民兵群众8000余人，被敌人拉网合围，压缩在南墙峪周围狭隘的山沟里。抗大第一分校干部大队也被围进了合击圈中。

罗野岗

干部大队学员是部队营团干部，进抗大培养提高，编为4个区队，共计170余人。大队长王泮清、政治委员罗野岗、副大队长徐奕贵。我受抗大训练部派遣，在反“扫荡”中，担任军事教员。战斗开始后，徐奕贵牺牲，由我代理副大队长，司东初任支部书记。干部大队在副校长袁仲贤、大队政委罗野岗领导下工作。袁多次负伤，行走不便，为安排在较安定的环境中，故随大队一起行动。政委罗野岗也负了伤，还有几名临产的女同志，也随队来到鲁中。本来，大队在滨海区进行军政训练，因敌人佯动增兵，四处扬言要“扫荡”滨海，为避开敌人锋芒，才决定到鲁中沂水来的。没想到，敌人所言“扫荡”滨海是假，集中兵力“扫荡”鲁中是真，致使大队陷入了敌人的合围。

袁仲贤

27日拂晓我方发现敌情，袁仲贤、罗野岗认为情况不清，故未能及时跳出圈外。到下午三四点钟，大队撤到沂水南部高峰南墙峪下。这时，形势已十分严峻，只有两个主峰在我手中。主峰北山有常恩多部的特务营扼守，与敌激战。主峰西山，归我军某部坚守。周围其余山头已全部被敌人侵占。空中有数架敌机轮番进行低空轰炸扫射，山头上敌人的机枪火力可以交叉封锁。我军活动范围是两个主峰之间的一条深沟。而沟内我军建制混乱，又多是非战斗部队，人群、马匹拥挤在一起，陷入困难境地。众人有的在包扎伤口，有的在焚烧文件，有的在清理行装，准备同敌人决一死战。

干部大队的同志，毕竟是饱经战斗锻炼的，在危急的情况下，显得沉着镇定，没有一个人悲观。大家抱定一个决心：拼死也要突出重围，决不当敌人的俘虏！为了缩小目标，减少伤亡，根据沟内拥挤混乱的状况，袁仲贤、罗野岗决定转移到南面的山沟。我和几个身强力壮的同志在前面开路，刚爬上南山顶，就被西山头的敌人发现，“嗒嗒嗒”，机枪连发扫射过来。敌人妄图用火力封锁住我们的去路。我们急中生智，不约而同地从山顶滚了下去。幸好有树枝草丛拦住，没有发生伤亡，至于刮破衣服、皮肤那就不在话下了。当队伍先后来到沟底时，天已经黑了下来。

夜幕降临，敌军仍十分嚣张，他们在各个山头点起了火堆，照得山野通明。山下村庄里刺耳的马蹄声、嚎叫声，杀猪宰羊的吼声阵阵传来。狂妄的敌人，满以为他们的“拉网合围”快成功了，只等天亮以后发起总攻，搜山捉俘虏了。

袁仲贤、罗野岗在危急关头，镇静地召集大家分析敌情，研究突围方向。在这之前，他们就找群众调查。有两位农民说：“通向南山半腰有条小道，人可以行走，过去砍柴、放羊时走过。”袁、罗通过调查访问，对突围方向已胸有成竹，一致认为：天亮以后敌人一定搜山，拂晓前必须突出去。如果从山口出去，行走方便，但敌人重兵扼守，我又无战斗力，不会成功；如果从南面两峰之间的凹部突围，可能是敌人薄弱点，且有羊肠小道可以行走，但危险性仍然存在。二者比较起来，后一种方案较适宜。大家意见一致，决心向南突围。

方案既定，决心已下，我们就迅速地进行了准备。罗野岗臀部负伤，行动不便，具体的组织工作只能由我来承担。我们首先向大家介绍了情况，讲明了我们突围的方案，并提出了具体要求。然后，罗野岗把30余名带步枪的同志编成战斗班排，作为突围时的武装掩护。司东初把伤员和孕妇组织起来，明确了互助任务。当一切准备就绪后，北面和周围山凹的枪声已逐渐远去。大家心里都明白：南墙峪被围军民已纷纷开始突围了。

这天晚上，月色朦胧，加之九、十点钟以后，山中开始降雾，整个山野迷迷茫茫，恰似为突围施放的烟幕。当我向袁仲贤副校长、罗野岗政委报告“准备工作全部就绪”以后，他们便果断地下达了突围命令。在紧张严肃的气氛中，袁仲贤首先带领两位便衣侦察员和两名向导，从大家面前走过。看着他那坚定的步伐和从容不迫的神态，就像是去参加一次会议。罗政委坐在担架上，频频向大家点头致意，没有丝毫的惊惶失措，更增强了大家胜利突围的信心。袁仲贤和侦察员走在队伍的最前面，武装班排紧随其后，伤员、女同志一个紧跟一个，迅速地、静悄悄地向南插去，直奔两峰之间走去。

果然不出所料，当我们走到两峰之间的凹部时，在月光的反射下只见一片枯黄野草，几十米间隙，敌人没布置任何警戒。我们既高兴，又紧张。此时，不容许有丝毫的犹豫。我遵照袁副校长和罗政委的指示，迅速将武装班排布置在两边警戒，以防止敌人可能下山扰乱，其他同志则跟随向导和袁仲贤快步前进。一会儿，掩护突围的班排也紧跟上来了，我们毫无声息地从敌人结合部钻出了包围圈。

突出包围圈后，总算松了一口气。可一天的战斗疲劳和饥渴却难以忍受。向哪里去是突围后又一重要问题。我们虽然带着军用地图，由于在夜间东拐西转，已辨别不出当时所在的方位，也很难正确判断敌情，做出下一步安排。还是那两位做向导的农民兄弟，给我们提供了周围的情况，才使我们晓得再往南走便是通向沂水的公路。这时五更已过，天色将明，如再继续前进，则容易暴露目标，前功尽弃。袁仲贤副校长和罗野岗政委决定找地方隐蔽。在罗政委的提议下，我们大胆地选择了距公路二三里地的一片稀疏的马尾松山林，放好警戒，隐蔽休息。次日中午，敌军的合围部队开始撤退，一队队敌人在我们眼前的公路上通过，大摇大摆、络绎不绝地撤回沂水县城。可敌人万万没想到，他们精心策划“围剿”的对象，就在自己的眼皮底下。由于我们是非战斗部队，又奔波了一天一夜，实在是精疲力尽，能突出重围，保存自己，就已经是很大的胜利，没必要再去寻机作战了。

这次突围，我们没费一枪一弹，没损一兵一卒，创造了个巧妙突围的战例，受到了领导机关的赞扬。

1986年7月，我去沈阳和老战友邓仲儒忆起南墙峪突围战，感慨万千，他特赋诗一首，悼念牺牲的副大队长徐亦贵、年轻的政治教员丁文等四同志，全文如下：

战友沈阳聚，忆昔战沂蒙。一九四二秋，战云血染红。
声东又击西，滨海跳鲁中。日寇“梳篦战”，百里围重重。
我军遭围困，军民八千众。血战南墙峪，死守悬崮封。
敌机轮番炸，炮群密集轰。骡马百零八，无一幸存中。
敌妄全歼我，夜雾罩朦胧。合击圈扎紧，篝火照夜空。
月夜披银装，我军集结拢。大衣作虎帐，电筒微光蒙。
军用地图展，精心跳围重。樵夫指羊肠，山腰走长龙。
指挥用兵巧，轻步绕敌营。平原敌空虚，沂水城靠拢。
我军报平安，再次上沂蒙。壮哉英雄血，战旗血染红。
四十四年后，忆起此役荣。胜利实不易，换来建设宏。
我党好传统，代代传万众。四化宏图展，高举战旗红。

仙姑顶抗击战

李永亮

1942年10月下旬，善于山地作战的日军第三十二师团及津浦、胶济铁路沿线、台潍公路沿线的部分日伪军两万余人，对沂蒙山区中心抗日根据地进行大规模的拉网式“扫荡”。

28日，我鲁中军区后勤处和警卫排、铜井金矿警卫连、山东抗大第一分校上干队、鲁中军区青年营和新一一一师师直、干校、警卫连和独立团，以及沂南、沂水、蒙阴三县干部群众共8000余人，陷于敌人的合围圈。在敌人密集推进、我方突围困难的情况下，各部人员迅速行动，抢先占领了沂水县南墙峪附近制高点——仙姑顶。拂晓，敌人从四面八方合围上来，占领了仙姑顶周围的各个山头。我部登上崮顶以后，鲁中军区后勤处政委

仙姑顶抗日烈士墓

张玉华与新一一一师等部首长迅速会商，按山势和敌人可能攻击的重点部位分配了防守力量。师直机关和后勤处机关隐蔽在离鞍部不远的坡地上，上干队和青年营隐蔽在靠近机关的西南部几个山包中，三县干部群众分散隐蔽在崮顶较安全的地方。

8时许，敌人先是用炮对山顶狂轰滥炸，炮火过后，敌人像密密麻麻的蚂蚁一样从北面、东面举着太阳旗向我阵地进击。我隐蔽在崮顶的各路部队，沉着应战，等敌到达我能最好地发挥武器杀伤威力的范围时，我猛烈开火，把敌人打退。

仙姑顶战斗纪念碑

仅一个上午，阵地就反复争夺了5次，敌人伤亡惨重，我部也有较大伤亡，鞍部的第二连和警卫排减员过半，连排长几乎全部牺牲，指导员井庆明负伤。副官许文彬不幸挂了重彩，炸弹炸裂了他的胸膛，在他停止呼吸之前，还挣扎着把枪交给身旁的战友，吃力地喊出："不要顾我，干吧，同志！一定要打回老家去呀！"阵地上只剩下副团长宿殿魁和一排副、战斗英雄杜玉怀，他们仍顽强地指挥战斗。

约中午 12 点，敌人从沂水机场派出 7 架飞机，向我阵地投弹、扫射。我部一面组织对空射击，一面顽强地抗击正面不断进攻的敌人。

时至黄昏，战斗暂时停止，敌人紧缩包围圈，在周围山上燃起堆堆篝火，准备天明再战。敌人的算盘打错了。深夜，当敌人折腾累了时，守崮各部开始组织突围。三县干部群众及上干队、鲁中青年营、军区后勤处等由熟悉地形的群众带领，大部分先后突围，新一一一师指战员亦分三路从西面、南面、东面悄悄突围。独立团 3 个连余部向东突围途中陷于敌人火力中心，团长侯宜禄牺牲。原第一支队第一团副团长、抗大第一分校上干队学员刘怀文，为掩护战友突围牺牲。

在这次战斗中，我军毙伤敌 400 余人，我抗日军民伤亡 200 余人。抗日军民浴血奋战，用坠网战术胜利粉碎了敌人的“拉网扫荡”。

奋战对崮峪

来光祖

1961 年晋升为少将军衔的来光祖，陕西省周至县人。1913 年生。1936 年参加中国工农红军。1937 年加入中国共产党。抗日战争时期，任八路军一一五师三四三旅六八六团司令部见习参谋、通信主任，一一五师司令部作战参谋、作战股股长，山东纵队第二旅司令部参谋主任，山东军区司令部作战科科长，鲁南军区司令部参谋处处长。他任作战科长时，亲历了 1942 年秋的反“扫荡”。他同岳天培、李光泽合写的《奋战对崮峪》就是追述那次战斗历程的。

来光祖

1942 年秋季，日本侵略军对山东抗日根据地，尤其是鲁中沂蒙山区抗日根据地，进行了残酷的大“扫荡”。我军的反“扫荡”作战比以往更加频繁剧烈。经过党政军民英勇顽强的艰苦奋战，终于粉碎了敌人的企图，度过了最艰难的时刻，迎来了黎明。

根据中央军委指示，山东纵队于 1942 年 8 月改为山东军区，由鲁中区转到滨海区，驻在莒县南部辛集村一带，靠近一一五师师部。山东分局、山东省战时工作推行委员会(简称省战工会)也在附近。党政军领导机关集中在一起,目标较大。

9月间,从各方面敌情看,敌人在青纱帐一结束就要进行“扫荡”。这时,敌人放出风要“扫荡”滨海区。山东分局和省战工会研究认为,敌人要“扫荡”是肯定的,有把滨海区作为主攻目标的可能,但究竟“扫荡”哪里还需要再看看情况。同时要注意疏散隐蔽自己,不管是“扫荡”滨海区,还是“扫荡”鲁中区,都要做好反“扫荡”的准备。研究决定:发出反“扫荡”的紧急指示,领导机关做适当的疏散转移。因为山东军区对鲁中沂蒙山区比较熟悉,同鲁中军区、二军分区、一旅都有联系,所以黎玉政委和王建安副司令员带山东军区机关、战工会、抗大第一分校、一个特务营(两个连),到鲁中沂蒙山区活动。山东军区机关先转移到莒县南部十字路以北的小山前村(现属莒南县),一面准备进行“反扫荡”,一面向一一五师首长汇报各军区军事斗争情况,研究精简机关,学习罗荣桓政委提出的“翻边战术”。

10月11日,鲁中军区和清河军区发现潍县、昌乐、临朐的敌人开始合击临朐一带,并有大的兵力调动。山东军区首长确定向鲁中地区转移。山东军区机关、战工会、抗大第一分校一部,在10月14日晚由小山前一带出发,渡过沭河、沂河,经连续行军,17日到达沂水西南的桃峪一带。

日军于10月15日、17日先后“扫荡”了我清河军区清水泊地区根据地、鲁中军区泰山区茶叶口根据地以后,一面以小部队向我滨海区佯动,一面秘密集结兵力,将矛头指向我鲁中军区沂蒙山区。日伪军约15000余人,由临沂、沂水、莒县、蒙阴、临朐等地,分十二路,以沂蒙山区为中心,实行“铁环合击”、“网式包围战”。

敌人在“扫荡”我鲁中沂蒙山区的前一天，先以一部向莒县以东的刘家纸房和临沂东的相公庄佯动，故意暴露“示形”要“扫荡”滨海区，而在当晚即迅速秘密转向鲁中区。10 月 26 日，蒙阴的敌人 3000 余，分四路向东出动，下午 2 时许到达高湖、兴旺庄一线。我军区机关即向北转移到中、上峪（沂蒙公路南）观察情况。为缩小目标，便于行动，分成两个梯队。第二梯队由作战科副科长陈钦和作战参谋萧剑飞带队，留沂蒙路以南山区活动。第一梯队由黎玉政委、王建安副司令员率领，在当日晚北越公路到达王庄一带。在越过公路时，发现了日军通过的钉钉鞋脚迹，证明沂水的敌人也已出动。27 日，敌人合围沂水以西的南墙峪山区，企图消灭我指挥机关，扑了空。我军区机关在 28 日转移到锥子崮南麓，靠近鲁中军区二分区部队。午夜，在沂蒙路上的坦埠发现了敌情，黎玉政委、王建安副司令员估计敌人合围南墙峪扑空后，将继续寻找我指挥机关。为选择适当位置掌握情况，认为沂水二区（沂水城北）地方党的基础较好，群众条件好，地形也好，以往称为“苏区”，决定转移到这个地区。当即向东转移，渡过沂河，到达上华庄。

对崮峪突围战中牺牲的鲁中军区第二军分区一团政委王锐

果然不出所料，敌人对南墙峪合围扑空后，其主力转向沂蒙路以北鲁中二分区地区运动。根据各方面情报和鲁中军区报告青（州）沂（水）路上敌人主要据点蒋峪、马站、高桥等地，已有敌人大部队集结；11 月 1

日，发现沿沂蒙路由东向西运动的敌人一部，已与东里店（沂水西北）敌人主要据点连接，只有沂山区域的敌情尚未查明。军区首长指示，必须继续观察敌人运动的情况。11月1日下午5时许，我方查明青沂、沂蒙等路上的一路敌人，沿沂河东岸由南向北运动。1日晚9时，军区政委黎玉决定军区机关向沂山前进，作战科人员位于首长前面，在行军队前方掌握情况。2日拂晓到了芝麻峪，作战科长来光祖用望远镜观察情况，发现多路敌人打着日本旗由沂山方向向南运动，即报告军区首长，建议立即转头控制对崮峪的笛崮山。军区首长同意了这一意见，即令部队迅速抢占笛崮山，机关到附近就地休息和继续观察情况。顷刻，情况发生了急剧的变化，西北和西面的敌人也扛着日本旗东来，同时听到东面马站、沭水方向和南面诸葛方向传来枪声，接着发现敌人骑兵向我运动。四面八方的敌人，已经开始边运动边打炮边压缩，步步紧逼，我已陷入敌人包围之中，一场恶战即将展开。

对崮峪战斗牺牲的烈士墓

军区首长认为，由于对敌情估计不够充分，没有适时跳出敌人合围圈，若现在强行突围难以成功，决定凭险坚守笛崮山，坚持到天黑，寻机突围，依靠群众进行转移。王建安副司令员命令特务营长严雨霖迅速占领笛崮山，机关人员随后跟进，协助部队进行战斗。部队和机关人员快步抢占了山崮并迅速展开。

笛崮山山势险要，是对崮峪一带的制高要地。山顶东西约400米左右，南北300米左右。东面悬崖峭壁直垂乱石河滩，北面坡陡，南面和西面山坡略缓，东南面有一弯曲小径回环而下。山脚四周岩壁陡峭约十余丈，环崮有残旧围寨墙垛。山顶顶部突起，下坡和围墙形成一条自然的洼沟，便于隐蔽兵力，凭险作战。东北方向约300米处有一小高地，是一个重要的前哨阵地。西南面伸出一个嘴，是一个重要的前沿阵地。王建安副司令员带作战科科长看完阵地后，命令特务营以一个排坚持东北小高地，以主要兵力防守西面和南面主要地段，不许敌人突破，一定要坚持到天黑，掩护机关突围。机关在南面隐蔽，并协助部队进行战斗。他强调说，坚决抗击敌人，要不惜一切代价坚守到天黑。军区首长在西北角进行指挥。部队和机关人员立即到达指定位置，选择阵地，修筑工事，进入战斗状态。特务营实际上只有一个连随军区机关第一梯队行动，对付这样众多的敌人进攻是很困难的，但这个连有津浦支队和徂徕山起义部队的干部做骨干，战士都是党团员，战斗力强。正在严阵以待的时刻，青年营一部和鲁中军区二军分区的一个连，从北面被敌人压迫过来，上山后归特务营统一指挥，在北面和东面的阵地加入战斗。不一会儿，国民党第五十一军一个营长带着一个连也从北面被压迫过来，请求准他们上山。因为第五十一军前不久与我们有摩擦，杀害了我地方工作人员，有的同志对他们有怀疑不放心。黎玉政委说：大敌当前应同仇敌忾，进行火线上的统一战线，即刻准他们上山，一同抗日。这个部队虽然武器装备好，弹药充足，但打仗畏畏缩缩，作风散漫，我们派干部插到他们中间进行协助，很快就带起来了。

2日上午10时左右，敌人对我发起全面进攻。首先集中炮火轰击，以三架飞机低空投弹扫射，企图摧毁围墙和压制我军。接着以密集的轻重机枪和掷弹筒火力，掩护步兵冲击。待敌人接近我前沿阵地时，我部队用机枪、步枪、手榴弹，一齐向敌人猛烈射击，打退了敌人一次又一次的冲击，敌人伤亡惨重。

敌人第一次攻击受挫后，紧接着又进行第二次攻击。北面的敌人集中炮火猛轰我北面阵地，飞机轮番轰炸。刹时间，黑烟弥漫，砂石乱飞，围墙被轰开一个缺口。我部队以英勇的反击打退了敌人。敌人又集中炮火掩护步兵进攻我东北小高地，我防守分队以反冲击阻止了敌人的进攻。西面的敌人在我严重打击下，也被迫暂时停止了进攻。敌人一次再次地进攻，都被我们击退了。各方面的敌人利用岩石地埂隐蔽，调整部署，准备发起再次攻击。

下午2时多，敌人经过整顿后，又发起再次攻击。西面的敌人利用阳光照射对我视线不利的条件，在火力掩护下冲上了我西南面的前沿阵地。特务一连连长王继贤带领一个班进行反击。经过激烈地拼杀肉搏，终将敌人击退。王继贤同志在通过一个围墙缺口时，被敌人的封锁火力击中头部，壮烈牺牲。指导员谢训立即指挥战斗，号召为连长和牺牲的同志们报仇，誓死守住阵地。

战斗到下午4时许，到了关键的时刻。快要接近黄昏，弹药已消耗过半，人员也有部分伤亡，敌人将集中力量采取一切手段围歼我军。王建安副司令员派作战参谋李光泽到东面阵地传达命令，一定要坚持到天黑。李光泽冒着敌人的炮火，快速通过山顶，向部队进行了传达。黎玉政委派作战参谋岳天培到南面的阵地，叫机关人员销毁文件、密码、电台，进行轻装，准备突围，并协助部队守住阵地，坚持到天黑。岳天培通过敌人数处火力封锁口，向机关进行了传达。部队和机关人员得到首长的命令后，个个精神振奋，斗志昂扬，积极进行战斗和做好突围的准备工作。

夕阳西下，敌人展开了疯狂的进攻，以各种炮火和飞机进行狂轰滥炸。顿时，炮火轰鸣，日军嚎叫；硝烟滚滚，天昏地暗。我部队指战员个个以压倒一切的英雄气概，英勇顽强地同敌人展开冲杀肉搏，战斗炽烈的程度达到了高峰。省战工会秘书长李竹如在西北面阵地上壮烈牺牲，民运部部长朱则民负伤。太阳就要落山，晚霞升起，黄昏快要来临。军区政治部主任江华发出了洪亮的战斗口号："同志们！坚持到黄昏就是胜利。"他在阵地上不断地鼓舞全体指战员英勇战斗。东北面的阵地突然被敌人突破一个缺口，国民党第五十一军那个连的部分人员向西撤退，形势十分危急。作战参谋李光泽和岳天培同首长的警卫班，立即向东前进加入战斗，并令国民党第五十一军西退的人员立即返回阵地。我东北面阵地上的部队以反冲锋击退了敌人，恢复了原来的态势。

在这决定成败和生死存亡的关头，我部队指战员不怕疲劳，不怕饥饿，不怕伤亡，同敌人死拼硬打，愈战愈勇，子弹打光了就用手榴弹，手榴弹打光了，就用刺刀和石头同敌人拼，连续打退了敌人一次又一次的冲锋。

盼望的时刻终于到来了，天色渐渐变为灰暗，炮火连天的战场出现了短暂的寂静，敌我双方都在采取相对的新行动。西南方向的敌人发出了号声，西面的敌人向西南集中；北面的敌人在堆积柴草点火。估计敌人可能从西南方向进行突破，在北面进行封锁防我突围。在这决定性的时刻，黎玉政委、王建安副司令员决定：立即突围，命令特务营长坚持抗击敌人，掩护机关人员突围后撤出战斗，进行转移。这时，江华主任传出号令："同志们！突围啊！"机关人员听到号令后，一个接一个地传达下去，一跃而起，翻过围墙，随首长突围。由于悬崖陡峭，天色黑暗，看不清地形地物，同志们有的倒栽，有的翻滚，有的下溜，人员分散。此时，敌人发现我进行突围，一面用机枪发射曳光弹扫射，一面点火堆照明堵截，我伤亡较多。黎玉政委负伤，王建安副司令员摔伤。在此紧要关头，一股敌人冲到指挥所咫尺之处，作战科科长来光祖立即命令首长警卫排短枪班向敌人反击，掩护首长突围。待首长突下山坡后，来光祖带着参谋李光泽及三个侦察员、两个通信员，迅速离开阵地。至此，机关胜利突围。敌人妄图歼灭我领导机关的计划遂告破灭。

来光祖等下山后，已与首长失去联系，便一边走一边收容失散人员，共集合了 11 人，沿着没有敌人火堆的弯曲山沟向外转移，到下半夜突出了敌人的包围圈。到了第三天他们和地方党组织取得了联系，又先后找到了一部分突围出来的机关和部队人员，第七天才和鲁中军区靠近。岳天培和管理科长薛宣一块突围后，沿山沟向西突出了敌人的包围圈，找到一位牧羊的雇农引路南行，3 日转移到姚家庄以西的一个山寨，找到一部分突围出来的机关和部队人员，共 20 余人，继续夜行晓宿，向南行进。5 日晚到达下华庄村外，又找到在此隐蔽的一部分机关和部队人员，这时已有一个多排的部队人员和 30 多个机关人员。岳天培等当即和特务营长严雨霖研究分析了情况，认为此处不宜久留，应向沂蒙路南根据地转移。午夜他们渡过了沂河，6 日上午到达了鲁中军区二军分区司令部，听了吴瑞林司令员的情况介绍，继续南下，夜间过了沂蒙路，7 日到达李家峪鲁中军区司令部，8 日到达朱家峪山东军区机关集中地点。我们相会以后得知，黎玉政委负伤后和战工会财政副主任艾楚南，在司令部译电员栾正之的随同下，沿山沟向南找到了一个很隐蔽的小溶洞进行休息。艾楚南同志同地方党取得联系，安排清理战场，掩埋烈士，抢救伤员，掩护同志。黎玉政委在地方党的掩护和担架的分段运送下，经数夜行军，到达沂蒙路以南《大众日报》社驻地，进行医疗救治。王建安副司令员突围时摔伤，被通信员李佩卿发现，便背着他转出了敌人包围圈，尔后，在群众掩护和帮助下，到达鲁中。江华主任带着警卫班突围，最后只有他和警卫员滕代回冲出来，转到一个村子里躲藏了一天，鲁中二军分区的部队过来后护送他到了二分区司令部。

对崮峪战斗，共毙伤敌人600余名，我伤亡300余人。军区司令部通信科长吴德山、管理科副科长韩川、机要科长夏熙芳、作战参谋穆志芳等同志，就是在这次战斗中壮烈牺牲的。我们幸存的同志永远地怀念他们！

对崮峪抗击战烈士纪念碑

当山东军区机关在对崮峪同敌人浴血奋战的时刻，鲁中军区积极开展反“扫荡”作战。第一旅攻击沂水垛庄的敌人，袭击沂(水)临(沂)边一带的敌人。第二军分区主力配合地方武装民兵，沿沂蒙路袭击和伏击运动中的敌人。第四旅在地方武装配合下，破袭新泰、莱芜、博山、淄川敌人交通线，打击敌人；并以武工队袭击胶济路上的敌人和运兵列车，营救我被俘人员，截获我被抢去的重要物资。在鲁中军民沉重打击下，敌被迫于11月上旬结束“扫荡”，敌人不可一世的“连环辗转合击”、“网式包围战”，宣告失败。

马鞍山战斗

临沂市史志办

马鞍山坐落在淄川境内，是淄河上游的一座险要山峰，海拔616米。山峰顶部东西两端高起，远望形如马鞍，故名马鞍山。石峰四壁陡峭，西南角有一条开凿的石阶，险似天梯，上达南天门，是通向峰顶的唯一路径，易守难攻，有“一夫当关，万夫莫开”之势。周围峰峦起伏连绵，淄河从山脚下蜿蜒北流，这里是鲁中区通往清河区和胶东区的咽喉要道。1942年春末夏初，廖容标司令员率泰山军分区部队夺取了马鞍山。从此，这里成了抗日部队的一个重要基地。山上有军械修理厂和军用物资。1942年秋，日军对鲁中区实行“拉网合围”大“扫荡”。为粉碎敌人的“扫荡”，八路军暂时撤离了马鞍山周围地区。一些不便随部队行动的伤病员、干部家属，被安置在山上，其中有淄（川）博（山）临（朐）益（都）四县联合办事处主任

马鞍山全景

冯毅之的父亲、益都县参议长冯旭臣先生，冯毅之的妹妹冯文秀、妻子孙玉兰及长女新年、次女卢桥、小女平洋；博山七区区委书记张福堂及其爱人孟启兰、大女儿张连翠。一一五师教导一旅第二团副团长王凤麟在莱芜吉山遭遇战中负伤，锯掉了右腿，组织上安排他到中心地区沂南县马牧池一带疗养，他坚决要求到马鞍山一边疗养，一边守山。鲁中区党委组织科长、原中共蒙阴县委书记李成仕因患重病，也在此休养。在这里休养的还有鲁中行署民政处副处长谭克平、爆破英雄刘厥兰等。此时在山上的伤病员、家属、修械工人等共 30 余人。王凤麟在山上带领大家储水存粮，修筑工事，积极备战。1942 年 11 月上旬，“扫荡”鲁中区的一股日军千余人和几百名伪军折回马鞍山地区。当听说马鞍山上驻有八路军领导人、兵工厂和屯有军用物资时，日军头目遂下决心攻山。1 月 9 日晨，敌人在孟良台、后峪岭等山上，架上大炮直轰马鞍山的南天门和峰顶，不久 3 架敌机又飞来轮番俯冲轰炸。在飞机、大炮、重机枪的掩护下，大批敌人涌向石峰脚下，沿着石阶往上冲。王凤麟首先一枪撂倒 1 个挥着战刀的日本军官，其他同志也接着向敌人开了火，枪弹、手榴弹、石头一起射向敌群，敌人死伤惨重，退了下去。不一会儿，日军指挥官又驱赶士兵向山上冲锋，一次次又被打退。危急中，警卫员小赵用力将胸墙推倒，成堆石头飞滚而下，砸死砸伤许多敌人。小赵因失去胸墙掩护，中弹牺牲。激战一天，石峰下横满了敌人的尸体。傍晚，敌人停止攻山，撤回到山下。王凤麟召集大家分析了战斗形势，重新调整部署了守山力量，要求大家做好充分准备，迎接更加艰苦的战斗。此时，四县办事处公安局董恒德和李绪臣股长摸黑爬上了山，说山下村村驻满了敌人，道路封锁很严，大家打消了下山转移的念头，更坚定了守山的决心。

11 月 10 日，敌人用汽车从博山、莱芜、张店等地运来日伪军约五六千人和大量弹药，在附近的几个山头上增加了大炮、重机枪，飞机也增加了向马鞍山狂轰滥炸的次数，山下的敌人更是轮番冲锋。山顶阵地上硝烟弥漫，碎石弹片乱飞，工事大部被毁，房屋都坍塌起火。东峰顶上，董恒德在激战中牺牲；王凤麟专拣日军军官和冲在前头的敌人打，弹无虚发，后来头部也负了伤。南天门上的战斗尤为激烈。李成仕、谭克平指挥部分人员多次把从石阶小道往上爬的敌人打下去。敌机大肆轰炸南天门，李成仕、谭克平二人身负重伤，仍顽强战斗，直至牺牲。守卫南天门的多数同志牺牲了，冯旭臣老人和几名家属赶来，用石头、板凳、铁锅等，把眼看冲上来的敌人砸了下去。冯文秀在阵地上来回喊着，传递消息，救护伤员；冯旭臣冒着炮火搬石头、运弹药，还以“宁可死在炮火之中，也不当俘虏”的誓言鼓舞大家，后在搬石头时牺牲。孟启兰的大儿子张子桐也在战斗中牺牲。后山崖上，一小队日军穿着爬山鞋，架起云梯，偷偷往上爬，被刘厥兰等狠狠打了下去，日军非死即伤，再也不敢爬了。中午时分，指挥“扫荡”鲁中区根据地的日军师团参谋长亲自督战，被王凤麟一枪击毙。敌酋丧命，敌人更加疯狂，这时，刘厥兰从后山赶来顶住了冲上来的敌人。黄昏，敌人继续攻山。山上的弹药石头快打光了，人员伤亡严重，很难阻挡住敌人的进攻。王凤麟多处负伤，浑

马鞍山抗日遗址石刻

身血迹，仍然爬着指挥战斗。他见形势愈来愈危急，随即命令通讯员小张找部队首长报告战斗情况，小张以烟雾为掩护，抓住用绑腿拧成的绳子下了山，找到了主力部队首长，报告了马鞍山战斗的全部情况。王凤麟又命令把家属孩子和工人也送下山去，突出一个算一个。他们把准备做军衣的布匹接起来，一头拴在树上，另一头垂到崖下。两个战士先抓着布绳下去，以便在下边接应下去的妇女和孩子。随后孙玉兰背着卢桥、怀抱平洋抓着布绳而下（新年已被炸死）。由于负荷过重，布绳被挣断，结果下去人员大都坠崖牺牲。天黑以后，南天门失守了，东、西峰顶上的同志继续同敌人拼杀。这时王凤麟又中了一弹，倒在血泊中，见一群敌人向他扑上来，他抱着“宁为玉碎，不为瓦全”的信念，对准自己开了一枪，壮烈牺牲。腿部已负重伤的冯义秀见此情景，也毅然跳崖牺牲了。刘厥兰把最后一枚手榴弹投向敌群，也纵身跳下悬崖，由于树枝的拖挂幸免于难。王善得、邹大方等人从后崖扳着树丛、抠着石缝下山，突出敌围。最后，敌人攻上东、西两峰，搜捕未及下山的孟启兰、张子星、张子善、张永照等一家数口和另外六七名同志。其中一人在敌人让他领着搜山时跳崖牺牲，其余十多人都被敌人带到口头山上看押。后经搭救，孟启兰一家数口获释，其余的都被敌人在口头村里活活烧死。这次马鞍山战斗，我方在山上牺牲 27 人，击毙日军 100 余人。

马鞍山战斗纪念雕塑

1943 年

- 一山子（惠家庄）战斗
- 郯城战役
- 滨海区军民反“扫荡”
- 城顶山战斗
- 歪头崮战斗
- 小沙东海战
- 太皇崮战斗
- 三宝山战斗
- 南北岱崮保卫战

一山子(惠家庄)战斗

许文正

惠家庄战斗,是1943年初鲁中军区一团配合沂临边联县地方武装进行的一次成功的反"蚕食"战斗。这次战斗,全歼日军一个小队40余人和伪军60余人,鼓舞了鲁中军民的斗志,坚定了根据地人民抗战必胜的信心。

1942年日军对沂蒙根据地实行残酷的"扫荡",使根据地的抗战进入非常困难的阶段。日伪军在沂临边联县的葛沟、河阳、刘家店子、司马、青驼寺、芦山、胡子山、尖山子、茶山、尚店、张庄、南黄埠、南北薛庄等十几处安设了据点,使该县根据地地盘缩小,县机关被迫转移到西北边缘小河村一带的狭小地区活动。根据地军民同敌人展开了殊死搏斗,曾数次拔除敌伪据点,但敌人卷土重来。特别是青驼寺,经过几次拉锯式的争夺,几次被攻克,敌人又集中重兵重新占领,而且愈来愈疯狂。

1943年初,青驼寺的日伪军两次偷袭过驻在张庄附近小河村的沂临边联县公安机关。第一次是1943年1月8日(农历1942年腊月初三),30多名日本兵和90多名伪军偷袭小河村,由于公安人员警惕性高,白天在小河村办公,夜间分散到小河村后面的汉沿村、埠子村居住,使敌人偷袭未成,后将两名公安局炊事员抓去,同时将因病未来得及转移的公安队员刘朝训抓去(后被营救出来)。第二次是1月13日,青驼寺日伪军又组织对小河村偷袭,结果完全落了空。通过日伪军的两次偷袭,我们摸出敌人的行动规律:每次都是在逢张庄集的第二天。原因是当时根据地内站岗放哨,盘查严紧,使敌人难以探听到确实消息,到逢张庄集这天,敌人趁赶集的人多杂乱,探听到沂临边联县公安机关驻小河村,因此有目标地进行偷袭。掌握了敌人的行动规律之后,根据地军民决定联合起来狠狠地给来犯之敌以打击。这时鲁中军区一团、二团在主力休整的同时,各以一部在边沿区活动。其中一团一连驻汉沿村,沂临边联县机关也驻在附近。1月17日,又是张庄集,青驼寺日伪军探听汉沿村驻有军队,不待翌日,便发动偷袭。边联机关和驻军获悉情报后,立即组织转移,并在惠家庄西南埋伏好。

1月17日,青驼寺据点的日军一个小队(40余人)、伪军一个中队(60余人),直奔小河、汉沿村方向,企图偷袭边联县公安机关和汉沿驻军。由于根据地军民早有准备,使敌人偷袭落空。敌发觉不妙,妄想撤回,埋伏在惠家庄西南的鲁中军区一团一连,对敌进行截击,堵住退路。敌突围不成,返回小河村,大肆烧杀,后退守到前汉沿村。前汉沿村左右临河,后面靠山,敌人想夺路回青驼寺更是困难。此时我一团一营营长率三、四连各一部驰援,沂临边联县大队、公安队积极配合,当即向敌展开进攻。经过一个多小时的激战,敌人退至惠家庄西南之一山子高地,仓促转入了防御,妄图待援回窜。黄昏,一团五连接受任务进至一山子附近。于是,一团的一、三、四、五连加上沂临边联县大队、县公安队及附近群众,将一山子高地团团围住。至17时,各部队发起进攻。五连担任主攻,从一山子正南面攻击,一、二排冲到敌人阵地前,一发发手榴弹投向敌群,毙伤敌人10余名。敌人组织密集火力抗击,使五连冲击受阻。经过重新组织,五连又发起第二次冲击,敌人拼命反扑。一排长田世宏负重伤，胸部受伤的二班长王福华主动代理排长，带领一排勇敢战斗，占领了敌前沿阵地。敌人施放毒气，部队进攻再次受挫。接着各路进攻部队发起了第三次冲锋。五连采取了迂回战术，从侧后攻击。该连指导员指挥一、二排从西南、东南方向发起冲击，连长率三排迂回到敌侧后攻击，一齐突入敌阵地。这时各路进攻部队均发挥了我军近战、夜战的特长，将敌人死死地困在一山子高地，用刺刀和手榴弹与敌人拼搏，敌人冲到哪里，就在哪里把他消灭，使敌无一漏网。经过 30 多分钟的激烈搏斗，我军全歼了日军一个小队 40 余人，伪军 60 余人，缴获了敌人全部武器，其中迫击炮 1 门，小钢炮 1 门，轻重机枪各 1 挺。

郯城战役

曾国华

1955年被授予中将军衔的曾国华，广东省五华县人。1910年生。1924年参加国民革命军。1931年参加中国工农红军。1932年加入中国共产党。土地革命战争时期，任红一军团五团排长、连长，红军东渡黄河突击队队长，红一军团五团副团长、团长。参加了长征。抗日战争时期，任八路军一一五师三四三旅六八五团营长、挺进五支队支队长，一一五师教导第二旅旅长，滨海军区第六团团长，滨海军区参谋处代处长，山东军区教导团长。

曾国华

1940年10月，曾国华同志奉命到鲁南建立新的教导二旅后，参加和领导扩大巩固沂蒙山区抗日根据地的斗争，亲自指挥了数十次战斗。1943年1月，他根据党中央提出的“敌进我进”方针，运用“翻边战术”，率部攻克郯城，有力地打击了敌人“蚕食”，首创山东敌后攻城范例。他所写的《郯城大捷》一文，就是对这次战斗胜利的总结。

1943年1月，在我们一一五师教导二旅召开的作战会议上，“翻边战术”这个新的作战指导思想，引起了大家热烈的讨论。

六团团长贺东生同志习惯地把帽檐向下一拉，急切地说：“好，罗政委这个办法，一定能治住鬼子！让民兵们缠住蚕食根据地的敌人，我们主力部队却直捣敌人的老窝，叫鬼子首尾挨打。”他把军帽又向上一掀，像是自问自答：“翻边？我们和敌人翻个边，敌人从哪里打过来，我们就打到哪里去！”说得大家大笑起来。

1942年12月，我军在滨海沭西地区击毙了敌联队长小林，粉碎了他们的“蚕食”以后，驻扎在兖州的敌旅团长石田仍不死心，又亲自到枣庄策划布置，发动了更大规模的“蚕食”。他指挥滨海、鲁南地区的敌伪军，首先打通由临沂经郯城到新安镇的公路，企图切断我滨海与鲁南、华中根据地的联系；又在临青公路上的重要村镇醋大庄和禹屋筑起碉堡，安上了据点，企图打通临沂至青口的公路，分割我滨海根据地，梦想以此来达到全部占领我滨海根据地的目的。为了粉碎敌人的阴谋，我们一一五师教导二旅曾写信给罗荣桓政委，坚决要求拔除醋大庄据点，并愿担负主攻任务。出人意料的是罗政委给了我们一个更加艰巨的任务——深入敌后方攻打郯城。于是，我们立即召开了作战会议，让大家更好地领会上

八路军一一五师教导二旅攻克郯城后合影

级意图，研究如何圆满完成任务。讨论中，大家深刻体会到罗政委所提的“翻边战术”，正是毛主席“敌进我进”战略思想的具体运用。

郯城，位于临沂至新安镇之间，南距陇海路和北距临沂都不过百余里。鬼子在这里盘踞了三年，构筑了坚固的工事。正西25里的码头镇上还驻着一部分鬼子，可以随时增援。

面对着这个形势，我们当即决定：先动员广大群众把郯城北通临沂、南通新安镇的公路彻底破坏，使敌人援兵难以很快到达。码头方向的敌人，则以英雄何万祥任连长的六团二连进行阻击。尽管这样，我们如何赢得时间争取速胜，仍是个极端重要的问题。经过慎重讨论，我们决心以四天时间拿下郯城，并向罗荣桓政委做了保证。

郯城战役缴获的部分战利品

作战方案制定以后，几千民兵配合着少数主力部队，随即对醋大庄展开了夜以继日的围攻，把进行“蚕食”的敌人紧紧地缠在沭河沿岸。成千上万的群众对郯城南北的公路进行了彻底的破坏。1月18日夜，我们教导二旅穿过了敌人的层层封锁线，神不知鬼不觉地直扑郯城。一场体现“翻边战术”的外线进攻战在敌人后方打响了。

19日深夜，我们占领了郯城南关。顺着一条弓形大街，借着房屋的掩护，六团直扑南门。一阵激烈的枪声之后，连续爆破，炸开了第一层城门，谁知里面还有一层门挡住了部队的去路。看看天色已亮，我只得命令六团暂停攻击。

白天，我在深思着：四天，要在四天时间内打下郯城，这不只是我们已经向师首长做了保证的问题，更重要的是，如果超过四天，敌人完全有可能收缩“蚕食”的兵力，回头反扑，陷我们于被动的境地。何况这次战斗，还关系到我们能否成功地运用“翻边战术”粉碎敌人的“蚕食”呢！我立刻赶到六团指挥所去。

盘踞郯城县城的日军向八路军投降

四团昨夜在北门佯攻，听说六团主攻失利，打电话到六团来找我，要求从北门给敌人一个厉害。六团哪里肯让，再三表示：今晚一定拿下南门！城北地势低洼，突破点肯定不能选在那里。不过南门的敌人早已加强了戒备，强攻也很不利。六团团长贺东生同志提议由东南城角突破，那里敌人有一个大炮楼，戒备较差，正可以攻其不备。这个建议很有道理，但我们又觉得大炮楼对我们威胁太大，就确定今晚在南门和东南大炮楼中间突破，首先架桥通过外壕，再攀梯强攻！

码头的敌人果然赶来增援。但整个白天却未向我阵地反攻。天色将晚，大队人马又返回了码头，只有一个小队窜进了城里驻守。我琢磨着这些情况，心中暗喜：看来，鬼子还不知道我们“翻边战术”的厉害，把我们这次进攻仍当成一般的袭扰活动哩！

午夜11点，我从旅指挥所到前沿上来。几十个战士簇拥着一副便桥和几架木梯，隐蔽在敌人火力达不到的地带，等待着攻击命令。我挤进战士丛中和他们谈起来。我先问:“你们怎么分的工?”一个正埋头工作的战士抬起头来,我一看,是八连六班长吴兴中。他回答我:“一排架桥,三排架梯子,二排爬城!”战士看见我,情绪活跃起来,七嘴八舌地和我说话。我又问他们:“今晚上有没有信心打开郯城?”大家异口同声地喊着:“有!”我指着吴兴中身旁一个矮个、圆脸的战士说:“来!你讲讲,哪里来的这样大的信心?”他回答说:“首长,这还不好说吗?罗政委用‘翻边战术’对付鬼子,现在是咱们来打敌人的老巢,不管鬼子怎么狡猾,我们总能收拾住他。”经他一讲,战士们更加兴高采烈,有人点着头说对,有人更补充几句“翻边战术”的好处,十分热闹。我又向战士们强调说:“主动打敌人是我们有利的条件,可是要争取时间!”六班长吴兴中像代表战士发言,向我说:“首长,我们八连今天专门开了大会,保证不过明天突上城头!”那个矮个圆脸战士更响亮地向我保证:“首长放心!”这些小伙子的乐观情绪,给了我很深的印象,他们都是些多么善于领会指挥意图的聪明的战士啊!我专问了他的名字,他羞赧地告诉我:“叫张桂林。”

人民群众集会欢庆郯城战役胜利

总攻击令逐级下达,掩护冲击的火力怒吼起来,战士们前进到冲锋出发地。贺东生团长也耐不住了,把帽檐向上一掀,向我说:“旅长,这正是要紧的时候,只要搭上便桥,就放心多了,我到前面去照看一下,好吗?”我点点头,一句叮嘱他的话还没出口,他就飞也似的朝火光闪动处跑去了。

昂首的木桥在弹雨中被战士们推到壕边,噗通一声,木桥的一端紧紧地咬住了对岸。几个战士唯恐桥搭得不牢靠,急忙跳下炸塌的沟沿,用肩膀扛着便桥。一队队的战士扛着木梯从桥上飞跑过去。

郯城南门原貌

城垣上敌人一片慌乱,哨子声、咒骂声、惊恐的号叫搅在一起。两边的机枪开始向这里扫射,南门上的敌人也向这里窜过来。我立刻派人通知四团,牢牢地抓住敌人不要放手。

转眼间,我们和敌人又打了几个回合,没有得手。这时,已是深夜3点,天亮在即,我正想命令九连上来支援八连,贺团长又组织起一次新的突击。突击组带头的同志正是六班长吴兴中,他高声喊着口号:“拿出平型关打鬼子的劲头来!”带头向前冲击。张桂林矮胖胖的身影紧跟着他。一架架梯子紧贴着城墙竖起来了,敌人用长杆子来推梯子,我们另一群战士连忙冲向梯脚,竭尽全力把梯子按住。张桂林顺着梯子爬进垛口,他没有立即攀登,却蓦然把身子向下一缩,飞速地朝着城上甩出几颗手榴弹。一连串的爆炸声中,浓烟飞腾起来,他就在这时飞上了城墙。在战火的映照下,只见他灵活的身体一闪,又向左右投出几颗手榴弹,城上反冲锋的敌人被他打退了。他回头高喊一声:“快上呀!同志们!”

战士们一阵风似的卷上城头,占领阵地的号声响了起来。我立即命令六团顺城墙压缩残敌，最后肃清敌人。

当城里的残敌退向城中心的伪县政府，并依靠两座高大碉堡顽抗的时候，城西突然响起沉重的重机枪声。侦察员匆忙跑来报告：“码头来了鬼子援兵，在西门外和六团接火了。”

依情况判断，要想最后消灭守敌，必须打退援兵，决不能让城内外的敌人会合。我和符竹庭政委做了分工，由他组织城里的战斗，我带四团一个营去接应打援的阻击部队。

一一五师教导二旅召开郯城战役胜利品展览大会

担任阻击的是六团二连，它是我旅有名的战斗突击队，连长何万祥也是一员能攻善守的猛将。把这种重担交给他们，本来是比较放心的。但是，鬼子正在垂死挣扎，何况二连还是以少打多呢！这就是我急切赶赴城西的原因。

何万祥连把阻击阵地设在城西南不远的一块坟地里，紧紧扼住了公路，地形很好。我赶到的时候，他们刚打退鬼子第一次冲击，公路上到处扔着敌尸。何万祥听说我来了，连忙跑来向我报告。季节虽然还是严冬，他却满头大汗，上身只穿了一件衬衣，上面溅满了血迹。我见他手持大盖枪，枪上的刺刀明晃晃的，就问他：“和鬼子肉搏了吗？”他咧着嘴角笑了笑，向我说："首长，我们连保证不叫鬼子越过阵地一步！"

郯城中心不断升起红色信号，我回头看看天空中飘摇下落的小红伞，知道这是城里的敌人要援助，鬼子又要进攻了。我交待何万祥说："你们把鬼子顶住，我马上要四团从右翼包抄。"

面前的敌人冲击得真是既凶猛又频繁。我看何万祥连又杀伤了不少敌人，四团部队也已运动到敌人的背后，就发出了出击的命令。

何万祥挺起刺刀，像旋风一样地向敌人扑去，一连捅倒几个鬼子。战士们也紧跟在连长后面，冲杀上去，立时杀声遍野，尘土飞扬，一片兵器撞击的格斗声，分不清哪是敌人哪是自己。鬼子兵被杀得犬窜豕奔地向西逃跑，四团包抄敌人后路的那个营立时堵住了鬼子的退路。鬼子被围在核心，再也逃不脱覆灭的命运，至于援救城里，那更成了永远不能实现的梦想。

这时，在城里指挥作战的符政委，已命令四、六两团的突击部队，爆破伪县府的院墙。200多伪军、伪政权人员高举着双手，口喊投降，乱哄哄地跑了出来。紧接着，工兵们用杆子绑上炸药，炸掉了最后一座鬼子固守的大炮楼，城里抵抗的敌人被全部歼灭了。战士们朝炮楼所在的院落搜索前进，抓俘虏、缴枪支，沉浸在胜利的欢乐里。

符竹庭

我从城外回来，和符政委带着十几个干部也向炮楼走去，想看看鬼子炮楼的构筑和我们炸药的威力。突然从瓦块堆里钻出个鬼子兵来，蓬头垢面，破衣烂衫，朝我们眨巴眨巴眼睛直奔过来。警卫员举枪要打，我早看到鬼子手里没有任何武器，就连忙止住了警卫员。鬼子吓得跪倒在地，膝行到符政委跟前，举着双手哇啦哇啦地乱叫，这副奇怪的模样把我们全惹笑了。符政委拍拍鬼子的肩膀，对他的投降表示欢迎。鬼子快活地站起身来，指指政委胸前的望远镜，竖起大拇指摇晃着。原来这个鬼子看出符政委是指挥员，特意向他表示对我军指挥的敬佩。我对大家笑着说："鬼子投降也会找窍门儿哩。"符政委若有感慨地说："看来，鬼子现在知道'翻边战术'的厉害了！"

激战了两天两夜，郯城被我们占领了。我们向罗政委报告了完成任务的情况。

按照上级指示，我们把敌人掠夺来的粮食分发给农民。郯城市街马上活跃起来，大车、小车、牲口充塞了街道。一个日本粮行的经理被战士们抓来，他装出一副可怜虫的样子，向我哀求："我的商人的干活，罪过的没有！"我指着城北万斤黄澄澄的粮食生气地说："掠夺我们中国农民的血汗，这还不是你的罪过？"他摇着头说："想不到，你们竟会打到后方来。在山东，保险的地方没有的啦！"

在罗政委的指示下，我们又乘胜收复了郯城周围 18 处大小据点。醋大庄的敌人受到民兵们歼灭性的打击，"蚕食"临沭地区的鬼子被迫全线撤退了。鬼子妄想通过"蚕食"占领滨海的计划，在初期阶段就被我们的"翻边战术"彻底粉碎了！从此，"翻边战术"在山东敌后有了更广泛的应用。在毛主席军事思想的教导下，经过战争烈火的锻炼，我们山东抗日军民在敌后愈战愈强了！

滨海区军民反“扫荡”

临沂市史志办

郯城战役之后，日军以第三十二师团小池联队为主力，纠集日伪军2000余人，在联队长小池指挥下，分南、北两路，对滨海根据地中心区进行报复性“扫荡”。

2月1日，南路之日伪军1000余人，自临沂经李家庄东犯，2日拂晓侵占蛟龙湾，后又分成三股北犯，3日晚合击湖子村，然后向黑林（江苏赣榆县境内），与北路之日伪军会合。当日晚又窜至三界首，“扫荡”三义口、板泉一带。一路大肆烧杀抢掠，有30余村惨遭蹂躏。八路军教导二旅一部及各区中队，在民兵配合下，采用游击战术给日伪军以大量杀伤。4日，南路日伪军渡过沭河向西退去。5日拂晓，北路日伪军1000余人奔袭滨海地委、军分区驻地莒南十字路、温水泉。地委书记王众音、军分区司令员何以祥指挥特务连，掩护群众和机关人员安全转移。日军进村后，抢劫财物，烧毁房屋2000余间。6日，王众音、何以祥等党政军负责人到十宁路、温水泉慰问受难群众。莒南县政府拨粮2万斤，救济受难群众，同时在全县发起了“一碗粮、一根棒、一把柴”运动，众手相助，帮助受害地区人民渡过难关。

何以祥

城顶山战斗

李景圻撰　朱学民　江 波整理

城顶山，位于安丘县西南山区，北距安丘城约 80 里，西距唐王山约 50 里。唐王山战役之后，第一一三师以城顶山为中心布置驻防，师司令部驻山西南的王家沟和彭家沟村，所属第三三九旅第六七七团和第六七八团，都回本防区安丘、莒县、沂水三县的边区各村。所属第六七四团调往沂青公路以西的第五十一军军部防区。战区党政分会、干训团和政治部也都驻在本防区内，靠第一一三师保卫。另有挺进第二纵队司令部及特务团等，驻防于北边崔巴峪及绪泉村一带。

1942 年冬至 1943 年春，抗日战争进入极度艰苦困难的时期，不仅部队的吃饭穿衣成了问题，更严重的是经日军多方策动，战区所属新编第四师师长吴化文及保安第一师师长于怀安，于 1943 年 1 月 18 日率部 3 万余人叛变投敌，被汪伪改编为“和平建国军”第三方面军，吴任司令，从而山东战区形势突趋紧张。

从 1943 年 2 月 17 日起，日军以山东派遣军第十二军司令官土桥一次为首，调集青岛、潍县、张店、济南和临沂等地的独立第五、第六、第七混成旅团一部，连同吴化文伪军共有 2.5 万余人，发动了“拉网包围”大“扫荡”，企图消灭鲁苏战区及其主力第一一三师。20 日(农历正月十六)凌晨，敌人向城顶山一带大举进犯，炮声枪声响成一片，包围圈逐渐缩小，北边的游击“二纵”部队，抵挡不住而南撤，向城顶山方向退来，意在靠近第一一三师。

周复

当时师司令部及第六七八团被困在城顶山的核心，战斗到白热化时，短兵相接，杀声震天，六七八团刘斌团长率部据险死守，奋力抗敌，不幸中弹阵亡，第二营孙营长立即挺身而出，在火线上宣布自己代理团长，继续指挥战斗，始终保住阵地不乱，经过多次拼杀，才得以率余部千余人突出重围。

但由于吴化文伪军熟悉山势地形，具有游击战的作战经验，在各个山头占燃火堆，虚悬旗帜，故作疑兵，在山沟要道布置多层伏兵，构成了方圆百余里的大火网。我军被围一天后，看出敌人志在必得，师部遂下令分头突围，不料弃山入谷误中埋伏，不仅伤亡惨重，且多被俘获。当时阵亡的指战员，除第六七八团刘斌团长外，还有师参谋长张植桴和战区政治部中将主任周复。另有师长韩子乾和挺进“二纵”司令厉文礼被俘。

周复将军殉国处

笔者当时在师司令部做秘书工作，奉命带领秘书、军需、干事等非战斗人员20余人，边作战边紧急疏散，因离我辉渠老家只有20余里，地理较熟，得以全部突围脱险。

战斗到第二天下午，我在突围的路上，适遇战区政治部机要秘书双皋，始知周复主任在城顶山东北的张家溜西山上中弹身亡。当时双皋被我留在家中，躲住了数天，待激战6天6夜敌军撤走后，我随同双皋到战场寻得周复遗体，安葬在战场边沿的绪泉村。双皋是周的亲戚，又随其工作多年，他为周复写了碑文，在墓前立了石碑。

城顶山战斗牺牲的一一三师少将参谋长张少舫(别号植桴)

战后，我参与清扫战场时，适遇干训团同事张植民(中校教官)，约我同寻其兄张植桴遗体，因牺牲者多，面目不易辨认，开始未能发现，幸植民尚忆及其兄脚掌有一黑痣，始得认出，备棺安葬。当时据清扫战场的负责人说，此役我阵亡将士有460余人。烈士们的遗体漫山遍野，若无知己亲戚寻找，只好就地在山沟掩埋，情景极为悲惨！

由于我军战士义愤填膺，拼命杀敌，日军伤亡也很多，只是敌军撤走时都被运走了。据有关资料记载，此役共打死打伤日伪军千余人。另外，我参战的第六七七团，因执行外围作战和增援任务，伤亡较少。驻城顶山附近赵家沟、孟家旺村的干训团和驻水帘沟的党政分会人员，因在战斗打响之前，已随同驻水润道的安丘县政府向东转移，未被包围在内，避免了伤亡和损失。

此役使鲁苏战区主力第一一三师元气大伤，特别是张步云、吴化文、厉文礼和鲁西的孙良诚等投降了敌人，局势日趋严重。1943 年 7 月，于学忠总指挥为避免同归于尽，经呈请重庆军委会批准，率领第五十一军和第一一一师南撤至安徽和河南驻防，从而结束了鲁苏战区在山东抗战的局面。而原在东北军内的中共党员万毅和郭维城等，自从“八三”起义后，率领 3000 多东北军指战员，改编为八路军所属部队，仍在鲁南坚持抗战，直到抗战胜利。在中共中央和八路军总部的指挥下，由山东开赴东北接受日军投降，从而实现了东北军战士“打回老家去，收复东三省”的战斗誓言。

歪头崮战斗

李永亮

位于沂水县城西北60华里处，有座歪头崮。崮下有一处苍松翠柏掩映的烈士陵园，园内整齐地排列着81座坟茔，里面掩埋着歪头崮战斗中为国捐躯的81位先烈的忠骨。

1943年2月，我鲁中二团一营全体干部战士，在营长王子固率领下，驻守在沂北县(今沂源县)桃花坪一带，支持地方政权开展减租减息，巩固从敌人手中夺回的失地。

26日拂晓，我军忽然发现两颗照明弹射来，不一会儿，一位侦察员报告:沂水城及周围各据点日伪军3000余人突然出动，向我沂中根据地的北部地区“扫荡”，敌兵分三路，企图将我一网打尽。

根据情报，王子固当机立断，遂命令部队紧急集合，决定涉过沂河，经桃花坪向西南方向转移。8时许，部队至沂河西岸，忽然听到嗡嗡的飞机声，不一会儿，发现两架敌机从东南沂水城方向低空缓慢地飞来。王子固判断敌机是来侦察情况，遂命令战士们卧倒在草丛子里，枪压在身子底下。敌机飞得很低，在战士们头顶上嗡嗡地来回盘旋。

王子固率全营干部、战士继续向西南方向火速转移。至尹家峪之南山寨子崖，与来势凶猛的西路之敌相遇。面对10倍于我的敌人，战士们毫不畏惧，与敌人展开了激烈的交战。全营干部、战士英勇顽强，奋力抵抗，奋勇杀出一条血路，迅速掩护一、三连向西突围。二连突围未成，王子固接着率全连干部、战士且战且退，最后退至里庄东山歪头崮。这时，东西两路之敌迅速会合，朝歪头崮方向麇集。

王子固率全连战士顽强地登上崮顶，立即摆开阵势。歪头崮崮顶较小，东、西两面是悬崖峭壁，通向崮顶的路只有南、北两条。我全体干部战士加紧修筑南、北防御工事。

不一会儿，四面八方的日军，哇啦哇啦乱叫着向我发起了进攻，密集的枪弹像雨点一般朝我阵地射来，密密麻麻的敌人顺南、北山梁吼叫着往上爬行。战士们怒目圆睁，严阵以待。当敌人爬至半山腰时，只听一声“打！”顿时枪声大作。一梭子弹，就杀伤敌人一串；一颗手榴弹，就把敌人炸死一片；顺山梁掀下一块大石头，就把敌人砸伤一堆。敌人每次冲锋，都拖尸溃退。这样我军同敌人奋战了一个上午，击退了敌人的三次攻击。

至中午时分，敌人停止进攻，全部撤到山下，暂作喘息。敌人在山下恶狼般的狂叫声，不时传到山顶。王子固趁战斗空隙，对战士们做了决战动员：“同志们！这是最后考验我们的时候了。我们放下武器，屈膝投降，还是同敌人决一死战？”战士们异口同声地回答：“为了保卫中华民族，我们坚决战斗到底，流尽最后一滴血，誓死不做俘虏！”

不一会儿，敌人的轻重机枪声又响了，营长急忙顺山梁往下一看：“好家伙，又来了！”敌人张牙舞爪地向我阵地爬行，一个军官嚎叫着：“要抓活的！”此时此刻，王子固立即向全连下了命令：“敌人不到50米以内，不准开枪！同志们注意隐蔽，将各人手中的武器弹药准备好，我们一定要把敌人打下去！”

黑压压的敌人蜂拥而上，200米，100米，50米……“打！”营长一声令下，所有武器都向敌群开了火，前面的敌人倒下了一大片，后面的敌人缩了回去。

大约平静了半个小时，敌人在飞机的配合下，迫击炮、山炮一齐向歪头崮轰击，霎时，硝烟滚滚，笼罩整个山头。敌机从东南方向飞到崮顶盘旋往返5次，对我阵地轮番扫射、轰炸，并施放毒气。连长、指导员牺牲了，排长、班长、战士自动站出来指挥，顽强地抗击敌人。

2010年，幸存的亓荣友来到沂水张耿村烈士林，坐在当年一起跳崖的老班长李兴诗的墓碑前

这时，许多战士身负重伤。有一个战士满脸都是灰尘，就像刚从破窟里钻出来似的。他的左眼窝下边被穿了一个洞，一条紫红的血线从里边流出来，顺着鼻窝流到嘴角，又流到脖子下边。他身上的衣服满是血浆、泥土，已经看不清他的军装是什么颜色了，他手里没有武器，紧紧地攥着两只像油锤一般的大拳头，怒目横眉，咬牙切齿，全身都带着杀气。他顽强地站着，活像一个铁打的金刚。

看到倒在血泊中的战士，营长的眼睛发红了，牙齿咬得咯咯直响。他很快冷静下来，把还能战斗的同志重新编组，指定了班、排长们的代理人。

一位代排长坚定地说："我管打头阵，就是死也要死在主峰上。"说着话他悄悄地把负伤的战士左眼包扎了一下,又从牙缝里挤出一句:"为牺牲的同志报仇!大家跟着我上!"

但是终因力量悬殊,战至下午5时,只剩王子固和10余名战士了,他们趁硝烟弥漫之时,拖着伤残的身体,从东北方向冲下山来,欲过沂河到东南的黑山子掩藏,不料又被埋伏在山脚下的敌人包围。王子固率这10余名勇士,又同敌人展开了血战。战士一个个倒下了。王子固脚筋被子弹穿伤,在敌人一片"捉活的"嚎叫声中,自尽在沂河滩上。二连除两名炊事员幸存外,其余81名干部战士全部壮烈牺牲。

第二天,当地干部、群众登上山顶打扫战场,人们禁不住泪流满面。崮顶和山后坡残留着摔碎了的两挺机枪和许多步枪。有的烈士倒在地上,还做出向敌人投掷手榴弹的架势;有的紧咬牙关,面朝东南,两眼怒睁,手里攥着一块大石头,躺在血泊之中;有的已经烧焦……人们怀着沉痛的心情,用门板将烈士的遗骨抬下山,在歪头崮东北脚下掩埋了。

这次战斗,王子固和二连81名战士虽然牺牲了,但是,他们给敌人以沉重打击,毙伤敌旅团长以下200余人。

小沙东海战

崔维志　唐秀娥

正当沂蒙军民奋力反击日军“拉网合围”大“扫荡”之时，1943 年 3 月 17 日，突然从滨海区传来一个非常不幸的消息，新四军第三师和苏北盐阜地区赴延安干部学习队乘坐的帆船，在赣榆县芦阳区小沙村以东海面上，遭到日军舰艇围攻。他们在未有战斗部队掩护情况下，顽强抵抗一天，新四军第三师参谋长、干部队队长彭雄和第八旅旅长、干部队副队长田守尧等 44 人罹难。

在 1942 年至 1943 年抗日战争最艰苦的时期里，中共中央、毛泽东主席指示各抗日根据地“一面坚持斗争，一面保存干部”，“抽调好的真正可靠的高级干部”送延安学习深造，以适应将来形势大发展的需要。第三师接到上级要他们抽调前线部分团以上干部到中共中央党校学习的电报后，师长、政委兼苏北区党委书记黄克诚等领导研究确定，由彭雄参谋长负责组织抽调干部赴延安学习，并负责带队。因日军即将大举“扫荡”驻盐阜的新四军军部和第三师师部机关，黄克诚指示，各旅赴延干部不要到师部集中，可自行组织去中央党校报到。

1943 年 2 月 10 日，师直属队、第八旅、涟东独立团和盐阜地区的赴延干部集合，黄克诚师长给大家讲了话，并宣布彭雄任干部队队长，田守尧任副队长，第八旅政治部主任张赤民（张池明）任党支部书记。师部派一个警卫连护送。行进路线是渡过废黄河，越过陇海路，经山东根据地去延安。

干部队尚未行动，日军的大“扫荡”就开始了。2月12日上午，干部队由阜宁县板湖向阜东转移，遭到一股日军追击。彭雄命令干部队快速前行，警卫连坚决阻击敌人。一阵激战后，敌人狼狈逃窜。14日，他们进至东坎镇，遇到我军两个连，彭雄临时要了一个连作为掩护部队。上午10时，一路日军2000多人，配属2门大炮、3架飞机，将干部队包围在李家圩。彭雄命令师作战科长席遮民留下负责女干部的安全，把干部队用的牲口隐蔽好，他带领两个连抗击敌人的进攻。

彭雄

该地地形非常不好，前面是条河，前进有困难，后退也不行。战斗打得十分激烈，我机枪手不断中弹倒下，敌人眼看就要冲上来了，彭雄果断地冲上去，接过机枪向敌人猛扫。战至下午4点多钟，他们终于打退敌人突出重围，但警卫部队大部伤亡。因敌情十分严重，敌人封锁太严，干部队无法赴延，即将女干部分散隐蔽于群众家里，男同志也分为两部分游击，师直和盐阜地区的干部由彭雄负责，第八旅和涟东独立团的干部由田守尧负责。

一个月过去了，“扫荡”盐阜的日军开始“驻剿”。干部队准备乘船由海上绕过连云港敌人封锁线，到山东滨海区赣榆县柘汪口登陆转道赴延安。他们准备用第八旅第二十四团缴获的海盗的一只载重8000石、吃水4尺的大帆船。该船有8个大舱，6根3丈多高的桅杆。由盐阜五垛到山东柘汪，顺风一夜就到。夜间行船，问题不大，敌人来了，他们船上有灯,老远就能看见,绕一个弯就过去了。只要黑夜能通过连云港敌人封锁线,白天一般不会遇到敌人。这样,最迟第二天上午就可到达滨海根据地柘汪。如果转了风向,则退回来待一天再走。

据指挥这只船的马指导员说,他们经常往返于苏北和山东,航路熟悉,白天是不会碰到敌人的;船老大老王,63 岁了,在海上度过了 40 多个年头,航海经验丰富。况且,他们这次走的不是敌人控制的航线,是另辟的一条新线,更是碰不到敌人的。彭雄和田守尧、张赤民反复了解情况、认真研究各种可能发生的状况后,慎重地决定走这条海路。

这支干部队共有 51 人,其中团以上干部有 11 人,他们是彭雄、田守尧、张赤民、吴毅(团政治部主任)、张友来(团政治部主任)、曹云(第三师供给部军实科科长)、席遮民(第三师司令部作战科科长)、伍瑞卿(第八旅供给部部长)、彭少英、黄国山(盐阜行署保安处处长)、程世清(团政治处主任)。已经结了婚的团以上干部,若夫人是干部,可以随同去延安,这样有 7 名女干部随行。主要干部都带一两名警卫员,佩带二十响驳壳枪,还有几支步枪和少量手榴弹。干部队人员全部化装成商人。3 月 16 日晚,正值顺风且刮得很大,大帆船启程,篷帆饱蕴着海风,破浪向前急驶。

17 日凌晨 3 时,在距柘汪约有 35 公里时,风突然停了,帆篷像泄了气似的瘪了肚子。大家焦急地期待着风的到来。但是半个小时过去了,没有风;一

2015 年 9 月,小沙东海战纪念雕塑揭幕

个小时过去了，仍然没有风；两个小时过去了，还是没有风。浓黑的夜幕逐渐淡薄，东方透出一线白光。

船老大老王向海岸上瞅瞅，急说："彭参谋长，不好！那就是岚山头鬼子据点！"忽然，海岸边传来嗡嗡的音响，一个小黑点由小变大，只见一个圆圆的烟囱凸出在海面上。船老大不禁大惊失色："那是敌人的巡逻艇！"人群中一阵骚动。彭雄命令大家把子弹推上膛，把手榴弹准备好，船上的指挥员要和水手一起卧倒在船板上，舱上面要放一个瞭望哨。最后他说："敌人不来，大家都不要动；敌人不靠近我们的船，也不准开枪！我们要准备好为革命流血牺牲！"

敌巡逻艇径直向大帆船开来。对方向天空开了两枪，这是示意大帆船停船、落蓬。船老大告诉敌人是商船，敌人一听即贪婪地说："我们要检查，船老大出来。"装扮成船老大的程世清主任，把一个拉出导火索的手榴弹藏在袖筒里，英勇地站在船头上迎接敌人。一个日军小队长带着翻译跨上大帆船，程世清乘其立足未稳，用劲一推，将两名敌人推落海中，随即抽出袖筒的手榴弹抛向敌艇甲板，烟尘起处，10多名敌人倒了下去。敌艇马上离开帆船，用机枪扫射帆船，曹云、马指导员及许多警卫员、水手牺牲在甲板上，船头、船尾打满了子弹洞，海水从弹洞流进船内。

彭雄不顾伍瑞清等同志的拦阻，带着警卫员到船头指挥。船头上连掩体的沙袋也没有，敌人欺负我军没机枪和长枪，疯狂地、毫无顾忌地向我军射击，子弹像雨点似的噗噗射到船上、舱里。彭雄刚上来不久，胸前即负了3处伤，同志们把他抬到舱里，留其爱人吴为真在身边照管他。船老大也拿起船上一条不大能使唤的长枪加入战斗，水手班长小王用自己的坏马枪，不时伸出头去打击敌人。

从清晨一直打到下午3点，敌巡逻艇对这只不屈的帆船奈何不得，即回连云港搬兵去了。这时,天空起风,可是船上水手都牺牲了,仅有一个小张未咽气,但负重伤动弹不得,大家费了好大劲才把篷子扯起来,小张躺在拴舵的绳子旁边,用手拿着绳子掌舵。瘫软了大半天的船,又恢复了知觉,向西北方向急驶。

帆船刚行驶不久,连云港方向即开来敌人的3只巡逻艇,但他们不敢接近民船,仅躲在钢板装甲后面,用6挺机枪扫射帆船。帆船一边行进,一边射击敌人。距离柘汪还有30公里时,田守尧旅长决定迅速靠岸,从陆地上进入滨海根据地。彭雄从昏迷中苏醒过来,听说要上岸,说:“对,上岸去!这一次我们就是吃了没有带战斗部队的亏,连一杆长枪都没有,尽挨打。同志们都顽强地坚持下来了,这很好。上了岸,在陆地上敌人就占不了优势了。你们上岸,可以到一一五师师部去。我是不行了。我在陈光、罗荣桓首长领导下工作很久,你们把我尸首抬到师部,给他们看看,我也就安心了……”

船快靠岸了,尾追的3只巡逻艇更靠近民船了。敌人企图把民船包围起来,俘虏船上的人。当船离岸还有一丈多远时,遇上了浅滩,无法靠岸。这时又遇上了涨潮,汹涌的浪头冲击着岸边。田旅长带领大家跳入海中,向岸边蹚去。敌人见我要登岸,集中火力封锁上岸的去路,子弹像大雨点似的落在海水中、落在人群中,又有人牺牲了。走在最前面的田旅长及其爱人陈洛莲等同志,被海浪卷入水漕,牺牲了。已怀有身孕的彭雄爱人吴为真,被海浪打倒在海里,她用力搏击,不知抓住了谁的衣服才站起来。

我赣榆县芦阳、兴海两区区中队听到枪声,急忙赶到海边接应,驻王村的滨海警备团第二营也赶来支援,敌人在我打击下终于退走。我赣榆军民接应干部队人员登陆。彭雄刚被抬上海岸,即停止了呼吸。

小沙东海战，我军总计牺牲 44 人，其中团以上干部 5 人：彭雄、田守尧、吴毅、张友来、曹云。女干部 4 人：张明、陈洛莲、赵鹤英、张铎。战士 7 人；船上水手和工作人员 28 人。牺牲的 5 名团以上干部，都是经过二万五千里长征、身经百战的老干部。

小沙东海战烈士冢

彭雄，1915 年生于江西省永新县自来桥村一农民家庭，曾当过学徒工。毛泽东在井冈山建立革命根据地，他也成了井冈山红军一员。先在湘赣边区独立团，后到红三军团第六师（不久改为第二师）师部当通讯员。1930 年加入共产主义青年团，1932 年转为中共党员。他年龄虽小，但长得身材高大，雄壮魁梧，机智勇敢。战斗中，每逢有紧急、危险的传达任务，首长总是首先想到他，而他不管是单独行动还是带领战友执行任务，总能想方设法完成。他历任排长、连长、营长、团参谋长，1932 年 10 月任红四军第三十一团团长。1934 年部队缩编，团缩营，彭雄又任营长、团参谋长。

1934 年 10 月，红军开始长征，当时他正在红军大学学习，即随学校长征。为了便于机动作战，红军大学和彭杨步兵学校、公略步兵学校、特科学校组成军委第四梯队，通称干部团。次年 5 月 1 日，他们团以 30 个小时急行军 280 里，夺取金沙江天险皎平渡，为全军突破金沙江打开通路。在这次关键战斗中，彭雄因作战勇敢而被部队誉为强渡金沙江的英雄。1936 年，红军长征到达陕北，彭雄升任红一军团第四师参谋长。

全面抗战爆发后，红军改编为八路军开赴抗日前线，彭雄任第一一五师第三四三旅第六八六团参谋长。9月，中外闻名的平型关大战打响，他协同团长、政委率部英勇奋战，配合兄弟部队取得全面抗战以来中国军队第一个伟大胜利。由于他战斗作风勇猛，人送雅号“彭猛子”。1938年初，为了扩军需要，第三四三旅成立补充团，彭雄任团长。补充团一面扩军，一面参加战斗。1938年7月，他随旅政委萧华进入冀鲁边，加强那里的抗日领导力量。彭雄任八路军东进抗日挺进纵队第六支队第七团团长，后到山东泰西整训。在陆房战斗以前，彭雄奉师部命令率部东越津浦铁路，进入泗水、新泰、蒙阴、费县，参加创建沂蒙抗日根据地斗争。1939年5月27日，第七团进驻费县、泗水，在星村、侯家寨、华村一带击退日军两次进犯，收复费县西北重镇仲村。在这里，彭雄主持召开了各界抗日民主代表大会，成立了费县联合办事处，同时帮助各区建立了抗日游击队。

6月6日，平邑、泗水等地日伪军500余人，在日军中队长田畑指挥下进犯马家峪，彭雄率部反击，将敌赶到仲村以南。田畑恼羞成怒，于次日纠集平邑、费县、泗水之敌千余人再犯，第七团与敌激战竟日，歼敌50余人，并将敌击溃。尔后，彭雄领导当地党组织，在改造旧区乡政权的同时，将地方武装编为9个游击大队，共3000人，后合并于第七团。该团改称津浦路东支队（简称路东支队），彭雄任司令员，周贯五任政委（后为彭嘉庆）。

8月底，田畑又率临沂、费县、平邑日伪军近千人“扫荡”仲村，企图打通平邑、蒙阴公路。彭雄率路东支队和津浦支队第三团诱敌深入，待敌进至黑山伏击圈时，全线出击，经一阵激战，歼敌240人，余敌溃逃，田畑也被打伤。10月，平邑、费县、泗水日伪军两次“扫荡”仲村，彭雄再次率部反击，击退敌人。11月5日，平邑、费县、卞桥日伪军2000余人又犯仲村，彭雄率部与敌激战3天，打退敌人。从此，彭雄英名大震。连被国民党鲁苏战区总司令于学忠收编的大土匪头子刘桂堂，也对彭雄十分崇仰，亲自迎请他检阅自己的队伍和“杆子会”，并称他为“一世英雄”。日伪军对他又恨又怕，在费县城门上高悬彭雄的大幅照片，声言捉住彭雄者赏银元1万。而蒙山一带的老百姓却用这样的歌谣颂扬他：

涝怕阴，旱怕晴，鬼子汉奸怕彭雄。

听到彭雄来，鬼子汉奸跑掉了鞋；

听说彭雄到，鬼子汉奸不敢笑。

至今，“彭司令三战田畑”的故事仍在蒙山一带流传。

之后，彭雄率路东支队转战到鲁西，任鲁西军区副司令员。1940年4月部队改编为黄河支队，彭雄任支队长，张国华任政委，邓克明任副支队长，下辖3个团共4500人。苏鲁豫根据地发生“湖西肃托”事件后，苏鲁豫支队第四大队调离苏鲁豫，黄河支队接防。黄河支队对坚持遭到严重挫折的苏鲁豫边区的抗日斗争和恢复、建设苏鲁豫根据地起了重大作用。

黄河支队刚到苏鲁豫边区不久，即与敌人打了一场恶仗。数十辆汽车的日军包围了他们驻扎的村子，彭雄指挥部队据工事坚决抵抗，击退敌人3次进攻，杀伤大批敌人后，除留一小部兵力掩护外全部转移。而这时，敌人的3辆汽车开进了村子。彭雄为了吸引敌人注意力，令其他同志先行撤出，尔后骑上自己的膘骏白马，顺大路向村外驰去，来不及躲闪的日军，被他甩手击毙。日军被这突如其来的行动搞得晕头转向，待敌人醒过神来，知道他是八路军指挥官时，彭雄已突出重围。

敌人不死心，3辆汽车分3路尾追，于是一场惊险紧张的竞赛战开始了。敌人汽车加大油门，马达声、枪声震撼四野，耳边子弹嗤嗤擦过，而彭雄镇静自若策马飞驰出村，直奔大道，安然飞过一个又一个村子，敌人汽车只好眼巴巴地望着白马勇将渐渐消失在远方。这次战斗后指战员又给彭雄送了个雅号——“白马将军”。

1940年11月，黄河支队改编为第一一五师教导第四旅，同时兼湖西军区，彭雄任参谋长。次年5月，彭雄奉中央军委、毛泽东主席命令，率第一一五师教四旅一部增援华中苏北，任新四军第三师参谋长，辅佐师长兼政委黄克诚、副师长张爱萍，开展洪泽湖和盐阜地区的抗日斗争。在这期间，他指挥部队打了许多胜仗，盐阜区著名的郑探口战斗，就是他的杰作。他们南与新四军主力相联，北与山东八路军沟通，为实现从华北到江南打成一片的战略部署，迈出了坚实的一步。

彭雄任师参谋长时，除了指挥部队作战外，还主持编写了一些军事书籍，供干部学习，以提高军事素质。当时部队里存在着一些不正确的思想倾向：如有的认为理论无关紧要，只要勇猛作战把敌人打垮，还愁打不下天下？有的认为只要掌握教条，就是一个合格的指挥员，作战就能百战不殆。这些观点对部队建设十分不利。为此，彭雄带领参谋处人员收集、编写了一些有关战略战术方面的文章、书籍。如1941年9月出版的第一套军事丛书《抗日民族革命战争的战略问题》，以毛泽东主席论述的抗日战争战略问题为依据，参考国内外许多以少胜多、以弱胜强的战例，结合新四军抗战实践，既深入浅出通俗易懂，又富有军事哲理，在部队引起了很好的反响。

田守尧，1915年出生于安徽省六安县新安区田墩村一佃农家庭。父亲田去凤租种地主几亩庙田糊口。由于地租很高，交罢租粮，所剩无几，加上田守尧兄弟姐妹5人，人多地少，生活十分困难，父亲只好外出打短工，母亲夜晚给人家纺线。即使这样，全家人仍不得温饱，田守尧长得又矮又瘦。他10岁那年，父母咬咬牙把他送到地主家放牛、割草。

田守尧

农民革命风暴终于在六安卷起，中共六安中心县委领导的独山农民暴动爆发了。农民起义军打土豪分田地，分房屋浮财，使田守尧看到了受压迫、遭剥削人民的出路。他参加了少年先锋队，弟弟参加了儿童团，配合起义军同反动统治者斗争。1929年，他所在的少先队200多名队员，参加了毛正初、潘计、葛光国等领导的河西农民暴动，作战10多天，将民团头子徐华章、杨晓山赶到淠河以西，建立起六安河区苏区根据地。同年，他和20多名队员一起集体参加鄂豫皖红军，在第二十五军当战士。

1931年，他在火线上加入共产党，不久又因作战勇敢、负伤不下火线荣立战功，被提任为第二二三团第二营班长、排长。1934年10月，第二十五军在光山与国民党军刘镇华部及东北军一部发生激战，他带领的通讯排勇敢果断，圆满完成任务，受到军长程子华、政委吴焕先的表扬，并提拔他任军部交通队政治指导员。同年11月16日，他随军从河南罗山何家冲出发长征。12月中旬，第二十五军全军3000余人在陕南雒南县庾家河一带，遭到国民党军庞炳勋部和东北军6万多人围攻。战斗中，田守尧率部准确无误地完成军首长下达的所有传达任务，战后被提为第二二五团第二营营长。不久，又任团政委。

1935年9月18日，第二十五军到达陕北延川县永坪镇，与刘志丹率领的陕北第二十六、第二十七军胜利会师，并合编为第十五军团，田守尧任第七十八师师长。从长征开始到抵达陕北，田守尧随部转战鄂豫皖甘陕5省40余县，行程万余里，历经数十次战斗，负伤6次。1936年2月，第十五军团渡黄河东征。东征后，党中央调他到延安红军大学学习，西安事变后归队。

全面抗战爆发后，第十五军团在陕西三原县改编为八路军第一一五师第三四四旅，下辖第六八七、第六八八两团，田守尧任第六八八团副团长。1937年9月，第一一五师发起平型关战役，他所在的第六八八团在蔡家峪一带，协助兄弟部队痛歼日军精锐部队板垣师团第二十一旅团。战斗中，第六八八团缴获汽车20辆及大批军事物资。田守尧在这次战斗中再度负伤。战后，三四四旅转到晋冀边区洪子店、西板坡和平山县一带整训。

1938年4月，田守尧任第六八七团团长，吴信泉任政委。该团整训工作成绩显著，朱德总司令曾到该团视察。4月下旬，日军"九路围攻"晋东南，田守尧、吴信泉率部占领高平与长子两县间张店一带有利地形，协同第六八八团截击日军，全歼敌1000多人，创造出平型关大战后又一辉煌战例。1939年7月，田守尧升任第三四四旅副旅长，3个月后再次赴延安深造。

1940年7月，田守尧学习结束，党中央派他到华中任新二旅旅长，吴信泉任政委。新二旅与彭明治指挥的苏鲁豫抗日支队，跨越运河、盐河，突破敌人重重封锁线进入苏北，首先击溃国民党顽固派韩德勤所属张毅部，继而配合新四军第一支队，攻克盐城、曹甸、车桥、陈道口等日伪军据点，开辟苏北抗日根据地。1941年，新二旅改编为新四军第三师第八旅，田守尧任旅长，活动于盐城以北和灌云、涟水、淮安以东地区。他们在陈毅军长指挥下抗日反顽，取得卓越战绩。

彭雄、田守尧等同志的牺牲，是我党我军的重大损失。彭雄的遗体被抬到第一一五师师部，罗荣桓为我军失去一位优秀将领痛惜不已，他为烈士们召开了非常隆重的追悼会，将烈士埋葬于赣榆县马鞍山革命烈士陵园。干部队遭到重大损失的噩耗传到苏北后，第三师在盐阜也召开了隆重的追悼会，纪念死难烈士。黄克诚师长兼政委在悼文中深刻检讨了对干部学习队赴延问题缺乏慎重考虑，粗心大意，以致造成重大的损失。

黄克诚为彭雄、田守尧敬献挽联：

十余年甘苦共尝，患难相处，破浪矢忠贞，遥望云天哭战友；

数万里河山犹碎，水火益深，卧薪期素志，誓除寇贼慰英魂。

中共盐阜地委敬挽：

外患方殷，内战潜伏，举目满妖氛，党失精英，壮士云亡谁荡扫？

革命一生，长征万里，仔肩担国难，民钦感德，众人继起共撑持。

盐阜行署曹获秋敬挽：

盐阜著威名，敌后撑持，军民共仰；

江淮思烈士，海滨凭吊，风木同悲。

干部队登陆后，伍瑞卿等伤员由当地军民送到滨海军区后方医院医治。未负伤的干部由滨海军区负责护送去延安。一支非战斗的干部队，在没带战斗部队、毫无海上作战经验的情况下，面对绝对优势的敌人，顽强抗击一天，使敌人始终不敢靠前，并坚持到最后突围。这次悲壮的海战，在山东、苏北抗战史上写下了可歌可泣的篇章，充分表现了共产党人和共产党领导的军队有我无敌、杀敌报国的大无畏精神。不久，马鞍山上矗立起了一座雄伟的烈士纪念塔，它面对波涛汹涌的黄海，昭示着革命烈士的精神和黄海一样，千秋万代永存人间。

太皇崮战斗

唐庆本

太皇崮位于平邑县西南部黄坡乡。山势突兀险峻，峭壁悬崖犹如刀削，上下山只有一条仅容单人攀登的小径。崮的北侧树立着一块石碑，上面详细记载着发生在半个世纪前的一场英勇悲壮的战斗故事。

太皇崮远眺

1943 年 1 月，日伪军集中万余人，使用残酷的“拉网”、“铁壁合围”战术，疯狂“扫荡”鲁南山区，相继打通费县至梁邱、陈桥至九女山、邹县至白彦等公路线，增设了白彦、埠阳、九女山等据点，把鲁南根据地分割成若干小块。为了夺取反“扫荡”的胜利，巩固扩大鲁南抗日根据地，我鲁南军民采取机动灵活的战略战术奋起反击。于是在抱犊崮山区展开了一场“扫荡”与反“扫荡”的斗争。太皇崮战斗就是其中最扣人心弦的一幕。

3 月 24 日凌晨，日军调集城前、平邑、梁邱等地 1000 余人“扫荡”天宝山区。正在苏家庄、吴家庄、黄草坡一带活动的我区委领导获悉情报后，立即决定分头转移，由区委书记马东昌带领部分人员向太皇崮西南方向转移；区长孟育民带另一部分人向老山一带转移。拂晓时分，马宗昌等人跳出包围圈。孟育民等人在转移途中被敌人发现。他们边打边撤，一直退到太皇崮下。为了迟滞敌人的行动，掩护军民转移，孟育民决定抢占太皇崮，凭险固守。

由于山势陡峭，加之体力不支，结果只有孟育民等11人攀上山顶。正在追击的日伪军发现我军登上孤山，得意非常，遂调集人马将太皇崮团团围住，接着发起了一次又一次进攻。

面对强敌的攻势，孟育民等毫不畏惧。他们居高临下，弹无虚发，始终将敌人阻击在崮崖下。

上午11时，恼羞成怒的敌人从四面八方向太皇崮发起强攻，密集的炮火倾泻山顶。一时间，硝烟弥漫，乱石横飞。借着炮火的掩护，狡猾的敌人一面从登山小道轮番进攻，一面从不同方向搭云梯攀登。我军战士各自为战，分头把守，一连打倒几十名日伪军。但由于人员少，火力不足，加之防御面过大，终于被敌人突破了防线。

孟育民见敌人攻上山头，当即指挥大家退守主峰。

凶残的敌人得手后连续进攻，我方有6人先后受伤，孟育民的左臂也被打断。区农救会长公浩身负重伤，咬着牙对同志们说："人在阵地在，坚决和敌人拼到底！"大家同仇敌忾，将愤怒的子弹射向敌群。

时间一分一秒地过去了，敌人还是成群地往上涌。我干部战士拖着伤残的身体顽强坚持战斗，子弹打完了，就搬起石头当武器……

敌人发现了我军的困境，嚎叫着向上冲去。

孟育民见形势危急，便召集同志们说："我们为革命流尽最后一滴血的时候到了，坚决不能当俘虏，也不能把武器留给敌人！”一边说着，一边和大家退到悬崖顶，把枪支扔下山去。

枪声渐渐稀疏下来，当敌人看清令他们损兵折将、死伤累累的只有十来个“土八路”时，更是恼羞异常，他们端起刺刀，一步步向前进逼……孟育民等怒视着敌人，当敌人只距十几米时，他们一边呼着“打倒日本帝国主义！”“中国共产党万岁！”等口号，一边纵身跳下悬崖……

敌人望着英雄们的壮举，一个个目瞪口呆。

战斗结束后，当地群众齐奔太皇崮，他们在山下收殓了9具烈士遗体，并救出了挂在山涧树枝上的卞文忠、王纪法两个同志。

1944年2月，当时的双山县白彦区召开农救会代表会议，决定在白彦镇西建立烈士陵园，立烈士纪念碑，其中就有太皇崮战斗中9位烈士的英名。

烈士陵园大门

三宝山战斗

李兴河

经安丘城顶山之战和沂源唐山董家峪之战，苏鲁战区总部及所属部队损失颇重。总部被迫几经转移，于 1943 年 5 月下旬抵达蒙阴县坡里镇望东海村。

为对付日伪军进攻，保护总部安全，于学忠命令一一四师六八三团迅速撤离中庄勺峪村马头崮南下向战区总部靠拢。六八三团是五一军中战斗力最强的 1 个团，团长张本枝是于学忠的妻侄。当六八三团行至蒙阴贾庄时，即遭日伪军万余人阻击。六八三团边打边走，晚上刚到茶局峪村，即被跟踪追击的日伪军包围。六八三团遂乘夜色迅速突围，抢占村西三宝山有利地势，准备据险迎敌。三宝山位于岱崮镇西北，海拔 604 米，面积 1.5 平方公里。翌日拂晓，日伪军乘六八三团立足未稳，向三宝山发起强大攻势。六八三团连续 3 次击退日伪军进攻，阵地前的山坡上日伪军尸体累累。中午，日军调来飞机配合作战，每次有两三架飞机在山顶盘旋，狂轰滥炸。山顶上没有防空掩体，仅有以前群众修的防土匪的围墙工事，六八三团伤亡惨重。下午 4 时许，六八三团弹药耗尽，指战员便用刺刀和石块与敌人肉搏，最后伤亡殆尽。团长张本枝和二营营长都用最后一粒手枪子弹射向自己头部殉国。山上尚存活的 100 余名士兵全部被俘。

第二天，日军将被俘的六八三团士兵300余名（包括途中截俘的100余人）全部用绳索捆绑，押至三宝山东面的一个场地上，用战刀砍杀。不一会就砍死48人。当战刀砍向王清芝（贾庄杨宝泉村人）时，他头一偏，刀在屁股上砍开了一道血口子。他乘机挣脱绳索，跳墙，越沟，拼命逃跑，这时天快黑了，敌人追不上，开枪也未击中。日军将剩下的200余名中国士兵押往济南关进日军集中营。此战，由于六八三团拼死血战，也给日伪军以重创。据当事人回忆，有2000余名日伪军在攻山时被六八三团击毙。

南北岱崮保卫战

李作义

耸立在蒙阴县北部群崮之中的南岱崮和北岱崮，南北对峙，奇险峻峭，抗日战争和解放战争时期，南、北岱崮抗击日本侵略者和国民党反动派的两次保卫战，在沂蒙战史上留下了光辉的一页。

岱崮保卫战遗址

1943年，八路军鲁中军区十一团八连93名指战员，为捍卫民族尊严，在这里与20倍于己的日伪军血战15天，创造了八路军战史上以少胜多的又一模范战例。

是年11月1日，日伪军万余人分进合击沂蒙抗日根据地。为粉碎敌人的大“扫荡”，八连奉命坚守南、北岱崮，牵制日军主力。中共蒙阴县委、蒙阴县抗日民主政府委派财粮科长王俊明带7名同志，支持守崮。战前，岱崮的党政干部带领民兵、群众与八连指战员一起挖战壕、修地堡、筑工事，储备粮、水、弹药等战备物资，为守崮战斗打下了基础。

南北岱崮保卫战的部分战斗英雄

日军动用了三个步兵大队、一个炮兵中队、一个空军中队、一个伪军团围攻南、北岱崮。从13日开始，日伪军千余人在飞机、大炮掩护下，向芦崮守军发动进攻，继而又向南、北岱崮发起了攻击。八连指战员在副营长张栋指挥下，凭险据守，沉着应战，待敌军进至崮前100米左右时，以猛烈的火力和滚石进行反击。接连10余天，飞机炸、大炮轰、步兵集团冲锋的轮番进攻，均被打退。夜间，我军派出战斗小组袭扰敌人，在日伪军可能通过的路段上埋设地雷，以杀伤敌人。鲁中十一团和当地民兵连续袭击岱崮周围的翻金峪、郭家庄之敌，并于夜间向崮上送粮、送水、送弹药，传递情报，支援守崮战斗，极大地鼓舞了八连官兵的斗志。

敌人连续发动进攻，屡屡受挫，从23日开始，昼夜实施轰炸攻击，南岱崮的南门成为敌人轰炸和攻击的重要目标。能否守住南门，是这次战斗的成败关键。八连青年班勇士们以大无畏的英雄气概坚守南门，刘贵祥冒着弹雨钻进前沿碉堡监视敌人，一颗炮弹打来，他随着倒塌的石块滚进壕沟；李应斗冒着烈火浓烟，立刻接替了他的位置，一颗炸弹落下，李应斗倒在血泊里；李玉金又立即挺身而出继续监视敌人。当敌人施放毒气时，战士们赶紧用湿毛巾捂上鼻子、嘴，坚持战斗。

血战岱崮（版画）

狂轰滥炸，轮番进攻，投掷毒气都不能奏效，日军便采取了更卑鄙无耻的办法，他们用刺刀逼迫当地的老少妇幼上山劝降，企图瓦解我军斗志。冯连长面对被威逼的群众说：“乡亲们，你们对鬼子说吧！只有打胜仗的八路军，没有投降的八路军！”敌人的招数相继失败后，便把进攻部队全部换成三十二师团的精锐，在飞机配合下，实施狂轰滥炸，南岱崮整个崮顶被“犁”翻了几遍，工事全部被摧毁，战壕成了面粉缸，尘土和碎石没及膝盖，随手抓把泥土，就可捡出几块弹皮。弹药不多了，水更缺乏，被炸去半截的水缸，仅存的一点水都成了泥浆，壮士们只好取表面的冰凌含在口里解渴。在极端艰难危急的时刻，八连指战员众志成城，用刺刀挑、石块砸，将爬上来的敌人打下去。经过15昼夜的激战，八连的英雄们胜利地完成了牵制敌人的任务。27日夜，他们悄悄地从敌人包围的缝隙里摸出来，在预定地点和迎接部队会合。

八连以牺牲2人、伤7人的代价，取得了歼敌300余人的重大胜利，拖住了敌人重兵，消耗了敌人大量弹药，有力地配合了外线出击。为此，八路军山东军区传令嘉奖八连，授予"英雄岱崮连"的光荣称号。

1944年

- 临沭县朱村反“扫荡”战斗
- 滨海区军民粉碎日军“扫荡”
- 解放沂水城
- 大山战斗
- 葛庄伏击战
- 常庄围困战
- 解放莒城战役
- 日照黄埠子战斗

临沭县朱村反“扫荡”战斗

李兴河

1944年1月18日至21日，滨海军区第四团、临沭独立营和民兵一部，在四团团长罗华生等的指挥下，先后攻克了醋大庄、田庄、马石河、林宅、小墩等日伪据点。1月24日（农历腊月二十九日除夕），大哨据点的日军纠集日伪军1000余人，对沭西根据地岌山区进行疯狂的报复性“扫荡”。凌晨，敌人从北向南推进，首先摸进郭庄，进行大肆烧杀，接着包围岌山区公所驻地曹庄。然后兵分三股，一股留在曹庄烧杀，一股向南进犯马庄，一股向东南“扫荡”朱村。敌人烧毁民房1000余间，杀害群众7人。马庄民兵爆炸队和游击小组与敌展开了激烈巷战，给“扫荡”之敌以沉重打击。

朱村抗日战斗纪念碑

天刚蒙蒙亮，日军扑进朱村烧杀。驻沭河东的滨海军区第四团三营八连发现朱村有情况，在连长鄢思甲的带领下，立即跑步奔向朱村，七连、九连也随即向朱村进发。当八连赶到河边时，天已大亮。只见乡亲们提篮拿筐，推车牵驴，扶老携幼，到处奔跑。鄢连长见此情景，二话没说跳下河去，全连战士紧跟着也跳进河中，他们踏碎了冰层，忍着刺骨的疼痛，迅速到达河对岸，直奔朱村。鄢连长决定：对敌人实行三面夹击。指导员带领二排从庄东南攻击，副连长带领一排从庄东攻击，他带领三排绕庄北进攻。一阵猛打猛冲，敌人被赶出了村子。百余名伪军一见是“老八连”来了，便四散溃逃。50多个日军狼狈地退至庄西头抢占了柏树林坟地，凭借1挺机枪、1门手炮、40余支“三八”式步枪组织还击。晨7时许，鄢思甲带领三排从村西打过来，一排也突进了柏树林中，同敌人展开了激烈的争夺战。一排长秦家龙负了伤，一班长焦锡模带领大家继续战斗。焦锡模一只胳膊被打断了，仍坚持不下火线，直至牺牲。一排副排长安吉然同一个鬼子扭打在一起，鬼子手里握着冒烟的手榴弹，妄图把安吉然吓倒，以便借机逃跑。安吉然却死死抓住鬼子不放手，鬼子害怕了，将手榴弹抛出，俯首就擒，成了俘虏。鄢思甲连长脖子上负了伤，只包扎了一下，继续指挥战斗。二排四班长李宝胜被子弹穿透了脖子，尽管呼吸艰难，还是吃力地告诉排长：“千万不要放走了敌人！”日军在猛烈的火力打击下，撤进柏树林外的一条壕沟内。沟四面为开阔地带，敌后撤不能，冲出无望，只好固守待援。午后2

入伍青年到朱村革命烈士纪念园宣誓

时许，曹庄日军携钢炮、重机枪赶来增援，被围日军才得以突围逃脱。此战，共击毙日军 11 人，伤 20 余人，俘 1 人。

战斗结束后，朱村群众陆续赶回了村内，他们争先恐后地让八连同志到自己家里过年。八连怕给群众添麻烦，决定立即赶回驻地。朱村男女老幼倾村出动，眼含热泪，把八连送出很远很远。随后，群众自动组织起来到八连慰问。他们赠给八连一个光荣称号——“钢八连”。尔后，在滨海军区战斗英雄大会上，山东军区政治部主任萧华代表军区正式命名八连为“钢八连”。

朱村抗日战斗遗址内钢八连战斗英雄雕塑

滨海区军民粉碎日军“扫荡”

李兴河

日伪军在我军发动的春、夏季攻势中遭到沉重打击后，遂于1944年8月中旬，纠集日军第五十九师团、独立步兵第一旅团、独立第五混成旅团、第六十五师团等各一部及伪军吴化文、荣子恒、李永平等部和伪省、道、县保安队各一部，共1万余人，由第五十九师团中将师团长细川忠康统一指挥，分多路向抗日根据地进行“扫荡”。企图合击山东军区领导机关，摧毁根据地建设。8月15日，在飞机配合下，日军第五十九师团及伪军吴化文部合击鲁中和沂蒙地区，以另一部合击滨北地区，第一旅团合击鲁南地区。然后这三路“扫荡”之敌突然一齐转向山东军区领导机关驻地莒县一带，企图一举歼灭山东军区及滨海军区指挥机关。20日，另几路日伪军也从临沂、莒县、日照、赣榆等地出动向山

1944年秋，莒南县民兵在敌人必经的路上埋地雷

东军区驻地扑来。山东军区司令员兼政委罗荣桓分析四面敌情,决定带领指挥机关及正在参加全省军事工作会议的人员迅速南下,回旋于鲁苏边界地带。同时,罗荣桓向鲁中、滨海军区部署了反“扫荡”任务,并命令胶东、渤海军区乘敌重兵“扫荡”滨海之机,发动攻势,寻歼薄弱之敌,以策应滨海反“扫荡”。

山东军区机关从莒县西南洼子埠南下,逐步向根据地边沿区转移,先后穿插于莒县南部、莒南西部、赣榆、郯城一带,回旋于各路日军之间隙,避开敌人的合击。时值三伏,天气多雨,道路泥泞难走,一天夜里,我军来到一个村子,因周围敌情不明暂时住下,待天亮查明敌情再决定转移方向。天亮一看,周围村庄都驻着日军,只因我军所驻村子早已被敌人“扫荡”一空,才没进驻日军。罗荣桓命令部队保持绝对隐蔽,做好战斗准备,并派作战参谋萧剑飞侦察敌情。萧剑飞无法抓到日军“舌头”,只好利用日军电话线窃听其行动部署。正当他同我情报站通报敌情时,日军突然插进我电话线和他对骂起来,罗荣桓遂命令机关迅速转移。我军转移途中正遇到前去合击的日军,但日军未发现我军行动,经过迂回穿插,终于跳出日军重围。

日军先后合击滨海根据地中心区,都扑了空。于是便破坏我后方建设。八路军滨海主力部队适时转至外线后,除在外线打击敌人外,又以精干部队挺进内线,分别在莒县,日照的坪上、碑廓,临沭的朱苍、东盘,以及日照、赣榆沿海,组织反“清剿”区域,各以一个团的兵力打击敌人,保卫根据地。滨海地方武装和民兵利用地雷战、麻雀战、游击战分头袭击敌人。莒南县地方武装和民兵在反“扫荡”的10天内,作战128次,毙伤日军小队长以下24人。毙、伤、俘伪军20余人,缴获枪支、子弹、手榴弹一宗,夺回被敌人抢去的牲口、衣物和粮食。

8月下旬初，日伪军1500余人疯狂向莒南大山一带“清剿”。来不及转移的千余名群众和军区野战医院的数百名伤员陷入日军包围圈。罗荣桓电话命令滨海军区第六团团长贺东生带部分兵力前去救援。团长贺东生率“战斗突击队”著名的“何万祥连”100多人从滨北赶往大山，以每天75公里的强行军，经4昼夜，于8月25日夜间到达大山南麓的山地村。处在包围圈的群众，正在“坚壁清野”，四面都有激烈的枪声和手榴弹的爆炸声。贺东生即刻开会商议，听取了野战医院院长的情况介绍，做了战斗部署。贺团长对连长说：“要把这次的任务给战士讲清楚，为了解救群众和伤员，我们的同志都要准备当炸弹使！”这时，一股日军离山地村只有一里远，有切断我南撤道路的危险。贺团长观察好地形，决定抢占制高点大山，以火力控制山下的大路，掩护群众和伤员向南转移。他命令第三排在敌侧积极牵制敌人；第一排隐蔽在山脚下严阵以待，准备与敌人短兵相接；他率领第二排抢占大山；同时派人通知地方党组织，迅速组织群众和伤员南撤。第一排刚拉上山坡，一群日军已到山下。第一排机枪手崔怀瑞一梭枪弹扫过去，打倒了几个日军。一排冲下山坡，与日军反复冲杀，霎时敌遗尸遍地，狼狈逃窜。第二排第五班控制着山顶两个葫芦形的山腰。约1个连的日军向制高点猛攻，并以飞机、大炮助战。4个战士负了伤。五班长傅延祥右肩负伤，血染半身。他们打退了日军的多次冲锋，毙敌5人，其余溃散。山下被一排杀退的那股日军又卷土重来，蜂拥而上，贺团长提着匣子枪甩开警卫员奔向前沿，第一排看到团长上来，更加奋勇拼杀，很快又把敌人打下山去。由于第一、第二排吸引了全部日军，

贺东生

群众和伤员得以安全脱险，可他们却全部被敌人包围了。经两个小时血战，第二排仅剩下5个人，且全部负伤。第一排也仅剩下十几个人，刺刀弯了，马刀也砍断了。敌人又从四面八方围上来。贺团长率警卫员和第二排5名战士，冒着敌人的弹雨突出重围。他的帽子被打掉，裤脚上被打了两个洞，140发驳壳枪子弹全部打光了。第一排排长带着战士顺着一条沟向东南方向冲，在河边又遭遇百十个鬼子，机枪手崔怀瑞放出一梭子弹，打倒十几个敌人，一排长又甩出一梭子弹，打倒两个敌人，杀开一条血路冲了出去。

何万祥(画像)

正在坪上袭击日军的第三排，听到大山方向枪声激烈，知道连队主力被日军包围，于是跑步向大山增援。行至西石河西南岭，发现河东面矮树丛中日军的炮兵阵地正向大山发炮急袭。一排突然向敌扫射，日军炮兵不知我军虚实，匆忙用16匹大马驮着钢炮、迫击炮向东撤去。这时正是大山上打得难解难分、我军正在准备突围的关键时刻。当第三排赶到大山时，连队剩余人员已突出日军重围。大山血战，毙敌80余人，我军有30名战士牺牲，贺东生团长及多名战士负伤。27日，日军带着抢掠的牲畜、粮食、财物，从朱芦、刘家东山北窜。“何万祥连”闻讯后立即追赶敌人，在李家彩与敌人激战，当地民兵前来助战，毙敌30余人，解救了大批被抓群众，夺回牲口40多头。

在日照，日军第五混成旅团的两个大队及伪军一部约2000余人，一路经高兴进犯巨峰，一路经后村、马庄到大坡一带，合击碑廓。日照军民运用灵活巧妙战术打击敌人，毙俘日军4人，毙俘伪军20人，捉奸细31人，获日军军旗1面，营救被抓群众30余人。在滨南，日军第一混成旅团松冈大队3000余人，19日从临沂出发，经韩村进抵黑林，对滨南根据地进行疯狂“扫荡”。朱仓区45个自然村被日伪祸及44村，烧掉房屋860间，东朱仓“健令药房”被一扫而空。朱仓、石河两个区中队和民兵开展游击战，袭扰敌人。湖子民兵割敌司令部电话线2公斤。南石河民兵用地雷炸死日军2人、炸伤2人。李家庄、九曲店等据点伪军配合日军“扫荡”，被武工队打死5人，伤15人，俘12人。

“扫荡”滨海的各路日军遭我军连续打击，加上根据地实行坚壁清野，日军吃喝无着，被迫于29日从抗日根据地陆续撤回。在敌人后撤之际，鲁中、滨海、鲁南军区部队纷纷出击，杀伤敌人，截获被敌人抢走的牲口和物资。至31日，我军取得了这次反“扫荡”斗争的胜利。

解放沂水城

胡奇才

胡奇才

1955年被授予中将军衔的胡奇才，湖北省黄安(今红安)县人。1914年生。1929年参加革命，次年参加中国工农红军。1931年加入中国共产主义青年团，次年转入中国共产党，参加了长征。抗日战争时期，在山东历任八路军山东纵队第八支副司令员，第四支队政委，第一支队司令员兼第二军分区司令员，山东纵队第一旅副旅长，鲁中军区司令部参谋处长，山东军区第三师副师长。

1944年8月17日，八路军鲁中军区部队遵照山东军区司令员罗荣桓的指示，解放了日军侵占6年之久的沂水县城，全歼日军1个中队，俘虏20人，击毙31人，并活捉伪县长牛先元以下伪军800余人，毙伤200余人。此战受到山东军区的表扬。

一

沂水县城位于沂蒙山抗日根据地的腹地，是日军多次向我根据地进行大“扫荡”的前进据点，它对我军的危害比蒙阴、新泰、莱芜、博山、临朐和临沂之敌更大。拔除沂水县城日伪据点这颗钉子，不仅是为民除害，而且将打通与滨海区的联系，扩大根据地，为反“扫荡”和而后打击敌顽作战都将创造有利条件，其政治影响也是很大的。

沂水县城是日伪盘踞数年、苦心经营的一个据点，有很高的城墙，特别是驻守南关的日军另筑有坚固的碉堡群，周围有深宽的壕沟，内有装备精良的一个中队的兵力。显然，我们要攻占县城，歼灭守敌，决非是轻而易举的。我们考虑攻城必须与打援相结合，必须速战速决，务必在敌人援兵——最近的是莒县援敌——赶到之前结束战斗。

鉴于以上情况，我们军区党委多次开会研究，对如何打好这次战役进行了认真探讨，我们决心从思想上、物质上和组织指挥上做好充分准备。毛泽东主席指示我们不可轻敌，凡事有备则立，无备则废，要把情况想得复杂一点，既要看到有利的条件，又要看到不利的因素。

我们虽然没有飞机大炮，但我们有几年锻炼出来的具有爆破经验的战士，他们有高度的政治觉悟，我们还有成功的作战经验。只要搞到充足的炸药，歼灭沂水城之敌，我们是有信心的，我们决心发挥爆破的优势。但上千斤的炸药和与之相配套的雷管、导火索从哪里来呢？这是个很重要的问题。我们就靠人民支援。那时，新泰煤矿的工人曾经给了我们很大支持，他们冒着生命危险，想方设法从矿井一块、两块地把炸药带出来。有的被鬼子查出，不幸献出了宝贵的生命。不管敌人怎么封锁，怎么迫害，我们的人民还是支援了我们上千斤的炸药和必需的雷管和导火索。

我们根据敌人情况和我军区各团的特点，对攻城打援部队做了周详的部署：第一团和军区特务营负责歼灭沂水城内的伪军，成功后协助第四团拿下日军炮楼；由第四团负责用爆炸强攻据守城南关的日军的5个碉堡;由第十一团负责打莒县来的援军和消灭城外的伪军据点,并切实注意查明敌援军动向。军区指挥所靠近第四团,当时王建安司令员和各团团长在山东军区开会,由军区政委罗舜初、鲁中区党委副书记高克亭和我直接指挥。我那时任军区参谋处长。

二

1944年8月15日晚,各部队按军区指定的任务分别向敌人发起总攻击。第一团第一营进攻东门,第二营攻击北门。担负强攻南关日军的第四团利用城南关市民的店铺和住房,打开缺口,隐蔽接近日军据点东南角的碉堡。火力组直接向敌碉堡孔猛烈射击,掩护爆炸组、梯子组通过铁丝网和外壕,接近敌人碉堡,进行连续爆破,炸毁了敌两个碉堡。于是,冲锋组紧跟而上,与敌展开白刃格斗,歼灭守敌,并继续向纵深发展。残敌退守东北、西北和中心碉堡顽抗,以猛烈火力阻止我攻击部队,并向我施放大量窒息性的毒气。我攻击部队许多战士中毒,遂暂停攻击,对敌实行分割包围。

解放沂水县城牺牲的烈士追悼大会

敌人估计我白天不会出击,次日中午,大部集中在中心炮楼开追悼会。我军乘机悄悄地攻占了东北碉堡。敌人发觉后，连续向我4次反扑，均为我击退。16日晚，我军组织连续爆破，第一爆破组5名爆破手4人受伤，1人牺牲；第二爆破组紧接着又冲上去，不给敌人喘息之机，终于将敌中心炮楼和西北碉堡炸毁，我冲锋组猛打进去。至17日晨，全歼守敌，击毙31人，俘获20人。同时，我攻城部队全歼守城的伪军800余人，毙伤200多人，俘伪县长牛先元。至此，沂水城日伪军全部为我歼灭，胜利收复了该城。

胜利的喜讯传出后，城内外的群众敲锣打鼓、成群结队地赶来向我军祝贺。城西大河桥上，祝贺人群络绎不绝，像赶集一样，个个面带笑容，十分喜悦。老乡们兴奋地对我们说："日夜盼望你们，今天到底盼来了。"有位老大娘摆了香案，跪在地上祷告："八路军打开了沂水，救了咱们老百姓，谢天谢地！"群众兴高采烈地帮助我们打扫战场，处理善后工作，商店也都迅速恢复营业。我们决定在敌人援兵到来之前，一方面抓紧组织群众拆除城墙，同时将我军伤员和缴获的枪支弹药，俘虏的日军以及大米、饼干和牛肉罐头等物资，迅速转送根据地。

三

沂水县城是我鲁中军区抗战七八年来，从敌人手里夺回的第一座县城。此战也是歼灭日军较多的一次战斗，同时也是我们鲁中部队步爆结合发展比较理想的一次攻城战斗，有很多的经验值得探讨和继承。我体会较深的有以下几点：

第一，集中绝对优势兵力，选择敌人弱点和对我根据地危害最大的一股予以歼灭性的打击。侵占沂水城之敌有优良的武器，而且有坚固的工事，我们是小米加步枪，看上去很难夺取。但它是突出的一股，沂水城离莒县城有29公里，但莒县的敌人为数也不多，他们要组织增援，一怕屁股不保，二怕在途中被歼。只要我们抓紧时间，充分准备，集中兵力，速战速决，是能够取胜的。驻守沂水城的日军只有1个中队，伪军1个团，而我们用了3个团零2个营的兵力，加上炸药配合作战，我们显然占绝对优势。实践证明，我们的决策是符合实际的，是正确的。这种集中优势兵力歼灭敌人的打法，是贯彻执行了“杀鸡用牛刀子”的战术原则。

第二，不打无准备之仗。战前我们认真研究了敌人情况，并在人力物力上做了充分的准备，特别是炸药的准备。那时我们形成了个概念，就是每个战役或战斗之前，看你准备多少炸药。有了炸药，就能突破敌人的“乌龟壳”。因为敌人欺侮我们没有炮兵，当然更没有飞机，有了炸药，敌人再坚固的围墙、碉堡也挡不住我们，因此炸药和相配套的雷管、导火索，就成了我们战前准备工作的重点之一。

第三，步爆结合是我们此次攻城的战术特点。火力组掩护爆破组，突击组趁爆破的威力，冲进碉堡，用刺刀、手榴弹歼灭敌人。因此，爆破能否成功，是决定突破敌人围墙、碉堡的关键。而爆破能否成功，又看我们的火力——主要是机关枪和步枪集中排射，能否切实做到准确压制敌人的火力，掩护好送炸药包的战士，这是很关键的问题。他们的关系是互为促进，有机配合，十分密切的。我们鲁中军区的部队，是怎样学习和发展爆破技术的呢？我们的老师又是谁？就是1938年底由延安来山东，在第四支队先任营长，后任副团长的王凤麟。他是由东北义勇军到苏联学习工兵的，回国后，在延安办训练班。到山东后，继续办工兵班，在团参谋长于松江、排长萧长安、班长刘觉三同志协助下，教战士使用炸药包。

那时山东日、伪、顽所盘踞的城镇，都有围墙、碉堡，不用炸药就很难打进去。但起初我们一般都用工兵班的战士送炸药包，伤亡较大。工兵战士说:“我们进了工兵班,就不打算活了。不是这次被打死,就是下次战斗牺牲。”

我们作为指挥员听到后,感到工兵班的战士说的很中肯,很有道理,不能再局限于工兵班送炸药包了。因此决定在部队中普遍开展爆破训练,教战士怎样捆扎炸药包,怎样安雷管,怎样用导火索,怎样利用地形地物,怎样做到内爆,怎样指挥机枪掩护,并且反复地演练。我们每战之后,都注意总结经验。从1939年到1944年,我们鲁中军区所有的连队,一般都能掌握爆破技术。此次对沂水城的攻坚战,可以说是爆破技术大显神威。沂水城的日军说:“不知八路用的什么炮,叫我们坐了飞机。”

第四,军政、军民配合是我们战争胜利的保证。我们军队同人民的关系是鱼和水的关系,鱼儿离开了水是不能活的。这个简单的道理是人所共知的。抗日战争时期,1938年11月我由延安随张经武、黎玉到达山东,1945年10月跟罗荣桓去东北,在山东鲁中军区工作7年多,对山东,特别是沂蒙山区的人民有深厚的革命感情。在那战火横飞的岁月,日军每年对我们大“扫荡”多次,搞“铁壁合围”,搞杀光、烧光、抢光政策。我们军队能够存在,能够坚持,由无到有,由小到大,由弱到强,由相持走向胜利,最根本的一条就是依靠人民。群众给我们粮食,群众掩护我们的伤员,群众供给我们情报,为我们做向导,群众供给我们打仗的炸药,群众掩护我们的家属、小孩……一句话,群众把我们军队看成是自己的子弟兵。

我们此次攻打沂水战役,就是得到广大人民积极支援的。鲁中区党委副书记高克亭和我们一道参加指挥,对军队亲切关怀和支持。这样好的军民关系、军政关系,应永远发扬光大,永远坚持下去。群众之所以支持我们,就是因为我们军队是为人民利益而战,能够模范地遵守党中央和毛泽东主席制定的三大纪律、八项注意和各种为人民服务的政策。

第五，此次攻克沂水城之战，我们还十分注意宽待俘虏。日、伪军在侵占我沂水城6年中，杀害的我城乡人民不计其数。山东分局书记朱瑞的妻子陈若克和他不满周岁的孩子，就是1941年敌人大“扫荡”时被抓去，在沂水城监牢中被杀害的；我鲁中军区司令部第一科科长、红军干部徐立屏在攻城战斗负伤之后，壮烈牺牲。第四团刘振江营长，还有连排长和战士在攻城战斗中献出了宝贵的生命。

攻克沂水县城日军碉堡

但我们对俘虏的20名日军，经过不长时间的教育和物质生活上的宽待后，让他们觉悟到侵略中国，打中国人，是犯下了罪行。我们八路军不但不杀害他们，还给以优厚的待遇，他们对此十分感激，并加入反战同盟。其中有个叫荒川良夫的，在一篇笔记中写道：“一天一天过去了，我逐渐明白了反战同盟的根本方针，也知道了应该走的道路，等将来回日本后，我要为建设新的日本，为了全人类，为了打倒军部，为了建设和平的国家而努力迈进。”20名日军中，有一个是朝鲜人，在我军优待俘虏政策感召下加入了反战同盟，回国不久就参加了朝鲜人民军并当了军官。抗美援朝时，见到了我们曾在鲁中军区工作的高级干部，他感慨地说：“想不到我这个昔日在沂水的战俘，却成了今天和你们并肩抗击美帝的亲密战友。”

此外，我们对打死的日军，当即将17具较完整的尸体洗净，用白布裹身，附上宣传品，用担架送到莒县附近三十里堡，交日军接收。又将其余日军尸体分别埋在沂水城内5个坟墓中，放上花圈，写上祭文。8月19日我军主动撤到城外，敌人进占沂水后，见了坟墓，感动得痛哭流涕。这样做的目的，在于瓦解敌人，扩大我军的政治影响。

此外，就是打扫战场，要求除恶务尽，否则是要吃亏的。我和罗舜初、高克亭等指挥所的同志跟第四团进到敌据点时，躲在墙角的3个残存的日本兵，突然蹿出来，端起刺刀，刺向我们。好在我们的警卫班和连队迅速冲上去，将其击毙，指挥所的几位首长才转危为安。

大山战斗

徐光礼　聂其增

1944年8月20日，日军在我春、夏季攻势中遭到严重失败后，调集第五十九师团独立步兵第一旅团、独立第五混成旅团、第六十五师团各一部及伪军吴化文、荣子恒、李永平部等共1万余人，由第五十九师团长细川忠康统一指挥，分13路对滨海区进行报复性“扫荡”。我指挥机关和主力部队均顺利转至外线，仅后方物资损失一部。而后，我军主力除在外线积极打击敌人外，又以一部挺进内线，在民兵配合下分别在坪上、碑廓地区和朱仓、东盘地区及沿海地区各组成一个反“清剿”区域，相机打击敌人。26日，敌伪1500余人向莒南县大山一带“清剿”。为掩护千余名群众和数百名伤病员，滨海军区六团二连在团长贺东生带领下，坚守大山阵地，与20多倍于我的敌人

大山远眺

展开了一场英勇的斗争。

大山位于莒南县厉家寨村西，海拔 600 米，是周围群山的制高点。该山南北走向，乱石堆积，中间高，两边自然伸出两个小山头，远远望去，活像一个“山”字，故名大山。

当贺东生率部到达大山时，敌人已开始“收网”，1000 多名群众和数百名伤病员被敌人包围，形势十分危急。贺东生对连长说：“把战斗任务向战士们讲清楚，为了救出 1000 多名群众和几百名伤病员，我们都要准备当炸弹用！”经过一番讨论，拟定了作战方案，各部立即进入了战斗准备状态。

中午时分，贺东生带着连长再次察看了地形，接着调整了部署，他命令三排在敌侧积极活动，牵制敌人，自己率领二排迅速占领了大山，用火力控制山下大路，掩护群众转移，同时通知地方党组织负责人，组织群众加速南撤。此时，东、西、北方向已枪声大作，正北址坊一带敌人两个连、东北角敌人两个连、南面坪上以西的敌骑兵，正向大山包围过来。

正北方向的敌人已经占领尘岭，距我山底村只有一里多地，有切断我南撤道路的危险。

贺东生命令二连一排隐蔽在山脚下，准备和敌人短兵相接。

一排刚到山坡，敌已到山下，战士们居高临下，猛虎般地往山下冲击，与敌人反复搏斗，霎时敌尸遍地，敌人狼狈逃窜。

这时敌军又调集一个连队，向山北我二排五班控制着的制高点发起强攻，并以飞机、大炮狂轰滥炸，顿时山头变成了火海，烟雾弥漫了阵地，五班战士抱着与阵地共存亡的决心，勇敢拼杀，终于打退了敌人的连续冲击。同时，东山脚下被我一排杀退的敌人，又卷土重来，蜂拥而上，情况异常危急。这时，一名地方干部代表群众来请求老六团先撤退转移。

贺东生无限深情地说:“不要管我们,救群众、救伤员要紧,只要有老六团在这里,敌人就别想占领这条路,你赶快带领群众转移!”贺东生命令战士们死守阵地,一个小时内,不准后退一步,正在包扎伤口的魏延祥提起枪又带头冲上去了。我18名战士,去抗击一个连的日寇,战斗越来越激烈残酷。

在一、二排的掩护下,被日寇包围的群众、伤病员顺利转移脱险,但贺团长及二连却全部被敌人包围在一个山顶上。山上已被炮火轰遍,坑坑洼洼,林木断折,杂草成灰。二排经过两个小时的血战以后,只剩下5名伤员,连里要他们撤下来,而他们却坚守制高点,魏延祥坚定地告诉连长:“我还有三颗子弹,两颗杀敌人,一颗留给自己!”

贺东生站在山顶上,目送着南撤的群众,不时地看怀表。这时连长上来了,他右手提着枪,左手吊着绷带,小声说:“指导员牺牲了,两个排只剩下8名同志,任务已经完成,请首长撤离危险区。”贺东生听到这里,那青铜色的脸沉下来说:“我不能走,为了乡亲们转移,二连牺牲了这么多同志,死我一个贺东生算什么!”说到这里,他低下了头,眼圈有些湿润。这时,二排剩下的5个人,个个血肉模糊。他们正在拣石头,有一个左脚已断、胸部也负了重伤的大个子,绷着脸,手里拿着一颗手榴弹,牙咬得咯咯响,正等着敌人的再次反扑。他用手抹着脸上的血,坚定地说:“我们一定能顶得住。”就在这个时候,北山的制高点上枪声大作,敌人像野兽般地往上涌,五班的战士又和敌人展开了激烈的搏斗。“轰!轰!轰!”三声巨响,原来是战士们在胜利完成任务后,把最后三颗手榴弹投向敌群,然后跳崖壮烈牺牲。贺东生看了看表,慢慢摘下帽子,望着五班的阵地,肃然默立……

过了好长一段时间,贺东生才抬起头来问身边的战士:“我们还有多少人？几支枪？”一个头部负伤的战士回答：“包括首长在内，一共7个人，枪不行了，刺刀也弯了！”

“群众和伤病员呢？”

“全部转出去了！”

“好！我们的任务完成了，为了抢救群众，拼命流血是值得的，也是应该的。”贺东生强忍悲痛，坚定地说，“现在我命令大家擦干眼泪，收拾好刀枪，鼓足勇气冲杀出去！”

战士们按照贺团长的命令，默默地做着突围的准备。可是谁也不想先走，反而争先说：“我掩护！”贺团长看着这情景，既感动又着急。他说：“这样吧，挨子弹多的先走，你们的身上都吃了三颗以上子弹，我贺东生只吃了两颗，这掩护任务由我包下来。”在他严令下，5个负伤的战士互相搀扶着，向东边冲去。稍后贺东生和战士徐光礼边走边战，拼搏了两个多小时来到了大槐树庄和前边的5个战士会合。

贺团长回来的消息迅速传开，四面八方的老乡围了上来，一位60多岁的大爷流着眼泪说：“团长，我们老百姓得救了，可是战士们……”乡亲们也跟着大声哭起来。贺团长亲切地说：“乡亲们，不要难过，我们八路军是人民的军队，为解救人民牺牲是光荣的，我们要化悲痛为力量，向敌人讨还血债，把日寇赶出中国去……”

葛庄伏击战

孙继先

1944 年 9 月,我鲁中军区在鲁中抗日反“扫荡”中,组织了葛庄战斗。这是一次伏击战,也是一次歼灭战,我军以极少的牺牲,取得了大量歼灭敌人的胜利,这是山东抗日战争史上在运动中歼灭日军的一次比较成功的战例。它对于巩固和发展沂蒙山抗日根据地,迎接抗日战争全面大反攻,具有重要意义。

一、叫敌有来无回

1944 年 8 月,我鲁中军区第三军分区机关和所属主力第一团、第十二团,参加了鄌郚战役后,驻在沂水北部马站一带休整。这天拂晓,接鲁中军区司令部急电,要我赶到司令部接受任务。在这之前,我们曾接到情报:“扫荡”滨海区之敌,正向莒县麇集,将由莒县向沂水进犯,企图再次“扫荡”我鲁中山区。我和副政委李耀文估计,这次要接受的任务十有八九是对付目前这股来犯之敌。我当即带着一个警卫员,骑马向鲁中军区司令部驻地孙祖急驰。

从我部驻地到孙祖,相隔几十里山路。时值夏末秋初,晴空万里,烈日炎炎。我们跃马奔驰在山间小道上,路两旁是无边的青纱帐,田野散发着即将成熟的农作物的芳香,庄稼人在战争环境里勤耕细作,真是一个难得的丰收年。

中午，我们到达目的地，鲁中军区司令员王建安当即接谈。他对敌情了如指掌，首先介绍说：这股敌人，有日军第五十九师团第四十三大队，即草野清大队450人，另有伪军第一七九团郝全仕部500余人，还有伪武定道县警300余人，共1200余人。敌人“扫荡”滨海，窜犯鲁中，有两个意图：一是最近沂水被我攻克，拔掉许多据点，他恼羞成怒，妄图对我根据地实行报复；二是虚张声势，掩盖他兵力不足、后方吃紧的困境，趁机将鲁中南分散之兵力向北抽集，以保胶济线。表面上看，敌人凶恶狡猾，其实虚弱而又愚蠢。

王建安

他笑了笑接着说：“目前敌人进犯，沿线重峦叠嶂，青纱帐起，敌孤军深入，破绽毕露，犹如送上门的一块肥肉，正给我们提供歼灭它的机会。”我说：“这叫困兽犹斗！”“对！目前日本侵略军的日子很不好过，但还要做最后挣扎！”

王建安司令员接着说：“敌人由莒县北进犯鲁中，沂水是必经之地。窜抵沂水，有三条路供它选择：一是向北的沂青路（沂水至益都），一是向西的沂蒙路（沂水至蒙阴），一是向西北的沂博路（沂水至博山）。敌如果取道沂青或沂蒙路，需长距离通过我根据地腹地，它知道这时靠近我军区主力，必胆怯而避开。沂博路上葛庄、东里等地，是它不久前放弃的据点，据敌情报告，他们已决定舍远求近，沿沂博路向西北窜犯。鲁中军区决定，命令你们三分区所属主力，在沂博路上选择有利地形，打敌一个伏击，力求全歼。”

说着，王建安嘴角又露出微笑，问我：“这个仗，你说能打不能打?”我说：“这样的仗不打，我们就没有能打的仗了！打伏击，我在暗处敌在明处，我攻退自如。打好了，就全部消灭他；打不好，就让他跑掉几个！”王建安说：“可不能让他跑掉！这是伏击战，可你要把它打成歼灭战，打歼灭战才能算胜仗哩！打伏击而让敌人跑掉，那叫消耗战嘛，打消耗战不算胜仗，我们划不来！总之，这一仗，一定要叫这股敌人有来无回！”

接着，司令员会同参谋人员，跟我一起查看地图，研究地形，决定以葛庄为中心地带，组织这次战斗。在兵力部署上，除我军分区所属主力第一团、第十二团外，又将鲁中军区直属第二团暂时调配我指挥。同时又分头组派一部兵力，于沂青、沂蒙两条路侧和莒县至沂水间的四十里堡一带隐蔽戒备，以阻击莒县增援之敌，掩护我伏击部队两翼。

从孙祖返回我部，已是午夜了。我们连夜召开军分区党委紧急会议。我传达了鲁中军区关于葛庄战斗的军事部署和有关指示，同志们非常振奋，都说这个战机抓得好。经研究决定：军分区政委兼地委书记霍士廉分工组织支前和调集地方武装配合。我和副政委李耀文、参谋处长张耀辉，组成战斗指挥部。而后，对部队各级指战员的动员，对现场地形的实地查看，核对各团的任务区分，以及封锁消息，命令部队夜间向葛庄一带隐蔽运动等一系列的战前部署，都相继紧张地展开了。

二、激战镢头岭

葛庄，位于沂水城西北15公里处，是沂博路上的重要乡镇，是通往东里、南麻等鲁中地区的咽喉地带。为了控制我沂蒙山腹地，日军1939年在这里修筑据点，常驻一个中队，至1944年2月被迫放弃。

由沂水蜿蜒而来的沂博路，到这里拐了个弯，穿过葛庄。以葛庄为中心，从东到西是1.5公里的一片狭长洼地，东临跛山，西接乔山和松山，南有沂河，北面是通向卞山的一条宽阔的山峪。这里坐落着小诸葛、大圈、小峪等一些村庄。我们进入阵地后，除派一个警卫连隐蔽于沂河西侧的河奎村，监视沂河方面的动静外，把主要兵力部署成三面伏击圈：第二团埋伏于西面乔山坡一带担任阻击，第十二团隐蔽于北面青纱帐准备侧击迂回，第一团埋伏于东面跋山一带担任收口堵击。这样，既能迫敌背水作战，又能使我攻击部队充分展开火力。各团都组成三级战斗梯队。

我们判断：当敌进入我伏击圈，战斗打响后，发现地形不利，一定拼命突围。南有沂河，北有青纱帐，西有阻击部队，而且离接应据点太远，从这三个方面突围的可能性很小，它一定调头向来路沂水方向突围，以企求距沂水只有30公里的莒县据点接应，所以有红军基础、战斗力强的第一团在此次战役中将首当其冲。

葛庄东面的跋山，向西伸出一个支角，叫镢头岭。此岭宛如平地凸起的一块完整的巨石，悬崖峭壁，坡陡石滑，沂博路就贯穿岭下。路西侧是一片干涸的河沙滩，原是沂河的一支小河汊，叫暖阳河。这镢头岭雄踞路东，是控制公路两端的制高点，遗憾的是岭上光秃秃无树无草，而且距公路太近，战斗前无法在这里布置伏兵。因此，我命令埋伏于金牛官庄的第一团第二连战斗打响后，迅速抢占镢头岭，控制公路，扎住口袋头，坚决堵住敌人向东面突围之路。我向第一团钟本才副团长(团长李福泽外出开会，这次战斗由钟本才指挥)特别强调，能否及时抢占镢头岭，是此次战斗成败的关键。

我们的指挥部设在葛庄北面的大峪南岭。通往各团指挥部的电话架通了，从望远镜里可以俯瞰战场全貌。

9月2日上午8时，侦察人员报告说，敌人已出沂水城。10时，我再次从电话上询问各团隐蔽情况，他们回答隐蔽得很好，问到战士情绪，第一团政委王文轩说："请司令员放心！早就上好刺刀，扣上手榴弹的环了！"

上午11时刚过，敌人沿沂博路过来了。前面打着太阳旗的是一队队日军，先头部队已过了暖阳河。日军队伍中间夹着骡马拉的两门山炮和骑在马上的几个日军指挥官。日军后面是队形凌乱的汉奸，有的斜背着枪,有的歪戴着帽,有的枪上挑着行李,有的肩上背着包袱,那都是"扫荡"中抢来的财物。日军先头部队进入葛庄稍停,似想休息片刻。后面的汉奸已大部进入我伏击地段,情况进展顺利。

我立即命令参谋人员向第一团阵地上空打一颗信号弹,因为原定战斗将首先由他们打响。可是第一颗信号弹打过后,第一团阵地上沉寂无声。我立即抓起耳机询问,钟副团长回答说,还有少量后续敌人未进入伏击地段,需要稍等一下。我有点儿焦急,十几分钟后,又抓起耳机问:"喂,敌人全部进入伏击圈了吗?""东南公路上已经看不见敌人了。"对方说。我在耳机上大声命令道:"攻击开始——打!"

指战员们久盼的时刻到了。一阵嘎嘎的机枪声,划破四周的寂静。接着,我埋伏于三面阵地上的火力,密集地向敌猛烈射击。霎时,机枪声、步枪声、手榴弹声搅成一团,震撼着山谷。拥塞在公路上的敌人被我这突然袭击打昏了,惊慌失措,东奔西窜,战马惊鸣,鬼哭狼嚎。

但是,草野清毕竟是个老手,惊魂稍定,便猛然醒悟。当他的先头部队遭到我第二团第一营猛然阻击后,他断定西进之路是难以逾越了,马上命令炮手向我第一团阵地轰击。在炮火掩护下,他一面组织两个中队的日军和大部伪军在公路北侧同我第十二团展开激战,一面组织一个中队日军占领葛庄水母娘娘庙,抢修工事,然后又组织日军第五中队向东猛攻,企图抢占镢头岭,待机突围。

当敌第五中队攻到镢头岭时,我第一团第一连也正以迅雷不及掩耳之动作,同时逼近岭下,在暖阳河滩上同敌相遇,双方立即展开白刃肉搏。抗日战争初期,经过长期武士道训练的侵华日军,枪法准,善拼刺。随着抗日战争进程的推移,敌人战斗力已不复当年,怎是我第一团第一连勇士们的对手!我战士如猛虎下山,100多把明晃晃的刺刀勇猛地刺向敌人,只一个对刺,前面的一排日本兵,就嚎叫着倒下了。

但敌人并不示弱,格斗仍然十分激烈。一个粗矮的日本兵,端着刺刀，凶狠地上来迎击，被我战士一刺刀将他手里的“三八式”震掉在地。他摆动着手哇哇叫，想伸手向地上捡枪，我战士趁势来个前进直刺，让他的小肚子开了花。刚患过痢疾的战士雷耀臣，朝着面前一个日本兵刺了一刀，因为用力过猛，刺刀折成了弓形，刀把被对手抓住死死不放。雷耀臣急忙向身旁喊道：“三排副！快着！快着！”三排副排长侯英俊刚刚刺死了第三个日本兵，闻声蓦地将刚缴获的机枪和掷弹筒扔下，飞步扑过来，一枪刺进了这个日本兵的后背。

有个日本兵，大概是新兵，见我八路军的刺刀如此厉害，吓得直哆嗦，他右手急忙举到帽檐上，不断地行礼，左手忙着放下“三八式”，解下身上的子弹盒、刺刀鞘、背包，嘴里还不住地咕噜着：“统统地给你的。”他乖乖地当了葛庄战斗中的第一个俘虏。

经过一阵激烈肉搏，日军有50多人在我战士刺刀下倒下了。敌第五中队长岗田健红了眼，赤膊上阵，被我3个战士围困不放，最后头部中刺而死。余敌被迫退却，暖阳河滩上留下一片日本兵的尸体。我第一团第一连胜利地占领了镢头岭。

草野清不甘心失败，当即组织日军第一中队、第四中队200余人，在猛烈炮火的掩护下，向我镢头岭阵地反扑。镢头岭上硝烟弥漫，弹火横飞。我第一团第一连指战员们，以有我无敌的战斗精神，迎着敌人炮火，顽强地坚守阵地。当敌人攻到相当距离时，就立即组织反冲锋，展开近战肉搏战，使敌人的炮火失去作用。敌连续冲锋与我反冲锋达5次之多，我镢头岭阵地依然屹立。敌锐气顿挫，只得凭借炮火掩护，退到河滩西侧临时工事里，同我镢头岭阵地形成百米距离的对峙局面。

黄昏时，我指挥部一声令下，全线开始攻击。我各团部队以轻重机枪和集束手榴弹开路，跃出阵地，冲向敌群，在沿路的一条狭长战线上激烈搏斗。有的地段敌我展开近距离冲击，有的地段敌我展开白刃格斗。此时汉奸已大部就歼，日军也伤亡惨重，敌尸狼藉遍野，我战士前进时稍一不慎,即会被绊倒。经过一场激战,敌纷纷败退,抢占镢头岭的企图成为泡影。草野清见抢占镢头岭不成,又组织残部,企图西窜李家营,遭我第二团第一营迎头痛击。敌复北窜,又遭我第十二团两面夹击,在我四面压缩下,残敌只得夺路逃至葛庄水母娘娘庙,负隅顽抗。我当即命令各部,紧缩包围圈,将娘娘庙团团围住。此时暮霭苍茫,天渐渐黑下来了。

三、夜攻娘娘庙

葛庄西北角有个小岭,叫桔山岭,是葛庄的制高点。岭上有座庙,叫水母娘娘庙,原来的日军葛庄据点,就安在这个庙里。此庙原有大殿、后殿和厢房10多间,每年旧历二月二十九逢会,有一番香火热闹。自打日军在庙里安了据点,拆除了后殿,四周筑了石头围墙,香火也就断了。1944年2月日军撤离后,我民兵破坏了这个据点,仅剩残垣断壁,狡猾的草野清一面组织兵力抢攻镢头岭,妄图突围;一面分兵占领娘娘庙,利用残垣断壁,抢修工事,以备突围不成,固守此庙,等待时机。

残敌被围,许多逃难老乡和支前民工纷纷要求我们部队尽快拿下娘娘庙,消灭敌人。人们的心情是可以理解的,日军盘踞葛庄期间,经常袭击附近乡村,讨粮征柴,奸淫烧杀。娘娘庙后面的岭坡上,就是日军开辟的杀人场,无法确切地计算他们在这里究竟杀害了多少中国同胞,仅1942年中秋节夜里,他们就从老猫窝村一次抓来31个无辜群众,全部用刺刀刺死在杀人场上。

群众还诉说着一件带有神话色彩的故事:娘娘庙东南角有一眼泉水,自古以来,一年四季,潺流不息,庙里和尚和村里群众都饮此泉水度日,此庙即因此泉而兴建。自那年日军在庙里安下据点,此泉突然干涸了。庙里从此断了水源,害得日军只得用马车到处拉水吃。有人说这是水母娘娘显灵，惩罚日军；有人说这是因为日军修筑工事，破土凿石，破坏了水路。当时，无人去考察此事的科学根据。不过目前庙里断水，确属事实。（后来听说，新中国成立后，沂水县人民政府在此庙址兴建一处蚕场，泉水复出了）

今夜是否强攻娘娘庙，消灭残敌，这是我们指挥部要迅即加以抉择的。那天正是农历七月初，高空一钩弯月，四周夜色沉沉，除了娘娘庙四周阵地上不时响着断断续续的枪声外，整个战场上是一片激战后暂时的沉寂。我们把指挥部移至松山坡上一间草棚里，我和李耀文、张耀辉经过一阵紧张的磋商，对当前战况和敌情做出如下几点分析：一是白天战斗进展顺利，被围残敌不足 300 人，而我伤亡轻微，士气高昂；二是娘娘庙缺粮断水，残敌不能久守；三是据上级通报，莒县敌人举棋不定，目前尚无前来增援解围的征兆；四是残敌还有充分火力，做凭借娘娘庙临时工事，居高临下，易守难攻，我若强攻，必将付出较大伤亡；五是根据敌人过去一贯的作战规律，在此山穷水尽的势态下，他惯于孤注一掷，拼命突围。

根据上情我们判断：残敌将于明天，最迟于后天向南突围，涉水渡河。因为他们深知，固守或向其余三个方向突围，生路和希望更是微乎其微。据此，我们指挥部做出如下决定，并立即分头部署：今晚实行车轮战法，改后队为前队，交换阵地；在娘娘庙四周抓紧抢修临时阵地，今夜对敌实行火力攻击，以封锁和杀伤敌人为目的，不强攻，不强占娘娘庙，其目的是迫使敌人突围；从第十二团和第一团抽调兵力一部，部署在沂河东西两侧，隐蔽待命；通知在南面包围娘娘庙的部队，要他们在敌人向南突围时佯打让路，然后再予迅猛追歼。

我在向第十二团团长交代任务时，打了个比方说："狼在山洞里，捕杀它要费些手脚的，甚至有可能被它咬伤！现在我们逼残敌下山，逼它过河，陷它于狼狈挨打之境地，我群起而攻之，打死也罢，淹死也罢，都是一个目的，减少我军伤亡，彻底消灭敌人！”

晚9时，我兵力调整就绪。后续部队白天在二线或三线，战斗力没有得到充分施展，现在要显显身手了。他们进入前沿阵地后，立即对娘娘庙展开一阵猛烈的火力攻击。轻重机枪、集束手榴弹，一串串在敌人临时工事上爆炸，大殿东南角起火了，映红了一片夜空，敌人在火光里乱窜怪叫。我第十二团第二营第三班副班长刘君，用新缴获的一挺歪把机枪，向火光里的敌人猛扫，几个敌人应声倒下，另外几个敌人连滚带爬地躲到石碑后面，向我还击。

抗日战争中，我军习惯夜战，在夜色笼罩下行军打仗，指战员都有一股子亢奋的战斗激情。此刻，他们一个个双目圆睁，透过夜色，死盯着对面工事里的敌人，只要对方有一点风吹草动，就会遭到我一阵火力袭击，压得敌人动弹不得。有几个敌人大概因为口渴难挨，提着小铁桶，悄悄溜出大殿，四处寻水。刘君喜形于色，屏住呼吸，对准目标，一阵机枪扫射，小铁桶滚到岭下，发出尖厉的响声，寻水的敌人再也爬不起来了。

这一夜，对于被围的敌人来说，是一个恐怖的夜，一个漫长的夜。到了午夜，月牙儿隐没了，黑夜更加深沉了，庙里的敌人一阵骚动，用猛烈的炮火向我阵地袭击。但敌在明处，我在暗处，其炮火毫无目标。就这样，敌我火力对峙，时紧时慢，整整僵持了一夜。

四、歼敌沂河滩

沂河流到葛庄东南面的跋山脚下，因山势阻隔，河道绕了一个弯，由西北折向正南。河湾西侧的河奎村有百多户人家，三面环水，一面依山，此山叫无儿崮。我预伏在河奎村的一个警卫连，任务是在敌人向南突围渡河时，予以迎头痛击。

9月3日上午8时，娘娘庙残敌突然集中炮火，向我北面阵地狂轰，接着30多个敌人拉开队形，气势汹汹地从北面向岭下冲锋，造成向北突围之势。针对这一情况，我立即告诉各个前沿阵地，这是敌人佯攻向北突围，实际上是要向南突围，务必做好追歼准备。果然不出所料，当向北佯攻的小股之敌被我击退后，至9时许，敌人全部人马在密集炮火掩护下，从娘娘庙南面冲下来，分数路向沂河方面突围，按照既定部署，我南面阵地上的部队，向东西两侧且战且退。当敌人全部冲出后，我四面阵地上的各路部队如龙腾虎跃，以凌厉之攻势扑向敌人，跟踪追歼。

歼敌沂河滩

能否全部歼灭这股来犯之敌，在此最后一举。战斗发展到此时此刻，作为此次战斗的指挥员，尽管长期的战斗生涯使我们保持头脑清醒和行动沉着，但心情却是异常激动的。随着追歼部队的飞速推进，我们指挥部也移进到靠近沂河北侧的一个秫秸团里。此时敌人的先头部队已开始渡河，我各路追歼部队已抵河岸北侧，一面射击，一面向敌靠近。我隐蔽在沂河东西两侧的第十二团和第一团，由东至西，沿河岸平行向敌夹击。预伏于河奎村的警卫连，也绕过河南岸，对敌展开迎头痛击。我军从四面八方，向渡河之敌展开聚歼。步枪、手榴弹组成了火力网，暴风般地射向敌人，枪弹和手榴弹在水面上横飞爆炸，激起无数浪花，掀起高高水柱。

这时，第二团团长陈奇突然跑到指挥部来了，他满脸怒气，神态焦灼，埋怨指挥部没有及早通知他，让他们二团也来参加追歼突围之敌。他说："兄弟部队在河滩上吃肉，你让我们在山上喝汤呀?"我解释说："你们二团的主要任务是阻击!”他说:“阻击！阻击！阻而不击,我们等了敌人几天,可是昨天他攻两攻就缩回去了!”我说:“好！你马上把一营带上来,参加战斗,其余部队还在原地警戒!”其实,第二团第一营指挥员和他们团长一样急不可耐,早就冲到河滩上来投入战斗了。

可惜当时我们没有摄影机把我军在沂河滩上歼敌战况摄下来,以飨后世。尤其是敌人渡河时被我军打得那种狼狈状态,真是可笑而又可悲！时值夏秋多雨季节,沂河中心河面齐腰深,而且水流湍急,河面宽阔,河两岸连接着几十里开外的一片沙滩,不足300名日本兵突围的路上已经丢下几十具尸体。眼前这200多名日本兵,带着炮车、辎重和大批弹药,被围聚在不足500米的狭长河滩上,面前河水滔滔,四周没遮没挡,我军步步逼近,子弹、手榴弹铺天盖地而来,真是上天无路,入地无门,只有招架之功,没有还击之力了。许多敌人穿着皮鞋跳进河里,犹如陷进泥沼,笨得像狗熊一般,机灵一些的日本兵脱掉皮鞋,连滚带爬,涉水乱窜,一阵子弹打来,只听哇哇号叫,水面上立即浮起一片尸体。接着,片片血污、饭盒、钢盔……漂浮而起,顺流而下。

其中一小队日军见势不妙,索性在沙滩上卧倒,架起机枪,向我还击。我北岸几个战士中弹倒下,但我东侧沿河夹击部队已经逼近,一串手榴弹扔去,敌人的机枪再也不响了。沙滩上,敌人辎重、尸体,狼藉一片。我一个战士,从躺倒的一匹洋马的马鞍上,解下一个挺软和的包袱,他想这里面准是敌人的机密文件,后来解开一看,竟是一包又腥又臭的人手指。原来这是敌人从他们伙伴的尸体上一个个割下来的,准备带回去火化,留下点骨灰送回国安葬的!

时近中午,敌人大部被歼了,但残敌仍在挣扎。一个日军指挥官扔下指挥刀,窜进深水里,光露着头,子弹在他头顶上吱吱叫。他急忙举起胳膊,咿哩哇啦喊叫,也许是呼救吧,然而终于头部中弹,沉到深水里去了。敌人拉炮的几匹洋马,有的淹死在深水,有的在岸上中弹躺倒。几个日本兵正在岸边拆卸一门大炮，准备向河里扔掉。这时我冲锋在前的战士已接近敌人。

第一团第一连第三排副排长、战斗英雄侯英俊眼疾手快，一纵身，拣起一把日本指挥刀，再一个箭步跳过去，一连砍倒3个拆炮的日本兵，缴获了这门日造四一式山炮，这是我军在鲁中战场第一次缴获的日军重武器。这门山炮从此跟随我军，从抗日战争到解放战争，转战华东战场，在千百次战斗中，发挥了重要作用，可谓身经百战，屡建战功。在战斗中它负过6次伤，换过4次护板、3次车轮，肚皮上留着伤痕，大架上还深深地嵌着一颗枪弹。新中国成立后，这门满载我军胜利记录的日造四一式山炮，被誉为“功劳炮”，送进了上海博物馆。

至此，从战斗打响到残敌在沂河滩被歼，葛庄战斗历时一天半，胜利结束了。除日军大队长草野清带领残敌14人，趁突围混战之机，潜逃无儿崮，后为莒县敌人派飞机援救而漏网外，日伪1200余人全部被歼，其中汉奸大部被俘，日军被俘20人。敌各类武器弹药和各种辎重，除战斗中被击毁外，均为我缴获。

9月3日午后，我主力部队按照预定计划，撤离战场。清理战场和处理俘虏等善后工作，交由霍士廉会同地方武装和抗日政权进行处理。

五、欢腾沂蒙山

葛庄战斗胜利的捷报一经传开，人心大振，沂蒙山区一片欢腾。新华社向全国发出电讯，公布鲁中军区关于葛庄战斗的公报。当时的《大众日报》等各抗日报纸，连续发表消息、社论、通讯、特写。沂水和鲁中、滨海等许多地方，频频召开祝捷大会，敲锣打鼓，鸣放鞭炮，人山人海，盛况空前。人们把葛庄战斗的胜利消息和战斗事迹编成歌，排成戏，载歌载舞，广泛演唱。直到现在，在沂蒙山区，特别是沂水县一带，人们还传颂着葛庄战斗的英雄事绩和战斗故事，其中“功劳炮”的故事，解放后曾被编入小学课本，传颂全国。

葛庄战斗的胜利，充分表现了我军的顽强无畏，英勇善战，也充分证明以王建安为司令员的鲁中军区，洞悉敌情，判断准确，从而下定决心，抓住战机，做了正确的军事部署。另一方面，这和沂蒙山区老根据地人民大力支援主力、密切配合作战是分不开的。那时候，虽然根据地不断扩大，抗日政权推行减租减息、发展生产，但由于日伪顽长期践踏、破坏和封锁，沂蒙山人民的生活仍然是很艰难的，但听说主力部队要消灭来犯之敌，老百姓欢天喜地，奔走相告。

一两天内，仅北沂蒙几个县就由3000多民工几百副担架，组成了浩浩荡荡的葛庄战斗支前大军，为我军送弹药、运粮草、抬伤员。因为山路崎岖，大部分运输民工都拿扁担挑，白天不便行动，到了夜晚，在通往葛庄的条条山道上，一串串灯笼火把、一队队扁担大军，人流如同赶山会一般，向着葛庄四周涌去。为了保证军队在战斗中及时吃上饭，周围各村群众，连夜赶做熟饭送往前线。战斗进行中，许多老乡冒着敌人炮火，担着一罐罐的小米绿豆粥和一包包煎饼，一直送到前沿阵地的工事里。战士们打开一看，一卷卷煎饼里都包着炒鸡蛋、芝麻盐，喷香可口。当时，我们部队没有重武器，只能靠手榴弹爆破工事，杀伤敌人。支前民工把大批手榴弹源源不断地送往前线。有的民工不顾劝阻，背着一箱箱手榴弹，直接送到前沿工事里。有的民工看到战斗打得激烈，就在工事里打开盛手榴弹的箱子，一个个揭开手榴弹的盖子，拉出了弦，供战士及时使用。

葛庄村有个老大爷叫赵路祯，全家5口人被日军杀害4口。村里组织民工没让他参加，他夜里偷偷跑上前线，一夜帮助军队背了3趟伤员。

在战斗进行中和战斗结束后，有些溃散的日军汉奸，钻进青纱帐，妄图趁机潜逃。我各乡民兵早就在战场外围站岗放哨，布下天罗地网。沂河岸一带的村庄，村村流传着捉俘虏的笑话。有5个日本兵，带着一挺机枪，在高粱地里提心吊胆混了一夜，企图化装逃奔博山。天亮时，刚走到石埠子村前，就被我民兵团团围住，两个当场被击毙，其余3个扑通跪下当了俘虏。有个敌人躲进老乡秫秸团里，被秫秸团的主人发现了，马上吆喝了几个人，拿着镰刀镢头，把这个敌人砍得血头血脸，绑送到了区公所。仅沂北县参战的民工和民兵，两天中就捉住化装潜逃的汉奸120多人。

为了扩大宣传，提高军民抗日斗志，同时教育汉奸，战斗结束不久，鲁中区党委决定，将葛庄战斗中被俘的伪军军官一部，押解到鲁中、滨海各受灾地区，令其向受害群众悔过与赔罪。我们分别于9月17日至23日，在滨海区的十字路、坪上、安东卫和鲁中的沂水、朱墩等地，召开千人大会，让受害群众申冤诉苦，令被俘伪军官交代罪恶，坦白被俘经过，表示悔过。抗日军民，群情激愤；大小汉奸，胆战心惊。

汉奸少校团长陈子玉、孙即文等人在悔过认罪时说："沂蒙山根据地民众力量这样大，特别使我们惊奇。这在中国历史上是少见的。八路军的军民关系，我实在佩服。民为邦本，八路军得民心。""通过葛庄战斗，我真知道八路军的厉害了。机关枪一响，手榴弹就扔到头顶上，这样的打法谁不害怕?""八路军的宽大政策，我实在感动！以后再也不吃那碗汉奸饭了！"

葛庄战斗的胜利，充分显示了人民子弟兵一不怕苦、二不怕死的革命精神和勇于斗争、勇于胜利的英雄气概，这次战斗也在沂蒙抗战史上写下了光辉的一页。

常庄围歼战

临沂市河东区委党史委

1944年，滨海军区第二军分区对敌开展夏季攻势和秋季临郯公路大破袭，临沂守敌的外围据点大部被我拔除。我军及武工队的活动长驱直入，迫近临沂城垣，使日伪军惊恐万状。敌人为了卷土重来，亦不时进行反扑。

9月中旬，临沂伪保安总队副指挥王毅臻，率伪保安一、二、四、十四、十八和二十共6个中队800余人，分批“蚕食”我新开辟的临(沂)东地区。

13日，伪军300余人携轻机枪4挺、手炮5门，侵占了沂河以东的常庄，并在该村日夜修筑工事，妄图以此为立足点，进而危害附近村庄。我滨海主力及临沭独立团三营在民兵的配合下，于17日晚向常庄之敌发动攻击。

18日拂晓，临沂日军70余人、伪军100余人，携迫击炮1门、重机枪1挺、轻机枪3挺，经九曲店向常庄增援。当援敌进至杨家岭时，与我打援部队接火，敌人立即向我阵地展开猛攻。这天正值九一八事变13周年，战士们义愤填膺，决心要以敌人的血来纪念这血的日子。我主力连队从左侧向敌出击，正面部队乘势发起冲锋，一举毙伤敌伪数十人。敌兵见势不妙，掉头就跑，有的扔掉饭盒和罐头，有的脱下皮鞋和钢盔，十分狼狈。我追击约3华里，缴获敌大盖枪5支、钢盔5顶、皮鞋7双、子弹

500余发，俘敌1名，毙敌7名。

当日下午3时许，日军150多人，伪军200多人带钢炮2门、重机枪2挺，轻机枪、手炮各10余支，分两路向杨家岭、李公庄拼命扑来。我军沉着应战，发起反冲锋，毙敌2人，将敌击溃。缴获日造掷弹筒1门、炮弹5发、大盖枪1支。

常庄伪军见增援不成，便组织猛烈火力掩护，分两股突围。对一股较多的敌人，我军以手榴弹进行堵击和截击，俘敌70余人，活捉伪保安第五大队长李宝恕，并缴获轻机枪1挺、手炮2门、短枪2支。另一股伪军30多人，被我逼回围内，黄昏时缴械投降。

这次战斗，我军取得重大的胜利。毙敌100多人，俘敌100多人，缴获轻机枪3挺、手炮3门、掷弹筒1个、长短枪90余支，解救出被敌伪抓进据点的民夫200余人，鼓舞了人民的斗志，打击了敌人的嚣张气焰，使临沂城之敌不敢轻举妄动。

解放莒城战役

中共莒县县委党史研究室

在206国道与016省道交会处，坐落着山东历史文化名城——莒国故城。莒城曾是三朝古都：商属姑幕侯国，周为莒国之都，汉系城阳王国都。至今已有3000余年的悠久历史，与齐、鲁故城并称山东三大古文化中心。在长期的革命战争时期，莒城历尽战火洗劫，抗战中曾三度遭日军侵劫。莒县军民浴血奋战，抗击外侮，谱写了壮丽的篇章，莒城保卫战和解放莒县城战役就是其中两次重要的战斗。

莒县城门

1939年，日军板垣师团欲经临沂夺台儿庄谋取徐州。位于台(儿庄)潍(县)路、泰(安)石(臼所)路交叉点的莒城是必经之地，成为其进攻临沂控制滨海的侵略重点。2月17日，由青岛南撤的国民党海军陆战队一部在招贤阻击日军，毙敌300余名，陆战队也大部阵亡。2月21日，日军侵犯莒城，爱国将领刘震东率部与庞炳勋一部及莒县游击大队奋勇抵抗，与敌激战一天一夜，多次打退敌人的进攻。刘震东在战斗中亲临城头指挥作战，壮烈殉国。至23日，莒县城陷落。此役日寇共付出千余人的代价，是其入侵鲁东南以来所受的第一次重创，沉重地打击了日军嚣张气焰，为我充分准备台儿庄战役争取了时间。日军师团长板垣征四郎为之欲剖腹自杀而未遂。

莒县解放后，鲁中和滨海两根据地连成一片

1938年5月，侵莒日军为集中兵力投入台儿庄战役而撤走，1939年6月再次侵占莒城。在共产党领导下，莒县军民展开了艰苦卓绝的斗争。1944年莒中军民先后发动春季、秋季攻势，在军事上对日伪军进行一系列沉重打击。莒中独立营配合滨海区主力部队相继攻克石沟崖、夏庄、小岭、张家围子、借庄等莒城外围的30多个日伪据点，同时对敌展开强大政治攻势。山东军区打入莫正民伪保安大队内部的谷凤鸣等30多名敌工干部加紧进行策反工作。在我强有力的政治攻势下，莫正民决心起义，山东军区遂决定里应外合解放莒城。

1944年11月14日，八路军滨海军区第四、第六、第十三团，鲁中军区第一团，山东军区特务团两个营，山东军区独立第一旅，莒中、莒南等5个独立营及区中队、民兵共1万余人，编为攻城、打援和攻击外围据点等梯队，沿莒诸公路 70 公里长的战线，发起莒城战役。我军里应外合，于当晚攻入城内。伪莒县保安大队长莫正民按预定计划率 3500 余人反正。守城日军被迫退守到两座碉堡内。滨海专署、滨海军区联合发布安民布告，工兵率 5000 民兵和城内外群众万余人拆毁城墙。17 至 18 日，八路军击退诸城日伪千余人的两次增援。19 日，援敌窜入莒县城，八路军主动撤至城郊一带，对敌组成多层包围。29 日，敌仓皇弃城逃窜，八路军和民兵遂收复莒县全境。

此役，共攻克敌据点 16 个、碉堡 50 余座，解放村庄 700 多个、人口 30 余万，使滨海、鲁中地区连成一片，敌依托莒县重占沂水城的阴谋完全破产。投敌叛国、组织“万仙会”反共反人民的大汉奸于经武也在这次战役中被俘，并于 1945 年 3 月公审处决。莒城战役中，新华社山东分社前线记者团对战役报道迅速周密，并亲临前线作战。记者团负责人山东军区政治部宣传干事曹秉衡、滨海军区政治部宣传干事宋文礼，战士剧社演员王黎明光荣牺牲。新华总社、山东分局党报委员会、山东军区政治部特予表彰并致哀悼。

21 日，反正后的莫正民部在莒南县柳沟村召开大会，接受山东军区命令，正式改编为山东军区独立第二旅，莫正民任旅长。

26 日，《解放日报》发表社论《山东新的胜利》，指出：莒县之役，“是解放区我军今年来收复的第二十三个城市（攻入和暂时攻克又被敌人占领的城市不包括在内），是山东我军继沂水、文登、荣成、利津、乐陵、临邑、南皮之后解放的第八个城市，是山东我军秋季攻势之后最大的胜利。莒县的解放，不仅是山东区辉煌的胜利，也是敌后我军的大胜利之一”。莒县解放的重要意义，在于莒县是山东敌人重要战略要点之一，是分割鲁中区与滨海区的重要据点，是日寇“扫荡”鲁中和滨海的屯兵点。该县有人口 90 万，3600 多个村庄，有重要公路东北通诸城、高密，西南通临沂，又为台儿庄、潍县、泰安至石臼所公路的交叉点。敌人筑有强固碉堡工事，修有飞机场，经常以重兵据守，此次被八路军攻克不但给敌人以很大打击，解放了广大国土，而且使鲁中区与滨海区完全打通，使滨海基本区与滨北新解放区连成一片，巩固了诸城、胶县、日照新解放区的胜利。

山东军区文工团参加战役的部分团员在解放后的莒县城门合影

解放莒县战役，表现了八路军强大的战斗力与攻坚的英勇牺牲的精神。莒县是敌人强固的设防城市，有堪称现代化的碉堡工事，最外层是城外壕，在城区筑有碉堡数十个，构成火力交叉网，其内区筑有碉堡、铁丝网、地雷网、壕沟、地下堡等，并在莒县外围安设十余个卫星据点。城内守军有敌军一个中队及伪军千余人，如果连外围据点算上，其守备莒县的兵力当不下4000人。这样一个防范严密、工事坚固的城市，为我军一举攻克，说明了我军的战斗力在一年的攻势作战中大大提高了。在攻城的战斗中，我军前仆后继视死如归的大无畏精神，实为我八路军英雄主义传统精神的高度发扬。

日照黄埠子战斗

1944年12月23日夜，日伪军600余人，由日照、涛雒两面偷袭黄埠子村，24日拂晓前将黄埠子包围。驻黄埠子村的部队有滨海警备团团部和第二、第三连、特务连及碑廓区中队，共400余人。遭日伪军突然袭击，警备团在没有准备的情况下，奋起还击，同敌展开巷战。在警备团副团长贾政远指挥下，激战1小时，警卫团大部人员从村东南面突围，村内只剩少部分人员和地方干部继续与敌人战斗。这时，驻高兴的滨海军区第六团二营及周围民兵闻讯，火速赶来增援。从村西北敌人背后打响战斗，日伪军受两面夹击，慌忙逃离。战斗进行2小时，毙敌70余人。副团长贾政远等50人在战斗中牺牲，群众也遭受很大损失。

（原载中华书局2001年11月出版《临沂地区志》）

1945年

- 解放蒙阴城
- 徐圩子村保卫战
- 粉碎日军最后一次“扫荡”
- 石桥伏击战
- 安东卫海口保卫战
- 解放郯城马头镇
- 临费边战斗
- 莒县新旺庄战斗
- 解放临沂城战役

解放蒙阴城

王文轩

王文轩

1955 年被授予少将军衔的王文轩，山东省寿光县人。1913 年生。1932 年加入中国共产主义青年团，次年转入中国共产党。抗日战争时期，任八路军鲁东游击队第八支队军政委员会委员、中队长兼政治指导员，大队政治委员、团政治委员，八路军山东纵队第一旅一团政委，鲁中军区党校副校长等职。

春天来了万物都发青，
咱们根据地家家忙春耕。
有主力和民兵
攻打蒙阴城……
机枪扫，炸弹轰，
我军去冲锋，
激战两夜收复了蒙阴城……

这首歌在抗日战争时期，曾响彻过峰峦叠嶂的蒙山，唱遍了迂回奔流的沂水，激励过多少人的心扉，鼓舞了多少人的斗志。时至今天，每当我低声吟唱起这首歌来，心绪总是激动不已，这激越的歌声，把我带到烽火连天的岁月，使我回忆起激战蒙阴城的日日夜夜。

1945年3月7日，我们八路军鲁中军区第一团按照军区的作战命令，经过两天两夜急行军后，在离蒙阴城约10公里的一个小村庄驻扎下来。夜已经很深了，可是团部指挥所的烛光依然亮着。我们团的几位领导和地方武装的负责同志正围在一张地图前，讨论着军区首长的作战部署。

团长钟本才伏在桌子上，他那一双布满血丝的眼睛，紧紧地盯着地图，手中的铅笔，在标着蒙阴城四关的地图上，不停地点来划去。我的心绪，也随着他那支不断移动的铅笔，翻上覆下，鲁中军区司令员王建安的声音，又在我的心底响了起来：

听抗战老兵王颂东讲述解放蒙阴的战斗经历

“蒙阴城，是敌人在我沂蒙山区的中心据点，城内驻有伪军12个中队，1000多人，日军1个小队，近百人，筑有坚固的城防工事。为了坚决拔除楔入我泰山和沂蒙山腹心的这颗钉子，鲁中军区决定集中鲁中第一、第四、第九、第十一4个主力团及地方武装一部，发起蒙城战斗。并决定由你们一团担任主攻，迅速突破敌人的中心火力点西城门楼，为攻城的大部队开辟前进道路，你们的胜败，将对整个战斗影响很大，因此，希望你们既要做好巧打的周密部署，又要做好强攻的思想准备。”

钟本才同志的讲话，打断了我的沉思，他陈述了整个作战部署后，严肃地说：“现在离总攻还有一定的时间，为了避免伤亡，我们可以通知城中的内线，在我军发起攻击的同时，把城西门楼炸开。”他看了看我的脸色又说：“我想，这个任务交给‘二曹’（即曹世范和曹凤洲），政委，你看怎样？”

“好。”我爽快地回答了团长的问话，接着说，“要迅速通知‘二曹’赶快进城，争取里应外合，配合部队的总攻。”

天亮了，我伸展着疲惫的身子走近窗前。这年的春天来得格外早，刚 3 月，柳枝吐出淡黄色的嫩芽，举目远望，山野上，三五成群的老百姓正在挑肥、拉犁，忙碌地进行着春季生产。房内，钟团长正和从蒙阴城来接应我军战士的李老先生亲切交谈。突然，从门外传来一声“报告”，紧接着，曹世范和曹凤洲就面带笑意，风尘仆仆地走进了团指挥所。

“二曹”都是我很熟悉的战士，也是团里有名的战斗英雄，记得在北阴战斗中，曹世范失去左手，从此他就靠仅剩的一只右手，别着短枪，经常在敌人眼皮底下转来转去，完成了许多艰险的侦察任务，被军区政治部萧华主任誉为“单手英雄”。曹凤洲是二连三班班长，从外表看，他显得有些憨厚，可实际上却是个机警而又勇敢的战士。我把二曹介绍给李老先生之后，钟团长就开门见山地交代了战斗任务。他说：“这位李老先生的家就住在蒙阴城里，曹世范，你随他一起闯进城里后，首先要把城里地形看清楚，然后再由李先生领你去找我们的内线工作人员吕连棠，这人是伪军的一个班长，他会帮你隐蔽下来。晚上 7 点钟你接到炸药后，要在 9 点钟准时把敌人的城西门楼炸开。”

钟团长的话音一落，我就对曹凤洲说：“你的任务就是送炸药，炸药已经伪装好了。你提着上红石岭，那里有位姓吕的大爷接应你。为了不致引起敌人的注意，你和曹世范要分头行动。到城里见面后，再一起去爆破西门城楼。任务十分艰险，一定要胆大心细，机智沉着。如果遇到新的情况，要设法回来报告。”

“首长，放心吧，我们保证完成任务。”“二曹”双脚一并，异口同声地回答。

夜幕渐渐拉开了，天上没有月光，只有几颗星星不时地眨着眼睛。部队踏着蜿蜒坎坷的山路，向蒙阴急疾奔驰。按照预定的时间，各部队到达了指定的作战位置，蒙阴城西关炮楼里的灯光，也闪现在眼前。我一看表，恰巧 8 点 40 分，离攻击时间只有 20 分钟了，信赖和担忧的复杂心情交织在心底。我盯着城西门楼，心上的弦越绷越紧了。

“轰!”一声天崩地裂般的巨响，城西门楼闪起了一道冲天的火光。随着这声巨响，我团突击部队当即插入西关与北关外围据点，与敌展开了激战。激烈的枪声和手榴弹爆炸声，像刮风似的响了整整一个夜晚。9 日拂晓，第十一团全歼东关守敌，第三营也将北关守敌全部消灭。进攻城西门楼的第一营，在扫清了西关之敌后，刚接近城墙，就遭到敌人强大火力的阻击，虽几经冲杀，终因敌人火力太猛，难以前进，被炸开的西门又重被敌人堵住。

情况发生了新的变化，我们也重新调整了部署，除留一支部队围困蒙城和夺取外围据点外，其余部队均撤出战斗。团指挥所里，几位负责人正在研究新的作战方案。大约 10 点钟光景，指挥所的门被推开了，“二曹”匆匆忙忙地走来，我们喊着他俩的名字，赶紧迎了上去。

在指挥所里，我们听“二曹”叙述了昨晚的战斗经过：晚上 9 点，他们按照原定方案，炸毁了城西门楼，只听到城外枪声大作，却不见突击部队进城。眼见被炸开的缺口又要被敌人堵上，这时，他俩只好随机应变，提着枪迎着敌人冲去，曹世范一梭子匣枪打过去，正在堵墙的鬼子和从城外退回的汉奸，被突如其来的枪声惊愣了。这时，从东街又跑过来一批向西门运土的伪军，曹世范、曹凤洲趁机混在其中，一边趁机大喊“八路军进城了”，一边向敌人射击。整整一个夜晚，城里的敌人提心吊胆，真假难分。

听完汇报，我激动地说：“你们任务完成得很好。给骄横一时的敌人很大打击。军区首长指示我们，要趁热打铁，一定在今晚结束战斗。”

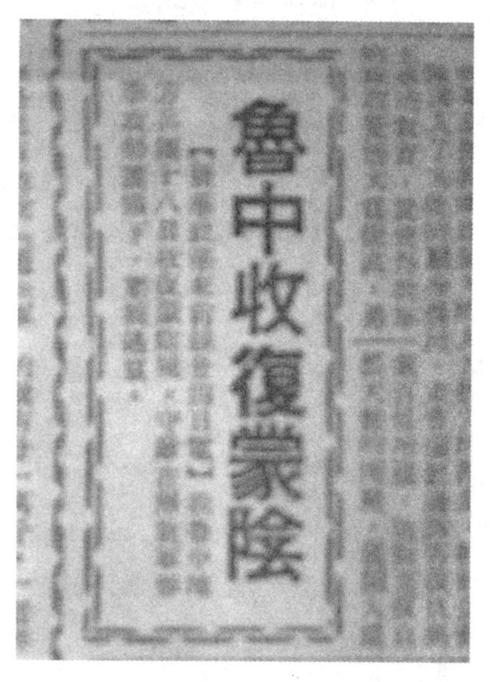
鲁中收復蒙陰

《东北日报》报道：鲁中收复蒙阴

晚上 6 点整，一颗红色信号弹划破长空，总攻开始了。担任主攻的第一团第一营，冒着枪林弹雨，向着城西门楼猛烈地攻击。

城西门楼是控制全城的制高点。昨晚被我们炸毁的城门，现在已垒上一层石头。环绕西门的那道既宽又深的壕沟，布满了鹿砦和障碍物。一座几丈高的大圆炮楼居高临下，与西南、西北两个炮楼火力交叉，向四周疯狂地扫射。城西上空火光飞迸，流弹四射，敌我双方的机枪射击声，掷弹筒、手榴弹爆炸声响成一片。

设在距城西门楼不远处的团指挥所分外繁忙，电话铃声、参谋人员的呼喊声响个不停，全局战态的发展，特别是第一营的战斗进程，紧紧地揪着指挥员的心。我不时擦着额头的汗水，摇动着通往第一营的电话，不住地询问着："情况怎么样？"

话筒里传来了一营教导员的声音："担任主攻的三连连长和指导员正在营指挥所，他们已把文件、钢笔、望远镜等全部交给了组织。三连提出的口号是：有三连在，就不要西门城楼。现在，我们正组织火力，实施爆破。政委，您还有什么指示？"

对于抱定流血牺牲的三连干部，我从内心里敬佩，不知有多少话要说，但一时又说不出口，就只好告诉他们："要沉着冷静，机智勇敢，抓住战机，消灭敌人，我等待着同志们胜利归来。"

漆黑的夜，伸手不见五指，可是闪电般的炮火和由炮火突起的一股股火柱，把城西门的轮廓，映照得清晰可辨，透过炮火的亮光，可以隐约地看到，一营三连已运动到距西门只有30米的地方了。这时，掩护爆破手的轻重机枪，猛烈地向碉堡射击。爆破手陈宗璧、孙继宏抱着炸药，利箭一般地窜到离西门10多米的一个屋角边，紧接着张宪林、张尚得和孙仲文，也架着梯子奔向西门外的另一个隐蔽地。敌人从碉堡里射出的枪弹像暴雨一样泼在地上，掀起阵阵硝烟、尘土，前进一步都非常困难。

"命令炮兵，开炮！"随着钟团长这焦急的喊声，山炮和迫击炮如同沉雷般吼叫了。炮弹呼啸着飞向炮楼，腾起一片片火光和黑烟。趁着浓烟烈火，陈宗璧把将近百斤的一个炸药包拖上去，竖在西门洞的石墙上，他燃着了火药捻，就迅速向回翻滚。一声惊天巨响，城门楼倒塌下了一堆乱石，炮楼裂开了一人多高的豁口，整个西关几乎被卷进了烟雾和尘土里。

在弥漫的硝烟和呛人的火药味中，张宪林等人冲向前去，把梯子竖到了城门北侧。一班长张乐成喊了声:“冲啊!”就带领着突击班猛起直冲,子弹在他们身边穿过,手榴弹爆炸后飞起的钢片在他们前进的道路上飞舞,但突击班的战士们不顾一切地向城墙下的梯子扑去。

当张乐成等4名战士踏上云梯爬上了墙顶时,敌人的机枪叫得更凶,手榴弹也打得更猛了,后续的同志被隔在梯子下面上不去。城墙上面,刘云凤同志牺牲了,张乐成等3名同志也都两次负伤。负伤的3名同志互相激励着:“死,也要坚决顶住。”他们顽强坚守阵地,英勇抗击反扑的敌人,每坚持一分钟,都要付出相当大的代价。

“要不惜一切,冲上去!”三连连长郑希和下达了命令,负责增援的五班攀着梯子刚爬到城墙中央,突然一颗炮弹落在梯子上,5个人都跌落下来。班长赵金华带着机枪再冲上去,又被炮弹打落下来。形势迫在眉睫,时间就是生命,全营的轻重火力像滚了锅的粥泼向敌人,掩护冲击的战士。六班9个人艰难地冲上城墙,全部负了伤,七班7个人冲向城墙后,6人负伤,1人牺牲。

敌人从炮楼里射出的火力,在狭窄的城墙上横来竖去,战士随时都有牺牲的危险。副排长雷辉庭挥着流血的胳膊,鼓励大家坚守阵地,城墙上的每个战士都以无比坚强的毅力抗击着敌人,胸部负伤的跪着打,腿部负伤的趴着打……就这样,一次又一次打退了敌人的反攻。

西门城墙上的阵地基本巩固了,一连迅速突进了城里,战斗进行得十分残酷,我军伤亡也比较严重,一个接一个的重伤号被抬下战场。三连连长郑希和躺在担架上,还一直叫嚷着要上火线。战斗继续向前发展,由日寇占据的一个两丈多高的四方大炮楼,喷着火舌,阻止了一连前进的道路。为了攻占炮楼,我们请日本解放联盟的同志向守敌喊了话,但丝毫没有效果,只好采用最后的手段。

一连三排副排长傅少会，接受了进攻大炮楼的任务之后，带领战士迅速冲向前去。突然，一颗炮弹飞来，爆炸手李安仁腿部负伤，鲜血直流。但他毫不畏惧，抱起40多斤重的炸药，冲近炮楼，只听得一声巨响，炮楼炸开了一个窟窿。这时，几十个鬼子从炮楼里跑到院内继续顽抗。一连的战士们屏住呼吸，把一颗颗的手榴弹投向院中。战士王增保趁机冲到东屋，把一个拉雷填在墙缝里，又是一声巨响，房屋倒塌了，敌人又蜂拥着跑回炮楼。这时，爆炸手李安仁又一次抱起炸药，一拐一瘸地向大炮楼奔去。响声震撼天地，在火光和烟雾弥漫之下，炮楼塌了大半边，顽抗的日寇被乱石砸在底下，变成了肉泥。

大炮楼一清除，战斗迅速向纵深顺利发展。经过强攻，第十一团从东关突进城内，第四团也从北关强攻入城，激战的炮火像雨天的闪电忽明忽暗，巷战的枪声像大海的浪涛时起时伏。我刚回到团指挥所，就听到一阵清脆的电话铃声，话筒里传来了二营营长那高昂的声音："报告首长，从新泰乘汽车驰援蒙阴的日寇，被我们围困在距城3公里的墩台，经过10多小时的激战，到今天凌晨3点，已全部被我们歼灭！"

天，慢慢亮了，枪声也渐渐稀疏了。战场上躺卧着狼藉不堪的敌尸，堆积着缴获的各种物资，被俘的900多名伪军向城外走去，9名日军和8名德国人，还有伪县长唐云山垂头丧气地走在最后面。

红日冉冉东升，一道缤纷多彩的霞光，辉映着解放了的蒙阴城。人民群众怀着无比激动的心情，迎接这灿烂的黎明。他们亮开喉咙歌唱着"春天来了万物都发青……"

徐圩子村保卫战

郯城县委党史委

1945年5月1日，日军7000多人，配有飞机3架，对我滨海区进行“扫荡”。驻郯、马日军，纠集了郯城、马头等据点的伪军约500人，其中骑兵40多名，携带钢炮、迫击炮各1门，轻、重机枪20多挺，向我马头以南地区“扫荡”。刚刚行至马头据点以南十多里的徐圩子村时，我军民与其进行了一场壮烈的厮杀。

徐圩子村地处郯城县三区抗日根据地前哨。村民有生产鞭炮的传统，会制造火药、土炮。村上成立了抗敌自卫队，有枪28支、土炮数十门，常与入侵的小股日伪军作战。当时，郯城独立团二连、郯三区区中队部分武工队员正在田野里帮助群众劳动。闻讯后，他们迅速放下工具，集中在徐圩子村以东的麦地里，与进犯之敌展开激烈的战斗。敌人依仗着优势兵力，三面包围了我军民，机枪大炮疯狂地射击着，阵地上尘烟四起，遮住了战士们的视线。

徐圩子保卫战遗址纪念碑

二连和区中队的战士们坚守阵地，英勇还击。二连指导员徐东旺身负重伤，仍鼓励战友们坚持战斗，激战一个多小时，打退了敌人的几次冲锋。

敌我力量悬殊，再坚守阵地，可能会遭到严重损失。二连领导决定转移。一排长奉命带领一个排和区中队一个班，到徐圩子村掩护伤员和伙房的同志以及村中的自卫队员撤退。当他们看到村里还有许多老人、妇女和儿童不能撤出去时，一排长踌躇起来，是守还是撤？敌人一旦进了村子，必然要对群众实行疯狂报复。于是他们商量后下决心坚守徐圩子。全村的自卫队员和男女老少也决心和敌人拼到底，决不让敌人进庄。自卫队员徐马贵拿一把大铁锁把圩子门锁上，手提一口大刀守在这里。全村男女老少纷纷拿起武器拥上圩墙，积极投入到打击侵略者的战斗。有的把自己一直还没有公开使用的枪支从墙洞里、房顶上取了出来，有的把刚买来的犁铧、耙齿、鏊子砸碎连同做鞭炮的火药一起运到圩墙上……英勇的八路军战士和徐圩子人民，共同展开了一场可歌可泣的徐圩子保卫战。

区中队一个班和几名自卫队员守卫着圩子北和西北的围墙，他们用手榴弹把冲到围墙根的七八个日军打了回去。战士顾成美一枪打死一个敌人，另一个敌人上来拖尸，又被他一枪撂倒。当10多个敌兵又一次冲到圩子附近时，顾成美指挥自卫队员一连放了4发土炮，打倒了五六个敌人。掩护日军冲锋的机枪射手，也被顾成美一枪打死，上来的几个日军只好狼狈地逃了回去。

二连的3个炊事员配合自卫队员守卫着圩子的西南角，每人使用1门土炮。刚参军不久的炊事员王玉三，一土炮放出去，打死了5个向前冲锋的日军。

村东南角8名自卫队员架起两门“天门炮”和一门“大五环炮”。敌人的大炮就对着他们，密集的炮弹向圩子里倾泻。60多岁的刘永章，是村里有名的土炮射手。他沉着地守着“天门炮”，一连打了五六炮，敌人的炮手负伤，敌炮不响了。接着他又高喊：“对准那个扛子弹箱的鬼子打呀！”他的话音刚落，一颗子弹不幸打中了老人的前额，老人倒下了。在他身旁一起战斗的侄子刘占林立刻跑过来，点着叔叔使用的土炮，打向敌人的弹药手。

东北围墙上由徐学敏和他3个儿子共同守卫，他们使用一门“大五环炮”。激战中二儿子徐祇伟牺牲了，三儿徐祇剑拿起哥哥的枪和老人一起射击。最后，这位善良的老人也牺牲在自己的土炮旁。

村长刘文彬的腿被打伤，仍在勇敢战斗。自卫队长杜关林，左膀负了伤，他用右手托着左膀，咬紧牙关，忍着剧痛指挥战斗。战斗正在激烈进行的时候，郯三区区长、分区区委书记任兆铎带领邻村的自卫队员前来增援，他们在圩子的西北处与敌人展开激战。任兆铎冲在最前面，一颗子弹打穿了他的胸部，这位深受群众爱戴的好区长牺牲在阵地上。

战斗持续到黄昏。圩子里的土炮火药用完了，子弹打光了，战士周光才把自己仅有的两排子弹分给大家，仍在坚持战斗。日军把大炮拉到东门附近，对准东门发射。门上的铁锁被打碎，两扇板门洞开，一群日军顺着烟雾窜到圩子里。

敌人进入圩子后，穷凶极恶地进行残酷的报复，他们见人就杀，连两三岁的小孩也不能幸免。徐圩子的人民群众英勇不屈，子弹打光了，用刺刀、铡刀、铁锹、抓钩以及一切可以利用的武器，与敌人展开激烈的巷战、肉搏战。民兵队长受伤，村长被打断一只胳膊，仍坚持战斗。但敌我力量悬殊，村民几乎全部牺牲。在这危急之际，县独立团飞奔营救，迫使日军拉着49具尸体狼狈地退回马头。

粉碎日军最后一次“扫荡”

临沂市委党史委

日军为防止太平洋战场的美军可能在山东登陆作战，将驻山东的兵力增至10万人，成立了第四十三军。1945年5月1日，日军为建立沿海防御体系，集中3万兵力开始对鲁中、滨海、胶东、渤海等区进行“扫荡”，而以前两区为重点。

滨海军区战士在进行爆破训练

自连云港至青岛的沿海地区，兵力增加到五个旅团，斗争形势非常严峻。各区军民只得暂停反攻部署，集中力量进行反“扫荡”，鲁中军区于5月7日在沂源县东南部石桥伏击敌人，毙日军旅团长田坂及以下官兵200余人，毙伤伪军400余人。滨海军区主力部队和地方基干武装保持相对集中，寻找有利时机打击进犯之敌，广泛开展群众性游击战。25天作战25次，连克敌据点14处，解放村庄20个，毙伤日军小队长及以下100余人，毙伤伪军900余人。敌人的“重点配备”遭受严重打击。

在此次反“扫荡”中，郯城县徐圩子村、临沭县蛟龙湾村和诸莒县小岳戈庄村的民兵、群众与敌奋战，有400多人被残杀。马耳山周围10余村庄遭敌伪烧杀抢掠，被害群众100多人。敌在“扫荡”后占据了莒县城、柘汪及日照以南山区，打通了莒日公路。

鲁南军区部队仅在半个月中就粉碎了敌人7000余人的“扫荡”。至5月27日，各区胜利地结束了反“扫荡”斗争。共毙、伤、俘日伪军5000余人，收复了邳县及此次敌“扫荡”时重占的蒙阴城，攻克敌据点140余处，粉碎了敌控制山东东南沿海的企图。

石桥伏击战

崔维志　唐秀娥

1945年5月1日，由博山、莱芜出动的日伪军2500余人，合围沂源县的南麻、悦庄。沂源军民避其锋芒，以游击战、麻雀战、地雷战袭击敌人。几天后，日军第五十九师团步兵第五十四旅团旅团长田坂八十八少将，率领日军1个大队400人及伪军600余人，沿博（山）沂（水）公路继续南进"扫荡"。狡猾的田坂一反常态，沿途不扰村庄，不扰村民，日夜兼程进犯，妄图突然袭击我军。此时，八路军鲁中军区第二团奉军区命令，由夏季攻势集结地沂水县西北的诸葛、东里店一带，返回鲁山根据地，监视并伺机歼灭博（山）莱（芜）南犯之敌。由于情况紧急，我日夜兼程向北疾进。前进顺序是第三营在前，团部和第一、第二营在后。

5月7日夜2时许，天黑得伸手不见五指。突然，第三营侦察班在石桥以南3公里处，发现一支部队。机智的侦察兵在与对方遭遇的一瞬间，顺手抓过一个敌兵的帽子，细心摸到上面有帽徽，便明白对方是伪军。由此断定是与日军的先头部队遭遇。第三营营长刘佐按预定信号指挥部队秘密摆脱敌人，向石桥以东的大安顶山转移。敌人似未发现我军，仍向石桥方向前进。

第三营决定利用石桥一带有利地形和根据地群众的支援，乘敌不意，攻其不备，打一个伏击战，叫敌人有来无回。刘营长再三强调，不准过早暴露兵力，以防敌人提前展开队伍，使团主力处于被动局面。5时前，第七连占领了可直接控制公路及河道的石桥北山345高地南坡，第八、第九连进至高地北坡，一个排担任警戒，防敌迂回。全营19名特等射手组成的突击班，配置在阵地前沿。一切准备就绪，静静地等候着日军的到来。

一会儿后，嘚嘚的马蹄声由远及近传来。举目西望，敌人的先头部队已进至石桥村边，几十名骑兵也奔驰到村西河滩。刘营长凭着多年的战斗经验，知道敌人的指挥官来到眼前，这样的伏击场面，他还是第一次遇到，一股抑制不住的喜悦涌上心头。

只见他把大手猛地一挥，喊道："瞄准骑兵，狠狠打！"话音未落，特等射手率先开火，一阵排子枪弹钻进骑兵群。继之而起的是两挺重机枪、三挺轻机枪和数百支步枪一齐喷出的火舌，只见敌骑兵人仰马翻，纷纷跌落下马，被打惊的骡马横冲直撞，撞倒跌伤者无数。

敌人失去指挥，惊慌失措，各自逃命。这时，赶来助战的沂源县大泉区中队和民兵，在阵地周围奋声高喊："鬼子跑不了了！打啊！"喊声震起四谷回音，犹如千军万马奔腾。敌不知虚实，更加惊慌。我密如蛛网的弹火追逐着敌群，敌人既无招架之功，更无还手之力，一片片倒在路旁河滩。伪军除死伤、投降者外，纷纷逃向石桥以西的丘陵地带。残余日军清醒过来，一部逃进石桥村，另一部逃向石桥西北山沟。

逃向山沟的日军，凭借小山头和林立的巨石拼命顽抗。为了减少伤亡，迅速接近敌人，我指战员一个个怀抱步枪，从山坡上翻滚而下，顾不得被荆棘刺破的手和脸，冲向敌群，连克4个山头，并同日军展开白刃战。日军死伤惨重，无心恋战，四散而逃。这时，西起悦庄，东至大泉，40多个村庄的民兵和男女老少前呼后拥赶来参战。有的端着"土压五"、红缨枪，有的挥着切菜刀、推磨棍围歼残敌。追击中，李秀江率领的区中队一气就缴了伪军30支步枪。第三营战士看到这壮观的场面，情绪高涨，更加勇猛地追歼逃敌。

逃进石桥村的敌人，虽已是惊弓之鸟，但仍拆民房、修工事、砸电台、毁枪支，负隅顽抗，等待援军。这时，团主力已经赶到，决定向敌发起进攻。黄昏时分，第一营从村东、第二营从村西南隐蔽接近村庄，突然向敌发起攻击。第二营首先突进村子，与敌展开白刃战。战士们端着刺刀，沿着血迹斑斑的街道，穷追猛打。班长寇成英与一日军对刺，不防被日军砸掉枪支，他大吼一声，猛地扑向敌人，两人扭住在地上厮打，一位刚参军的战士，飞速冲上去，瞅准翻上滚下的日本兵连捅3刀，将敌刺死。日军残部突出我军合围，逃到公路以西一高地和薛家官庄，焚烧尸体，固守待援。这时，各路"扫荡"的日伪军纷纷赶来增援，敌人重兵集结沂源，我第二团迅速撤离战场，避开日军合击。

石桥伏击战，我军民同仇敌忾，携手杀敌，取得了辉煌战果：击毙日军200余人，毙伤伪军400余人，其余伪军被击溃，缴获战马62匹。尤其是在一次战斗中，获得击毙日军一名旅团长（田坂八十八）、一名大队长（小钱）、两名中队长（佐滕成、山田）、四名小队长的重大胜利，成为沂蒙抗战史上独一无二的光辉战例。沂蒙抗战8年，我军共击毙两名日军旅团长，田坂八十八就是其中之一。战后，第二团受到山东军区通令嘉奖，寇成英被评为战斗英雄。

由临朐沿青（州）沂（水）公路南犯的日伪军千余人，遭到我军追击，被击溃300余人。该敌进至马站，发现我主力云集，不敢前进，折头转向临朐九山一带，后增援石桥残敌，合兵逃窜。由新泰进犯蒙阴的日伪军4000余，沿途遭到我军阻击，伤亡惨重。重新占领蒙阴城的敌人准备安据点，我军日夜轮番强袭，敌人无法立足，被迫弃城逃窜。进入鲁中区南沂蒙老根据地的大股日军，更是陷入天罗地网，我久经战争考验的民兵，大显神威。日军所到之处，均可听到猛烈的地雷爆炸声和断断续续的冷枪阻击声。5 月 20 日，日军全部退出鲁中沂蒙根据地。

我军经过 20 多天的奋战，于 5 月 27 日结束了反“扫荡”作战，共击毙日伪军 5000 余人，重新收复了蒙阴城及 140 多个据点，保卫了日照安东卫海口，粉碎了敌人完全控制山东东南沿海的企图，扩大了根据地。然而敌人在“扫荡”中，重新占领了莒县城和日照南部山区，打通了日(照)莒(县)公路。东南沿海，日军继续增兵，自连云港至青岛，增到 5 个旅团。日军还扬言，要让山东恢复到 1942 年的形势。从此滨海形势急剧紧张，终日炮声震天，火光弥漫，我军与日军开始了激烈的沿海争夺战。这就是 1945 年轰动一时的“东紧西松”时期。

安东卫海口保卫战

崔维志　唐秀娥

1945年5月，“扫荡”滨海的日伪军，在飞机、兵舰掩护下，向我滨海根据地大举进犯，我主力部队、地方武装和民兵，不断开展群众性的游击战，寻找有利战机，打击进犯之敌。进犯日照、赣榆的日伪军，遭到八路军滨海军区第二十三团的英勇反击。该团在25天内与日军作战25次，迫使敌人退缩至沿海。我军乘胜追击，连克日伪据点14处，收复村庄20个，毙伤日军小队长以下100余人，毙伤伪副大队长以下900余人。尤其是日照安东卫保卫战，我第二连以少胜多，阻击敌人，粉碎了日军在安东卫安设据点的企图。

安东卫保卫战遗址公园

安东卫，位于日照县城南37公里处。“南控江淮，北接青齐”，近海环山，形胜要冲。明洪武十三年，日本和尚如瑶诈称向大明皇帝贡献巨烛，内藏火药兵器，埋伏精兵于贡船中，企图侵略沿海一带。事情败露后，被明军诛杀。为防倭寇入侵，朝廷遣汤和、周德兴等沿海筑59城，安东卫即其中之一。

近代以来，安东卫既是海上重要通商口岸，又是海(州)青(岛)公路上的重镇。抗战以来，安东卫多数时间由我军控制。1945 年 5 月 4 日，由涛雒出动的千余日伪军占领了该镇，一面向我出击，一面修筑堡垒，安设据点。为了粉碎日军割断我根据地与海上联系的企图，滨海军区第二十三团在警备团配合下，于 6 日包围了安东卫。第二十三团第一营第二连在安东卫西南的李庄北竹园一带设下阻击线，阻歼逃敌。

李庄有四五十户人家，房舍瓦草夹杂，院墙高低不一，便于我军防守。安东卫、李庄中间有一小桥，是安东卫逃敌的必经之路。第二连第二排就守在这小桥附近的一段土坎后面。

5 月 7 日凌晨，从安东卫窜出来的千余名日伪军扑向李庄村北，第二连指战员与敌人展开激战。敌人集中 3 门钢炮、两门迫击炮和 4 挺重机枪，向我阵地急袭。阵地前后的麦田已被炮火犁遍，一片竹林也被炮火拦腰击断，只剩下光秃秃的残枝，沟渠又被炸开，海水外溢漫流。炮火过后，敌人渐渐逼近我军阵地，我机枪、步枪一齐开火，手榴弹如冰雹砸进敌群。敌人一阵惨叫，丢下一片尸体退了回去。一连 3 次冲锋，均被我打退。

下午 2 时，敌人的机枪又狂叫起来，日军的第四次轮番冲击又开始了，由于全连伤亡较大，干部大部负伤，第三排阵地被敌人占领。指导员钟家全已两次负伤，仍率部以白刃格斗夺回阵地。日军火力封锁了小桥桥头后，又向第一排阵地发起重点进攻。第二排排长李宝贵率第四班端起刺刀，提着手榴弹冲上桥头。守桥头的伪军，见我军 10 把闪着道道白光的刺刀，吓得扔掉机枪逃跑了，进攻一排的敌人遭到兄弟排的中途截击，也开始退却。

黄昏时，战斗再次进入白热化状态。敌人狂轰滥炸，把第二排阵地后面的民房炸着了火，火舌舔进了壕沟，战士们被烤得口干舌燥，急躁不安。这时，100 多个鬼子在烟幕弹掩护下，窜入二排与三排结合部的一座瓦房大院。第二排已打光子弹，战士们趁着浓烟烈火，第二次与敌人展开肉搏战。他们从前院一直杀到后院，狡猾的敌人最后钻进一座大瓦房内顽抗，我战士随即封锁门窗。

四处蔓延的大火，将房檐屋顶烧着，断砖碎瓦从屋顶炸落房内。被炸急了眼的日军纷纷向外逃窜，出来一个被我刺死一个，但日军越来越多，刺刀已经解决不了问题，眼看有 4 个日军已钻出门窗。负伤的新战士刘德生拿着指导员送给他的一颗没舍得用的手榴弹，冲上前去照准日军的脑袋，迅猛地砸下去。两个将死的日军被屋内鬼子击毙在门口。屋内 30 多个日军困兽犹斗，一齐把枪口伸出窗口、门缝，就在这时，瓦房墙壁倒塌。我 7 名战士有的端着刺刀，有的挥着燃烧的木棒，冲进破屋内，在浓烟烈火中，与残敌厮打。除几个挖墙逃跑的外，近 30 名日军全部被消灭。

一天来，战士们粒米未沾，个个饿得精神恍惚，但此时最迫切需要的还是弹药。我阵地被日军包围，营部多次派人送弹药，都牺牲在阵地周围。二排阵地暂时寂静下来，但其他阵地的枪声仍然一阵紧似一阵，李庄村已烧成一片火海，火光照亮半个天空。就在这时，一匹战马穿过浓烟烈火飞到二排阵地前面，一个手臂、胸前满是鲜血的战士滚下马鞍，这是营部骑兵班李德林前来送子弹。当他把 600 发子弹送到李排长手中时，已命在旦夕，他气喘吁吁地说："团……团长……送来的！命令你们坚持到晚 9 点，等兄弟部队……"话未说完便牺牲了。大家用颤抖的手抚摸着沾满烈士鲜血的子弹，更坚定了战斗到底的信念。

晚 8 点，日军借炮击的烟雾和黑夜的遮掩，再次发起强攻，二排仅剩下十几个战士，他们把敌人放到距阵地10米以内，以最猛烈的火力抵近射击杀伤敌人。敌人冲入我方堑壕，日军中队长中田俊郎挥着指挥刀正要砍杀与日军肉搏的第六班副班长季成友时，被李排长一枪击毙，其余敌人一看不好，慌忙败下阵去。

安东卫保卫战英雄合影

9时，第二连奉命撤退，已负伤4次的连指导员钟家全，在后面指挥掩护，最后负了重伤不能行动。战士张华山跑过去背他，指导员看到日军已经包围上来，厉声喝道："你快跑！张华山！我命令你！"张华山心情沉痛地撤下来。指导员以4发驳壳枪子弹打死两个日军后，用最后一发子弹自杀。

战斗英雄钟家全

我军开始往下撤时，一伙日军冲到了一所屋子后面，而在屋子前面的营、连首长却丝毫没有察觉。第五班副班长张万新看事不好，端着刺刀迎上前去。日军"呀呀"地向他围拢上来。他一个防右刺，将前面一个日军的刺刀拨开，又一个重踏步前进直刺，那日军软软地倒下去。这时，一个日军指挥官挥着雪亮的指挥刀，向他头上劈来，他急忙退后一步，躲开敌人的刀锋。3个日军围着他直打转，眨眼工夫，便被他刺死两个。第五个日军又跳到他面前，张万新把弯了的刺刀一扔，抱着日军摔开了跤。当张万新翻滚着把这个日军掐死后，已精疲力竭，不幸牺牲在冲上来的第六个日军的刺刀下。

在我第二连7次反冲击、3次白刃格斗的严重打击下，270名日伪军躺在了阵地前，日军中队长中田俊郎和3名小队长也被我击毙，90余人被打伤。在第二连抗击敌人的同时，兄弟部队夺回了安东卫。

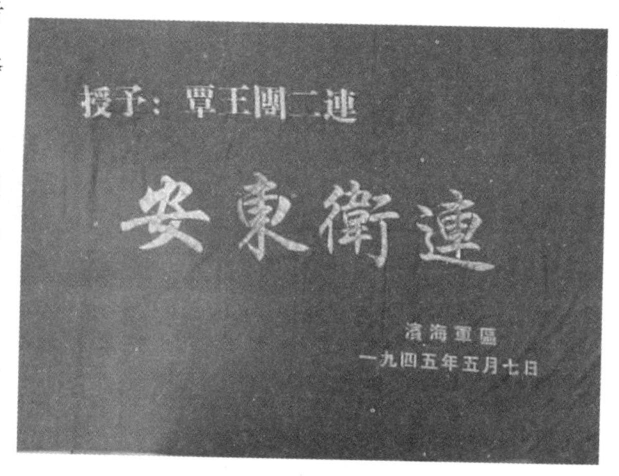

安东卫连旗

第二连的英雄事迹传遍了滨海，滨海军区首长联名签署嘉奖令，命名第一营第二连为“安东卫连”，授予“顽强制敌”锦旗一面，并追奖指导员钟家全为战斗英雄。

日军这次“扫荡”滨海，使我遭到重大损失。日军包围郯城县徐围子村、临沭县蛟龙湾村和诸莒县小岳戈庄，干部、民兵、群众牺牲400余人。临沭县蛟龙湾区妇救会长、模范军属陈玉君(李大娘)，为掩护滨南专署干部转移，壮烈牺牲。马耳山周围十几个村庄也遭敌洗劫，百余群众遇难。

解放郯城马头镇

临沂市史志办

1945年7月12日，滨海军区第四团、第二军分区独立一团和郯城县独立营等地方武装，在第二军分区参谋长兼第四团团长贺健指挥下，对郯城以西的敌重要据点马头镇发起攻击。此时，马头据点守敌有日军西野小队40人、伪军500余人。12日夜，第四团第五连主攻马头西门，出击神速，很快攻入镇内。同时，第四团第三连亦对东门发起猛攻，守敌依托坚固工事顽抗，战斗胶着激烈。恰值突降大雨，不利攻坚，我遂暂缓强攻，改为迂回包抄袭击。

13日，天气转晴。凌晨，我军从东、北两面再次发起猛攻。北门守敌唯恐被歼，遂放弃阵地向东门里碉堡集中，第四团第一连等攻击部队跟踪追击，以连续爆破、分路强攻战术，激战至日出，全歼守敌。至此，仅余南门处日军据守的大碉堡尚未攻下。鉴于南门碉堡甚为坚固且火力又强，主攻南门的第二连采取疲惫消耗敌人战术，连续多次发动小规模袭击后，于15日夜，趁其不备，突然发起强攻，仅用30分钟即彻底清除外围障碍，完成堡垒爆破任务。随着滚滚浓烟，枪声大作，敌人伤亡过半，残敌乘夜色突围东逃。此时马头镇东、白马河西，担任增援和截击任务的部队，发现日伪军突围，立即奋起截击。至16日晨，歼其大部，仅余15名日军顽抗。此时正值白马河涨水，日军被阻。见突围无望，西野自杀，6

人淹死河中,余8人投降。

经过4天4夜战斗,至7月16日夜,全歼守敌,攻克马头。缴获长短枪300余支,掷弹筒3门及其他大宗军用物资。同时攻克郯城以南的店子据点。郯城之守敌陷入孤立境地。7月20日,我军乘胜紧紧包围郯城,并展开政治攻势。23日,郯城守敌慑于我军威势,弃城向南逃往新安镇。我军第三次收复郯城县城。郯、马解放,使沂河两岸著名的产粮区为抗日民主政权所控制,扩大了滨海与鲁南根据地的联系,直接对日军控制的陇海铁路构成了威胁。

临费边战斗

临沂市史志办

1945年7月17日，鲁中军区第四团、第九团、第十一团全部及地方武装一部，在鲁南军区第三团一个营和二个县独立营的配合下，对费县东北的诸满、西北的上冶敌据点发起攻势。诸满位于蒙山东麓，是费东中心地带的一个大村，也是日军多年苦心经营的重要据点。战斗发起时，该据点驻有日军一个小队31人，伪军一个大队400余人。为确保战斗胜利，担任攻打诸满的鲁中军区第四团团长周长胜带领营连指挥员三次勘察地形，侦察敌人部署和工事。爆破队的指战员也多次进行侦察，对据点的鹿寨、壕沟以及碉堡的位置都摸得清清楚楚，尔后，部队又进行沙盘作业，确定进攻方向、突破口和爆炸时炸药包的大小，制定出最佳方案。我军为了出奇制胜，还加强了保密工作，以免敌人察觉。攻击战斗分工：第一营营长汤京东、教导员李玉春率一、二连进攻东围子的日军，第三营营长岳俊、教导员宋昆率七、八连进攻西围子的伪军。

7月17日夜，我军以优势兵力，用猛攻、猛打、猛投弹的战术向敌发起进攻。第一连指导员齐生齑率突击队用炸药包、手榴弹摧毁日军的防御工事，运用连续爆破、层层推进战术，炸毁敌人碉堡。第一连一排长王大海一人扛着3包炸药冲向敌阵，接连炸毁日军的两座碉堡，身负重伤仍坚持战斗。日军7次组织火力向第一营反扑，均被我军打退。最后，日军施放瓦斯弹，战士们立即用备好的湿毛巾蒙在脸上，毒气一散，即冲入敌阵，用刺刀、手榴弹将残敌消灭。31 个日军，除 1 人被俘外，其余全部被击毙。在第一营进攻日军据点的同时，第三营也向西围子的伪军发起进攻，击毙伪军 120 余人，俘虏 280 余人。诸满歼灭战全歼守敌 430 余人。战斗中，我军有 3 人牺牲，13 人负伤。19 日，我军攻克上冶敌据点，击毙日军 9 人，俘日军 2 人，歼灭伪军 180 人。与此同时，鲁南军区部队攻克了费县东南的岩坡庄等 3 处敌据点，并彻底破毁了临（沂）费（县）公路，进一步孤立了费县和临沂之敌，扩大了鲁中与鲁南根据地的联系。在我军强大军事攻势威慑下，龟缩在费县城内的日伪军惶恐不安。8 月 7 日凌晨，伪县长韩金声、伪保安大队长邵子厚等 800 余人，弃城窜往临沂。当日，鲁南军区部队进驻费县城。

莒县新旺庄战斗

于 泳

1945年6月1日，日伪军7000多人第三次侵占莒县城。但由于县城军事设施、城墙被拆除，日军将司令部设在张家围子，在店子集、城东关、王家山、新旺庄等地重新建立据点，各驻一个日军中队。

为拔除新旺庄据点，滨海军区以独立三团第二营为主攻，第一营在扭沟狙击援敌，第三营为预备队。滨海军区第二十三团第二营在石沟崖狙击日照之援敌。7月23日黄昏，主攻部队占领新旺庄南有利地形，迅速形成对日军的包围。主攻的第二营以第四连为突击队，第五连在村南佯攻，第六连为预备队。次日晚9时许，二营四连从村西北插入村内，用炸药包炸毁日军住房，日军一个小队全被压在房下，其他日军爬上房顶反扑。四连集中5挺机枪封锁日军火力，独立三团副政委兼政治处主任曹吉亭带领两个排与敌往复冲杀，击毙日军5

曹吉亭

人，打退日军多次反扑。曹吉亭被敌炮弹炸成重伤后牺牲。在村南的五连在重机枪掩护下向敌进攻，歼敌 20 余人。最后残敌 20 余人集中在村东南角顽抗。25 日 2 时许，援敌赶来，第二营主动撤离。日军受到重创后，于 8 月初撤出新旺庄据点。

1946 年，莒县人民在蟠龙山修建了革命烈士陵园，园内专为曹吉亭修建了纪念塔一座。

老战士张荣芳在曹吉亭纪念塔前缅怀老首长

莒县蟠龙山革命烈士陵园内的曹吉亭烈士纪念塔

解放临沂城战役

唐士文

1945年8月16日，驻守鲁南重镇临沂城的日本侵略军逃往枣庄。伪临沂第八保安大队许兰笙部、伪费县保安大队邵子厚部、伪沂州道皇协军王洪九部一部，共同盘踞临沂城。他们打起"老中央"的招牌，招揽全城4000伪军，拒绝向我投降，妄图继续日伪对临沂人民的血腥统治。八路军山东军区遵照朱德总司令向人民军队发布的命令和毛泽东主席《抗日战争胜利后的时局和我们的方针》，组建了临沂前线指挥部，着手解放临沂城。

爆破了临沂北边的城墙后，八路军突击队在烟尘中沿北门外护城河上的浮桥向突破口飞奔

8月17日，山东军区特务团（团长陈忠梅，政委陈美藻）、老四团（即第一一五师第六八四团，团长贺东生，政委吴岱）、鲁中军区第十一团（团长陈宏，政委董超）和临沭独立团等部，当即将临沂城围困，予以其回头之机会。但该

敌执迷不悟，竟以“督战队”的恐怖手段及无耻的反共宣传，逼迫全城伪军对人民军队顽抗。

8月20日下午，临沂前线指挥部决定，老四团在南城、特务团在东城、鲁中第十一团在北城和城西北、临沭独立团在城西一线，同时对临沂发起第一次强攻。18时40分，老四团炮兵突然向敌开炮，轰击城上敌人阵地。接着，第八连突击队在轻机枪掩护下，越过城壕，架梯爬城。由于友邻阵地的重机枪未能封锁住南门的城楼，使我后续登城的战士受挫。城楼里的敌人戴着钢盔，端着步枪和轻机枪，成群地向东冲去。占领东南角碉堡的战士，勇猛地持枪迎面冲去。这时，东城的敌人也向南朝第四团侧背冲来，战士们被迫退回碉堡，向外投掷着炸弹。

攻城突击队战士待命出击

城墙上，进行着一场恶战。城楼里的敌人从侧翼向城下的担架组开火。担架组的战士一群群地倒下去，又一群群地冲上去扶住云梯，因不少云梯被打断倒下，第二梯队便无法登城。已登城的战士，在拼完了所有的炸弹之后，有的在和敌人的肉搏中牺牲，有的翻身跳下了几丈高的城墙……在东城的攻击中，特务团指导员杨光在率队冲锋前，从衣袋里掏出所有的文件做了交代，并指定了代理人。第三排副排长刘光德负了伤，仍带领战士把梯子竖到城墙上，战士傅延祥使劲用肩膀顶住梯子让突击队登城，敌人集中火力向他射击，他连负3次伤，但毫不退却，撤下后，他身上共有大小伤口11处，衣裤全被鲜血浸透了。

战斗持续了两个小时。22时，总指挥部命令停止攻击。第四团第八连的一个排长，带着一个班伏在城壕里侧，坚决不肯撤下来，他们在上面向敌人射击，下面是深达腰腹的壕水，坚持到第二天夜晚，才在火力掩护下，经说服撤出。

攻城部队向临沂接近

8月22日，山东军区司令员兼政委罗荣桓决定由军区参谋处长李作鹏、鲁中军区第二军分区司令员吴瑞林、滨海军区第二军分区司令员罗华生三人负责指挥。前线指挥部召开参战部队指挥员作战会议，研究试行坑道大爆破的作战方案。滨海军区工兵连接受任务后，选中了城西北角。这里护城河离城墙较远，坑道可以在护城河内沿作业，挖出的土可倒入护城河中，不致被城上敌人发觉。可是因距离略远，作业时间就要长些。这个方案呈报后，得到指挥部同意。指挥部决定一面实施坑道作业，一面让攻城部队进行休整，一面进行强大的政治攻势。

此后，广大指战员不顾战斗的疲劳，向敌人喊话，着重宣传我军优待俘虏的政策，讲明顽固到底必然落得可耻的下场，告诫他们及早回头，重新做人。我军阵地上的喊话声此起彼落，接连不断。在政治攻势中，干部战士还创造了很多很好的宣传方法，如广播消息、奏乐、唱歌、写大字标语、向城上射传单等，都收到了明显效果。

攻城部队架起云梯，发起强攻

伪第六大队机枪中队的一个伪军，听到我军喊话后，为找出路，大白天跳下城墙，跑到我军这边来，还带来1支“捷克式”和6排子弹。到了夜间跑过来的就更多了。从此，特务们更加紧了对伪军的监视。有一次，我军在东门外喊话时，有3名伪军因向城下回话而遭扣押。其中有一个自称为王石衡的，于黄昏时，朝我阵地大声喊着：“反正这个汉奸俺是干够了，这回算完了，八路军同志要替俺报仇啊！共产党万岁！八路军万岁！”王一面喊着，一面被恶狼似的特务拉走了。1945年10月1日，《大众日报》以《临沂前线十九昼夜的舌战》为题，对解放临沂的强大政治攻势专门做了报道。我军休整时，城郊新解放的群众，纷纷争相慰劳人民军队，滨海地区的姑娘们勇敢地穿过敌人的火力封锁地带，带着水果、鸡蛋和新鲜的蔬菜,来到指挥部的院子里。她们还带着针线、麻绳和锥子,替战士补衣补鞋。

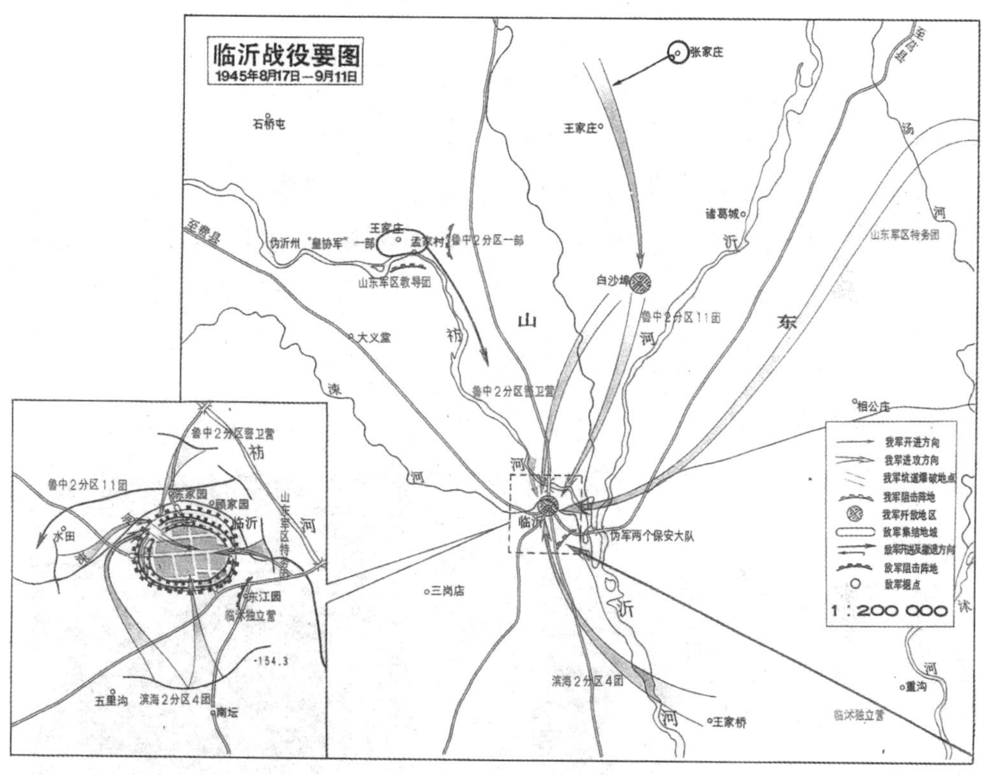

八路军山东军区的滨海、鲁中军区部队发起临沂战役

8月24日,指挥部决定将主攻方向放在东城,由第十一团负责主攻。当晚,喊话声、步枪的射击声和手榴弹的爆炸声连成一片。凌晨3点半,第十一团第九连的爆破手们抱着炸药包,一组组地从短墙上的洞口冲了出去。15分钟以后,当几个赤裸上身的爆破手刚返回时,随着一声沉闷的爆炸声,第一组炸药把城墙炸出了一个大缺口。随着激越昂扬的冲锋号声,指战员们呐喊着,从被火光照亮的一处处出击口冲了出去。勇士

们架着梯子，拥上了突破口。后续部队也呐喊着渡过了城壕，向着城墙的斜坡冲去。

这时，只见城墙半腰的斜坡上伏着两名战士，他们用手扒了个小掩体，躲在里面不断向城上投掷着手榴弹。城上的敌人用尽一切办法进行射击，但他们把身体压缩在掩体里，敌人始终打不到他们。另一群城下的战士，一齐贴向了城根，把敌人扔下来的手榴弹敏捷地拣起来扔向远处爆炸。在城壕里，一个连的战士站在齐胸水里，匍匐在壕对岸，用刺刀、洋锹挖着掩体。营长张栋和教导员正在指挥，子弹和炸弹不时在他们面前激起很高的水浪。战斗历时五六个小时，三次冲击都未奏效。第二次总攻结束了。

八路军行进在临沂城南大街上

8 月 28 日，滨海军区司令员陈士榘来到指挥部参加作战会议，检讨战术问题。他详细地分析了各种情况，和指挥员们研究了战斗部署。在力量的配置上，发电报调老四团的另外两个营、军区炮兵营和工兵营，准备再次发起总攻。

滨海军区工兵营的工兵连和第十一团临时抽调的一个作业连接受打坑道任务后，每昼夜以 5～6 米的速度掘进。为了尽快打通坑道，洪瑞区 80 多位民兵奉命参加坑道作业。民兵们接到通知后，高兴地踏着泥泞小路，赶到临沂，第二天就架好桥，筑好工事，开挖地道。虽然敌人的子弹不断掠过头顶发出哧哧的啸声，但他们一点也不害怕，仍然沉住气不停地挖。第一天参加一个班，第二天增加到两个班，第三天以后，整个中队全部参加了。

首先突入临沂城内的尖刀班

9月9日晚，坑道作业完成，一箱箱的"TNT"炸药运进了坑道。在指挥部里，指挥员们连夜召开会议，决定由第四团第一营、第十一团第一营担任突击。两团各以一个连夺取西门的城楼和北门的城楼，其余部队向城内发展，占领临沂中学及天主教堂制高点。第十一团第二营在北门，特务团在城东南角积极配合，相机控制东门和南门。

9月10日清晨，按照规定时间爆破开始了。在惊天动地的一声巨响中，砖飞石舞，尘烟滚滚，城西北的大碉堡炸飞了，城墙上奇迹般地裂开了一个30多米宽的大豁口，爆破成功了。几乎和这沉雷似的爆破声同时，城的四面响起了密集的枪声和我军战士的奋勇冲杀声。决定最后胜利的总攻开始了！

城西北角的大碉堡一炸，敌人立即指派了很大的兵力死死守住突破口。我军第一次攻击因遭敌正面顽抗及左右两翼交叉火力的封锁，没有进展。12 时，经过调整部署，开始了第二次攻击。战斗打响以后，敌我双方都以猛烈的火力相互射击。我军冲到突破口的一个连，一时无法前进。为防止敌人冲上来，连指挥员命令爆破组前去阻击敌人。几个年轻战士像离弦的箭一样向前冲去，时而迅跑，时而卧倒，还不时地向敌人扔着手榴弹，在团团烟雾中抢占有利地形，和敌人对峙着。冲在最前头的第四团第二连第六排副排长孔德照，后来被誉为“突破口上的勇士”。经过白天的两次强攻，为夜间突击创造了有利条件。

1945 年 10 月 5 日，临沂战役中的战斗模范、遵纪模范合影

9 月 11 日凌晨，总攻从城的三面开始了。在城西北角担任主攻的我军爆破员，冒着敌人密集的弹火，把几十斤一包的炸药，一次次送到突破口两边，使它在城墙壁上连续爆炸。突破口附近的照明柴被炸熄了，突击部队趁机冲上城墙，向敌逼近。负隅顽抗的敌军凭借着用沙包和铁丝

网构成的防御阵地进行垂死挣扎。冲上去一个排,在克服了敌人施放的毒气之后,又遭到三面火力射击。敌人的手榴弹成堆地在突破口爆炸,我军战士在枪林弹雨中也以成串的手榴弹还击敌人。在浓密的手榴弹爆炸声中,突然一声巨大的震响,敌人的防御工事沉寂了。原来是一名战士把一颗20多斤重的鹿柴炸弹,塞进了敌人的工事。我军战士乘胜前进,推倒了铁丝网,占领了突破口的阵地。排长蔡瑞玉不幸中弹牺牲。

临沂百姓为部队表演节目,庆祝胜利

伪军在“督战队”的凶狠逼迫下,轮番向突破口反扑过来。我军战士英勇奋战,巩固着突破口,一排一排的手榴弹像泼水般地投向敌人。战斗进行到激烈阶段,战士们把成筐的手榴弹放在面前。敌人上来,就一串串扔出去,敌人退去,就提着装满手榴弹的筐子冲去,占领新的阵地。敌人的8次反扑都被击溃了,战斗向城墙上的两翼发展。由于敌人在城上构筑了密集的掩体和机枪火力巢,我军每前进一步,都要付出一定的代价。从突破口到西门楼的250米中,我军战士共夺取敌人25个大掩体和几十个小掩体,所有的敌人火力点,都被我军占领。从突破口到北门楼的城墙上,也在进行着同样激烈的战斗。

城西北角敌人的抵抗终于被粉碎了,受挫的敌人十分慌乱。我军趁势集中火力和强大的兵力展开攻击，把顽抗的敌人分割成无数碎块，从而一个一个地吃掉。战斗逐渐向城里的各个区域扩展，部分伪军仍负隅顽抗。敌人为挽救其垂死的命运，又丧心病狂地施放大量毒气。我军指战员发扬大无畏的革命精神，勇往直前，奋不顾身，冒毒与敌人逐巷逐房进行争夺战。敌人在我军炽盛火力的打击下，遭受重大杀伤，狼狈不堪，纷纷缴械投降。7 时许，我军占领全城，城内伪军除少数于破城时逃窜外，大部就歼。这次战役，生俘伪临沂县长韩文龙、伪临沂保安第八大队长许兰笙、伪费县县长韩金声、伪费县保安大队长邵子厚以及王洪九部参谋陈维章等以下共 2000 余人，汽车 11 辆，以及大量的武器弹药。

入城骑兵经过临沂城墙

临沂城的解放，使鲁南、鲁中和滨海三个地区连成一片。

9 月 13 日下午 1 时，临沂两万军民在南大校场举行庆祝临沂解放大会。解放临沂的参战部队、骑兵、炮兵、工兵、步兵和重机枪队以及 3000 多名参战民兵，举行了盛大入城式，全城人民一片欢腾。根据广大人民的强烈要求，韩文龙、韩金声、许兰笙、邵子厚、陈维章、韩兆胜、马怀义等被公审枪决。人民群众兴高采烈，

入城部队行进在天主教堂前

拍手称快，异口同声地说："这些坏蛋，也有今天！"

9 月 14 日，临沂前线指挥部、政治部举行盛大宴会，邀请参战的所有连以上指战员和战士代表。李作鹏、吴瑞林和山东解放军暂编第二师政委刘兴元相继讲话，要大家保持冷静的头脑，用勇敢结合技术消灭顽抗之敌。

八路军列队进入临沂城

同日，山东军区司令员兼政委罗荣桓、副政委黎玉、政治部主任萧华电贺临沂解放。电文为："临沂城争夺战，我军虽付出相当代价，但在我全体将士英勇用命，流血牺牲、艰苦奋斗之下，终将临沂城解放，群奸聚歼，充分发挥我胜不骄，败不馁，再接再厉，誓歼顽敌的伟大的顽强精神。这里特向你们致以热烈的祝贺与深切的慰问，并向光荣殉国的死者致哀，向伤者致敬，向援助我军解放临沂城的人民致谢。胜利的日子已经来到了，望大家严明纪律，执行政策，协助政府，安抚救济人民，发动群众，把我全体指战员用血用汗换来的临沂城，建设成一个不可摧毁的堡垒。”

大事记

（1937 年 7 月—1945 年 9 月）

1937 年

7 月 7 **日**　日本侵略军向北平（今北京）西南十余公里的卢沟桥发动进攻，中国驻军第二十九军官兵奋起抵抗。中国人民全国性抗日战争自此开始。

7 月 8 **日**　中共中央向全国发布《为日军进攻卢沟桥通电》，号召全国人民、各级政府和军队团结起来，筑成民族统一战线的坚固长城，抵抗日寇的侵略。

8 月 25 **日**　根据国共两党的协议，中共中央军事委员会发布命令，决定将中国工农红军主力 3 万余人改编为国民革命军第八路军，任命朱德为总指挥(9月改称为总司令),彭德怀为副总指挥(9月改称为副总司令),下辖一一五师、一二〇师和一二九师及直属部队。9月,各部队东渡黄河,开赴抗日前线。 **8月** 莒县十字路(今属莒南县)抗日游击大队成立,谢辉、张子亮任正、副大队长。队伍很快发展到200多人。

9月23日 蒋介石发表承认中国共产党合法地位和国共两党合作的谈话,以国共合作为基础的抗日民族统一战线正式形成。此后,沂蒙抗日根据地党组织先后开展对张里元、石友三、东北军和国民党左派与社会名流的统战工作,取得了明显的成效。统一战线和党的建设、武装斗争,为中国革命的"三大法宝"。

9月 日军飞机由青岛至临沂上空侦察和扫射,城内各学校停课,小学教师参加了县教育局主办的教育义勇队。

10月初 沂水县抗日游击第一中队成立,队伍100余人,李贯一任中队长。

10月 兰陵国民抗敌义勇军在北大寺成立。队伍150余人,赵昭、杨只晨(即杨文田)为负责人。

12月13日 日军占领南京,实施惨绝人寰的大屠杀,被害民众达30万人。

1938年

1月1日 中共山东省委组织领导在泰安徂徕山大寺举行武装起义,宣布成立八路军山东人民抗日游击第四支队,洪涛任支队司令员,黎玉任政治委员。

1月14**日** 日军第二次由泗水东犯平邑镇，联庄会长米栻民带领民众在八埠庄伏击日军，迫使日军撤回泗水，打响了当地人民抗日斗争的第一枪。《中央日报》为此发表了《米栻民部阻击日军于八埠庄》的消息。

1月15**日** 中共中央指示创建沂蒙根据地。《中共中央给山东省委的指示信》中指出：省委的工作“应以发动游击战争与建立游击区的根据地为中心”；“省委工作的中心应当放在鲁中区，开始依靠新泰、莱芜、泰安、邹县的工作基础，努力向东发展，尤以莒县、蒙阴等广大地区为重心”。

2**月** 日军板桓师团从青岛登陆，沿胶济线分两路南下。一路经诸城、莒县，一路经青州、沂水，目标是占领临沂，直取徐州。15日，驻守穆陵关的国民党海军陆战队第五大队600多人，由大队长陈宝骥率领，凭险御敌，顽强阻击，血战5昼夜，城关不失。后日军以飞机、排炮轰炸，我被迫撤守。

2**月**17**日至**20**日** 中国军队在莒县招贤镇阻击、重创侵华日军。日军侵占招贤后，烧民房1500余间，枪杀群众72人，有30多名妇女遭辱。

2**月**21**日至**23**日** 莒城保卫战。中国军队在莒县城与侵华日军血战，重创日军。莒城失陷后，日军烧杀5昼夜，屠杀城关民众700余人。（详见本书）

2**月** 日军及伪军张宗援部、汉奸巨匪刘桂堂部占领两城、日照、涛雒等地，在日照境地内先后制造了簸箕掌、南湖、三庄等血案。

3月3日 中共山东省委率山东人民抗日游击第四支队进驻蒙山前万寿宫、柘沟村，组织群众开展抗日斗争。

3月3日至4月21日 临沂战役。中国军队第四十军庞炳勋部和第五十九军张自忠部等在临沂与日军精锐板垣第五师团血战50天，毙伤日军6000余人。（详见本书）

3月8日 日军血洗上、下峪子村。两村共有100多户人家。黎明前，日军100余人悄悄占领了沂水县上峪子北山。晨5时，对村内枪炮齐发，村中顿时火光四起。日军冲进村内，残杀村民150余人，烧毁民房200余间，炸死牲畜30余头。（详见本书附录）

3月26日 下午3时，日军飞机2架，飞抵临沂县兰陵（今兰陵县兰陵镇）投弹10多枚，炸死百姓40余人，炸毁房屋50余间。

3月下旬 山东人民抗日游击第四支队第六大队在沂水县公家疃成立，鲁滨任大队长，邵德孚任党代表并兼顾沂水县地方工作。

4月21日 临沂城失陷，日军进城疯狂屠杀城中百姓，全城被害群众计2840余人，加上在城郊杀戮的人，受害群众共超过3000人。日军进行大屠杀的同时，还纵火焚城，大火烧了六七天。整个城西南隅化为灰烬，南关老母庙前、阁子门外，房屋全被烧光。其财产损失难以数计。（详见本书附录）

4月23日 国民党军队在郯城县西南的三捷庄、丁字沟一带与日军展开激烈的拉锯战，历时25天。此役，歼日军千余人，庞炳勋部第四十军有千余官兵壮烈殉国，三捷庄百姓死难100余人。

4月25日 日军100余人侵犯莒县十字路（今属莒南县），杀害居民

61 人,烧毁房屋 3600 余间。

4 月 原西北军将领石友三率六十九军入鲁,分驻新泰、泰安、莱芜、沂水、莒县等地。中共中央长江局派张友渔到石部工作,石任命张为六十九军政治部部长。石部入鲁后,曾多次和八路军山东部队协同作战,抗击日军。

5 月 12 日 日照县南湖村逢大集。中午,日军飞机 5 架忽从东北方向飞来,投掷几十枚炸弹,同时用机关炮向人群扫射。顿时,集市上空浓烟蔽日,地上血肉横飞。嘶叫声、哭喊声,裂人心肺。1 小时后,日机复至,又向庄内投掷炸弹和燃烧弹,整个村庄变成一片火海。外来赶集人有 468 人遇难,伤者无数;村内 169 人遇难,273 人受伤致残。烧毁房屋 1292 间,烧掉粮食 73858 斤,炸死牲畜 79 头。(详见本书附录)

5 月 21 日 中共山东省委在南尚庄召开会议,郭洪涛传达了中央和毛泽东关于建立抗日根据地的指示,做了《为创建山东抗日根据地而奋斗》的报告,提出创建以沂蒙山为中心的山东抗日根据地。

5 月下旬 中共中央决定将中共山东省委扩大为中共苏鲁豫皖边区省委,郭洪涛任书记。

5 月 27 日 临沂县联庄会调集 5000 余人夜袭临沂城日军。(详见本书)

5 月 30 日 日军飞机一架轰炸扫射刘家庄(今属莒南县)大集,炸死炸伤群众 230 余人。(详见本书附录)

6 月 山东抗日军政干部学校成立,中共苏鲁豫皖边区省委宣传部部长孙陶林兼任校长。该校从第二期起驻沂水县岸堤(今属沂南县),故习称岸堤干校。在一年多的时间里，干校开办5期，培养干部3000多名。

7月4日　6月30日，中共苏鲁豫皖边区省委将制定的《发展和坚持山东游击战争的战略计划》上报中共中央和北方局。是日，毛泽东、刘少奇复电边区省委："战略计划尚妥，照此做去。"此计划主要内容是创建以蒙山为中心的抗日根据地。

7月底　八路军山东人民抗日游击第二支队在莒县成立（由山东人民抗日游击第四支队的第六大队改编），罗绩伟任支队长，杨昆（吴瑞林）任政委，吴坤任副支队长。

9月上旬　国民党山东省第三区行政督察公署专员兼保安司令张里元率部在胭脂山（今属兰陵县）一带伏击日军。（详见本书）

10月25日　日军侵占武汉，全国抗日战争进入战略相持阶段。

11月6日　日军200余人分乘9辆汽车突袭老屯村，农民抗日自卫总团奋起迎敌。"农抗团"有72名队员牺牲，有7名村民同时遇难。（详见本书附录）

11月23日　中共临郯中心县委和临郯青年救国团县团部在兰山举行武装誓师大会，成立八路军临郯独立团，薛浩任团长，唐涛、韩去非先后任政委。

11月底　8月中旬，中共中央派黎玉、张经武率中国人民抗日军政大学、陕北公学等校毕业生和一部分红军干部，共约200人，从延安出发赴山东。11月底，一行人到达苏鲁豫皖边区省委驻地沂水县岸堤村（今属沂南县）。

12月上旬　中共中央决定，中共苏鲁豫皖边区省委改为中共中央山东分局(简称山东分局),郭洪涛任书记。不久,山东分局由岸堤迁驻沂水县王庄。

12 **月上旬** 国民党山东省政府从鲁村转移至沂水县东里店(今属沂源县)。是时,东里店有“小济南”之称。

12 **月下旬** 苏鲁人民抗日义勇总队进行车辋据点围困战。(详见本书)

12 **月** 27 **日** 根据中共中央决定,八路军山东纵队在沂水县王庄成立,张经武任指挥,黎玉任政治委员,王建安任副指挥,王彬任参谋长,江华任政治部主任。

12 **月** 30 **日** 国民政府任命于学忠为鲁苏战区总司令,沈鸿烈、韩德勤为副总司令。战区辖第五十一、第五十七、第八十九军及山东、苏北各地方游击队、保安部队。

12 **月** 为维护鲁中和胶东的联系,加强沂蒙山区的抗日力量,八路军第七、第八支队奉命从清河地区进驻沂水、临朐一带,同山东人民抗日游击第四支队并肩战斗。

12 **月** 一股日军乘船入侵日照县岚山头码头。登岸后,焚烧渔民渔船 100 余艘,抢掠部分财物后离去。

1939 年

1 **月** 1 **日** 中共山东分局机关报《大众日报》在沂水县四区(王庄)云头峪创刊。刘导生任报社社长,匡亚明任总编辑。

1月5日 中共山东分局、八路军山东纵队在王庄召开各特委、支队领导干部会议，分析形势，研究创建抗日根据地和向苏北地区发展问题。决定在山东纵队和各支队建立后方司令部。

1月30日 费县东流村村民进行抗日自卫战。（详见本书）。

年初 国民党第五十七军一一一师三三三旅从苏北调入鲁东南，进驻莒县，不久，师长常恩多亦率师部和六六六团到达莒县。

2月7日 临郯独立团在临郯公路上伏击日军，激战两个小时，毙伤敌30余人，击毁汽车4辆，缴获机枪、步枪等物资。

3月2日 八路军一一五师政委兼政治部主任罗荣桓、代师长陈光，率师部机关和三四三旅六八六团2000余人，组成东进支队，于3月2日到达鲁西。

3月下旬 罗荣桓由泰安到达沂水王庄，向中共山东分局、八路军山东纵队传达了中共六中全会精神。

3月 中共山东分局在沂水县王庄召开统战工作会议。

4月上旬 鲁苏战区总司令于学忠率第五十一军、五十七军约2万人，进入鲁中、鲁南地区，驻扎在沂水、莒县、日照、临沂、费县等地。

6月1日至7月14日 鲁中军民反击日军大“扫荡”。（详见本书）

6月7日 日军飞机15架轮番轰炸国民党山东省政府驻地东里店，省政府机关及民房全被炸毁，死伤300多人，其中村民死伤84人。省政府的《山东公报》和《国民日报》两报馆死伤40多人。儿童剧团团长高见（女，沂水县人）等30多人，均为十四五岁的男女少年，全部被日机炸死。沈鸿烈率残部撤离。同日，日军飞机7架轰炸蒙阴县坦埠镇，炸死8人，

烧房100余间。第二天日军侵入坦埠，将民房烧光。（详见本书附录）

6**月**7**日**　5月，第十八集团军总部（即八路军总部）决定，在山东地区组建八路军第一纵队，徐向前任司令员，朱瑞任政委，统一指挥苏北和山东的八路军各部。本日，徐向前、朱瑞到达沂蒙山区腹地沂南县代庄。

6**月**29**日**　中共鲁东南特委书记高克亭、军事部长谢辉等率特委机关及二中队，自莒北桑园夜行军向葛家庄转移。拂晓，与莒城出动的日军遭遇。二中队迅速抢占葛家庄南岭，阻击敌人，激战2小时，掩护特委机关和当地群众安全转移。二中队牺牲干部战士21名。

6**月**30**日**　莒县葛家庄战斗。（详见本书）

7**月**1**日**　中共山东分局发出《关于恢复县乡区政权的指示》，提出“县界应以地形及战争需要重新划分，不受旧行政县界的限制”。

8**月**1**日**　根据八路军总部的决定，八路军第一纵队在代庄（今属沂南县）宣布成立，徐向前司令员、朱瑞政委通电就职。徐向前率第一纵队司令部在沂水县大诸葛、马牧池（今属沂南县）等地驻防。

8**月**9**日**　山东军政委员会建立，统一领导山东党政军民工作。朱瑞任书记，朱瑞、徐向前、郭洪涛、罗荣桓、陈光、黎玉为委员。军政委员会隶属中共中央北方局。

9**月**21**日**　中央军委与八路军总部指示山东部队：在日军“扫荡”后，鲁南局面混乱，应趁机将一一五师部、六八六团及萧华一部开赴鲁南，巩固鲁南抗日根据地。据此，一一五师东进支队、津浦支队、师直机关大部、教导大队与六八六团等相继进入鲁南地区，开辟和巩固了以抱犊崮山区为中心的鲁南抗日根据地。

9月 八路军山东纵队第一支队先后攻克临朐三岔店(今属沂源县)、五井、冶源等据点,并击退向冶源反扑的日伪军,歼敌500余人,开辟临朐南部根据地。第一支队第二营返回鲁东南地区,开辟诸(城)莒(县)公路以东地区。

10月25日 山东纵队第一支队在临朐县五井镇反击日军,歼敌百余人。(详见本书)

10月下旬 中共山东分局书记郭洪涛赴延安,中共中央任命朱瑞为山东分局书记。

10月下旬 八路军陇海南进支队在邳县张家口歼灭日军100多人,支队伤亡30余人。

10月 山东第一军区成立,刘海涛任司令员,林浩兼政委,刘其人任政治部主任。同时,成立第一区军政委员会,林浩任书记。

11月5日 日伪军300余人进犯仲村(今属平邑县),八路军一一五师六八七团予以反击。经3日激战,毙伤敌60余人,缴获步枪20余支、战马14匹、其他军用品一宗。

11月18日 八路军一一五师东进支队攻占郯(城)马(头)。

11月28日 日军纠集三四千人,进攻国民党五十七军军部驻地宋家沟(今属莒南县)。日军进村后,杀害村民4人,烧毁房屋100余间。

12月25日 八路军一一五师苏鲁豫支队第四大队在兑头沟伏击日军运输队。(详见本书)

12月 沂蒙抗日根据地军民开展破袭战:八路军山东纵队第二、四支队分四路同时破坏台(儿庄)潍(县)公路;第三支队破坏胶济铁路几处;一一五师部队炸毁碾庄至赵墩间的铁路;鲁南军民将临沂至枣庄、沂水的公路破坏,使日本侵略军运输陷于瘫痪。

1940年

1月6日至15日 八路军一一五师召开根据地建设会议。6日,一一五师在临沂县大炉(今属兰陵县)召开根据地建设会议。罗荣桓做了《关于创建抱犊崮山区根据地》的动员报告,指出在鲁南创建根据地的有利条件和重要意义,对地方党组织开展工作、建立政权、统一战线、对敌斗争原则等方面提出了明确要求。15日,陈光做了《坚持我们的阵地》的报告,指出:我们要抛弃过去那种不要阵地的游击主义,努力创造坚持和巩固自己的阵地;强调创造根据地,一要有群众,二要有政权。没有政权,就不容易发动群众,没有群众,政权也就失去了牢固的基础,阵地也就不能巩固。

1月9日 国民党一一一师三三三旅旅长王肇治率一个营兵力,于当晚与日军交战,至次日下午2时,日军死伤惨重,三三三旅有72名官兵殉国,其中正副连长4人。

1月12日 中国人民抗日军政大学(简称抗大)第一分校到达沂南张庄、东高庄、金厂一带。此后,共开办学习班6期,培养干部1.5万人。

1月20日 中共北方局在《对山东工作的意见》中指出:“确实掌握泮山、鲁山、莲花山及沂蒙山,孤立沈鸿烈,麻痹张里元,消灭秦启荣,发动民众武装及扩大我军,协助我第一一五师,应确实掌握抱犊崮山区,有准备地消灭刘桂堂。”“加强鲁南总动委会工作，依靠这个中间力量，开展山东进步力量的组织工作。”“沂、蒙两县应利用机会成立县政权。”

1月24**日** 莒南县王家庄战斗。（详见本书）

1月28**日** 中共中央《关于在山东、华中发展武装建立根据地的指示》中指出：要“把发展武装力量作为一切工作的中心”。要求山东在今年一年内，“至少应发展武装军队（包括游击队）到十五万人枪（一一五师应分配干部与兵力到山东全境去）”，并组织10倍于正规军和游击队的自卫军，极力争取大部政权掌握在我们与进步人士手中。

2月14**日至**3**月**21**日** 八路军进行白彦争夺战。（详见本书）

2月下旬 鲁南铁道游击队建立，洪振海任队长，杜季伟任指导员。4月，中共铁道游击队支部建立，杜季伟任书记。7月底，中共鲁南区党委将沛（县）滕（县）边县委组建的两支游击队合并到铁道游击队，名为铁道游击大队，洪振海任大队长，杜季伟任政委。

3月16**日** 孙祖战斗。在徐向前指挥下，山东纵队第二支队等部在孙祖痛击日军，取得大捷。（详见本书）

4月13**日** 山东军政委员会决定：将中共山东第一区党委撤销，划分为鲁中区党委、鲁南区党委和直属山东分局的第五地委。大鲁南地区遂形成鲁中、鲁南、滨海三个战略区。

4月14**日至**5**月上旬** 鲁南军民进行抱犊崮山区反“扫荡”。（详见本书）

4月 日军200余人从日照的涛雒、碑廓出动，进犯莒南县文疃、柳沟一带。驻扎在柳沟一带的国民党一一一师三三三旅于黄山前与敌激战。师长常恩多命令在碑廓的一个营，从敌后夹击，打退了从大店据点前来增援的日军。从上午8时至天黑，终于击溃来犯之敌，毙伤敌百余人，缴获山炮1门和大量军用物资。

5月14日 日伪军1000人出动“扫荡”，山东纵队第一支队在土门（今属沂源县）痛击日伪军，毙其160余人（其中日军指挥官2人）。

6月上旬 中共鲁南区党委在天宝山区油篓村（今属平邑县）建立，赵镈任书记。

6月11日 鲁南各界抗日人民代表大会在费滕峄边区的臼子峪召开。选举产生鲁南区参议会，成立鲁南专员公署，彭畏三任参议长，于化琪任专员。

6月11日至14日 11日，日军军舰一艘骚扰、炮击日照码头，韩家口渔船被烧毁多艘。14日，两艘日舰又烧毁岚山头渔船80艘，并捣毁渔网300条，劫走200条。

6月 八路军第一纵队司令员徐向前由沂南青驼寺启程赴延安。

7月3日 日伪军500余人围攻费南县大平安庄（今属平邑县）。该村民众自卫团以土枪、土炮与敌激战7小时，毙敌百余人，自卫团伤亡70余人。午后，敌攻入村内，副村长徐英明等13人被活埋，死难者达43人，60余人负伤，260余间房屋被烧毁，财物被劫一空。

7月26日至8月26日 山东省联合大会在青驼寺召开。山东省国民大会代表复选大会，山东省民众总动员委员会成立大会，山东省工、农、青、妇、文化各界总会成立大会，山东省各界救国联合会成立大会，于7月26日在沂临边联县青驼寺（今属沂南县）开幕。到会代表300多人。

8月1日，山东省临时参议会成立，选举范明枢、亓养斋等81人为山东省临时参议会参议员，推举范明枢为参议长。17日，山东省战时工作推行委员会（简称省战工会）成立，张经武、李澄之、黎玉、罗舜初等23人当选为委员。黎玉为首席组长。会议历时1个月，圆满完成了各项议程。8月26日，联合大会在孙祖铁峪胜利闭幕。

8月16日 鼻子山伏击战。（详见本书）

8月 八路军山东纵队开始第四期整军。所属部队整编为第一、第二、第三、第五旅和第一、第四、第五支队及特务第一、第二团，共5万余人。

9月7日 青驼寺战斗。（详见本书）

9月12日 铜井战斗。（详见本书）

9月13日至11月12日 山东省战工会在沂临边联县青驼寺召开全省行政会议。黎玉主持会议，战工会秘书长陈明做《山东抗日民主政权工作》的报告。

9月16日 八路军一一五师在鲁南天宝山区桃峪（今属平邑县）东山召开旅级以上干部参加的高干会议。罗荣桓在会上总结了一一五师入鲁以来对敌、对顽斗争和开辟鲁南抗日根据地的重要经验，并提出了"插、争、挤、打、统、反"的6字方针，号召"建立铁的模范党军"。

9月18日 鲁中军民反击日军"扫荡"。（详见本书）

10月17日 八路军一部在徂徕山阻击日军，毙伤日军独立第十旅团大队长渡边大佐以下百余人。

10月23日 八路军一一五师教导第二旅在费县小卞桥歼灭日伪军

340 余人，缴获轻重机枪 6 挺，步枪百余支。

10 月 25 日 鲁南军区成立，邝任农任司令员，赵镈任政委。

10 月 28 日 罗荣桓向各旅和政治部主任发出指示，提出建立模范党军的支部工作。

10 月下旬 根据八路军总部命令，一一五师所属部队统一整编，共编为 7 个教导旅、18 个团。此时，全师有 7.6 万人。

10 月 中共鲁中区委成立，霍士廉任书记。

10 月 八路军一一五师独立支队由鲁西进入鲁南。中央军委决定陈士榘任第一一五师参谋长。

11 月 10 日 八路军一一五师教导第五旅在郯城以西地区抗击日伪军 1000 余人的进攻，歼其 150 余人。次日，该部袭击郯城重坊，歼 130 余人，并在峄县周庄歼灭日伪军 200 余人。

11 月 20 日 武安和塔佛山战斗。（详见本书）

12 月 7 日 日军田中联队及奉天联队 3000 余人在汉奸刘桂堂部配合下，分 6 路"扫荡"天宝山区抗日根据地和费北仲村（今属平邑县）一带。敌人在"扫荡"中实行烧光、杀光、抢光的"三光"政策，在天宝山区残杀民众 200 余人，费南古路沟、东庄、昌里、常庄、桃峪、流峪等村 1500 余户房屋被烧毁；费北仲村一带有 60 多个村庄被日军焚烧，致使 2 万余民众无家可归。25 日，中共山东分局、八路军一一五师、八路军山东纵队、省战工会、省临时参议会、抗协总会等联合发起 30 万元捐款救济运动，支援费县灾民。《大众日报》发表题为《粉碎敌人残酷烧杀的毒计》的社论，号召人民要大规模地开展救济费县受灾同胞的运动，加紧开展群众武装组织与参战工作。

12月22**日**　八路军一一五师教导第五旅奉命南下,支援新四军作战,次年1月改编为新四军独立旅。

1941年

1月17**日至**19**日**　临郯费峄四县边联军民反"扫荡"。(详见本书)

1月25**日**　张家楼伏击战。国民党鲁苏战区抗日游击队第一纵队何志斌支队发动民众破袭日照城北公路5里多,并在城北公路东侧的张家楼设伏。次日晨,日军带部分伪军出城,进入何部伏击圈。何部官兵突然出击,击毙日军少佐部队长其胜次,毙日伪军30余人,伤敌20余人。何部牺牲6人,伤30余人。

2月2**日**　1月30日夜,沂水苏村区伪区长邢祚光率伪军105余人起义,杀死日军20人,携武器投靠八路军。2月2日,沂南县行署在岸堤召开欢迎邢祚光反正大会,山东纵队宣传部长刘子超在欢迎大会上讲话,热情慰问邢祚光等起义人员。

2月7**日**　重坊战斗。(详见本书)

2月16**日**　八路军一一五师教导第二旅一部在赣榆县孙家桥抗击日伪军400余人的进犯,歼其200余人。

3月16**日至**25**日**　临费边军民破敌三道封锁线。(详见本书)

3月19**日**　青口战役。(详见本书)

3月21**日**　日军推行第一次"治安强化运动"。内容是:强化乡村

“自卫”力量，建立反共自卫团和保甲制，清查户口，制发“良民证”、身份证，扩大整理治安军等。同时，对不同地区分别实行“清乡”“扫荡”“蚕食”等。

4 **月** 18 **日**　八路军一一五师教导第二旅一部袭击费县刘家庄据点，歼灭日伪军 100 余人，缴获骡马 20 余匹。

4 **月中旬**　八路军一一五师和鲁南军区部队向临郯间日伪据点进攻。经 7 昼夜战斗，先后攻克庭湖、英村、老屯、下庄、神山、汤庄等日伪据点。毙伤日伪军 100 余人，缴获长短枪 250 支、战马 10 余匹。

5 **月** 11 **日**　临沂日伪军 400 余人、骑兵四五十人，袭扰沭河以东地区，在洪瑞附近被八路军阻击。此次共毙伤日伪军 30 余人，俘虏 3 人，缴获枪支马匹等。

5 **月** 19 **日**　山东纵队第二旅一部在夏家庄、大梁庄附近抗击由临沂出动的日伪军 2000 余人，毙伤其 100 余人，缴获步枪 200 余支。

6 **月** 2 **日**　在华日本人反战同盟山东支部在鲁南成立，大西正为会长，上申庄太郎为副会长。会上通过了《在华日人反战同盟山东支部宣言》《工作纲领》《告日本士兵书》。

6 **月** 15 **日**　山东纵队第二旅一部在地方武装配合下，于临（沂）枣（庄）公路上伏击日军汽车队，激战 3 小时，歼敌多人，击毁敌汽车 13 辆，缴获军用品一宗。

6 **月** 28 **日**　八路军一一五师政治部宣传部部长赖可可在《抗战四年与一一五师》一文中称：一一五师共毙伤日军 74644 人，其中军官 907 人，俘日军 1240 人。一一五师伤亡 43000 人以上。

7月7日 日军推行第二次“治安强化运动”。其主要内容是:“发展乡村力量及攻势,与军警协作,以实现剿共。”实行大规模“扫荡”,采取“铁壁合围”战术,进行长期“清剿”;修筑碉堡和公路,封锁抗日根据地。前后历时两个多月。

8月1日 八路军一一五师在临沭县蛟龙湾举行“八一”庆祝大会,罗荣桓等党政军领导人在会上做报告。

8月19日 山东纵队第一旅主力一部利用内线关系,里应外合袭击大平邑(今平邑县城)敌据点,毙伤日伪军600余人,俘20余人,缴获200多支枪。

8月21日 下午,日军数百人突然包围萧姬庄(今属兰陵县),把机枪、小炮架在武河堤上,向村内射击,并顺风向村内施放毒气。抗日民众用7门土炮和土枪向敌还击。激战两个多小时,圩子被日军攻破。民众与敌展开肉搏战。日军杀害村民50多人,烧毁房屋240余间,粮食、牲畜被抢掠一空。

9月30日 西山前村民抗日自卫战。(详见本书)

10月10日 日伪军1万余人,采取长途奔袭和拉网梳篦战术,对临郯地区进行残酷大“扫荡”。(详见本书)

11月1日 日军推行第三次“治安强化运动”。主要是在占领区和游击区进行经济掠夺,对根据地实行经济封锁,以“掠夺战”和“三光政策”围困、破坏根据地。持续至翌年3月底。

11月 沂蒙军民反“扫荡”战役。先后进行瞭阳崮遭遇战、马牧池突围战、龙须崮保卫战、大崮山战斗、留田突围、坦埠伏击战、黄山坪突围

战、石岚伏击战、蒙山百花峪(布袋峪)战斗、柳红峪战斗、绿云山战斗、大青山突围等十几次战事。(均详见本书)

12 **月初** 山东纵队第二旅第四团九连及边联县一个连,在蒙阴县东部李林村遭敌合围,毙伤敌 300 余人,全部壮烈牺牲。

12 **月** 4 **日** 和尚崮战斗。(详见本书)

12 **月** 8 **日** 日军偷袭珍珠港,美、英对日宣战,太平洋战争爆发。

12 **月** 8 **日** 血战苏家崮。(详见本书)

12 **月** 10 **日** 高湖突围战。(详见本书)

12 **月** 12 **日** 左山突围战。日军数百人突然奔袭沭水县临沭区、新建区的一些村庄,包围了左山村(今属莒南县)。山东纵队第二旅第五团一个连在连长赵生带领下,主动出击敌人,掩护沭水区委、地委工作组和沭水县县长王子虹等党政人员及群众突围。激战半日,地方党政人员及群众安全转移。该连 40 余人牺牲。

12 **月** 20 **日** 渊子崖村民自卫战。(详见本书)

12 **月** 鲁苏战区总司令于学忠及其总部,转移至莒南县甲子山区李家彩、石汪等村,与八路军一一五师靠拢。

12 **月** 鲁南铁道游击队与运河支队第一大队、微山湖大队密切配合,在临城拦截日军火车,获布匹两车厢,运往鲁南山区根据地。

1942 年

1 **月** 3 **日** 山东纵队第一旅在蒙山一带发起反封锁战役。2 月 3 日,八路军一一五师策应国民党军队反“扫荡”。摧毁敌据点6处，毙伤日伪军1000余人。

1月4日 铜井战斗。（详见本书）

2月7日 圈里战斗。（详见本书）

2月中旬 日伪军2000余人，由沂水沿沂蒙公路分三路向西侵犯沂蒙抗日根据地。至3月1日，一一五师部队反“扫荡”战斗获得胜利。

2月16日 晨7时，日军出动飞机3架，对国民党第五十一军军部驻地龙王官庄（今属沂源县）轮番轰炸。9时左右，日军1000多人包围了龙王官庄，因第五十一军提前撤离，未发生战斗。日军在龙王官庄烧掠7天，烧毁房屋400余间。粮食、衣物被劫一空，掳走群众8人，被送往东北做苦工，其中3人死亡。

2月24日 日伪军数千人分进合击驻甲子山区的国民党鲁苏战区总部和第一一一师。八路军一一五师第六八六团和山东军区地方部队，策应友军，主动出击敌人，使鲁苏战区总部和第一一一师安全转移至八路军控制区。日伪军撤离后，友军又进驻甲子山区。

2月 滨海区军民响应毛泽东主席发出的“自己动手，丰衣足食”的号召，掀起大生产运动。

2月 中共鲁南区党委、鲁南军区组建大批武工队进军敌占区，给日本特务以沉重打击。

3月30日 日军推行第四次“治安强化运动”。进一步实施军事打击、政治欺骗、经济破坏、文化麻痹、特务统治相结合的所谓“总力战”“囚笼政策”“保甲制度”等，对抗日根据地疯狂侵袭。历时两个半月。

4月9日 日伪军4000余人，进犯邳县抗日根据地。鲁南三地委、三行署及邳县县委、县政府和地县武装被压缩到铁佛寺一带。为保存力量，减少损失，请示鲁南区党委批准，地县武装突围转移到滨海区泉源头一带休整。至此，临郯邳地区被伪化。

4月10日至7月下旬 中共中央政治局候补委员、华中局书记、新四军政委刘少奇受中共中央委托，由苏北到达中共山东分局驻地临沭县朱樊村，检查、指导、帮助山东工作。他在滨海地区活动工作三个半月，通过深入群众，调查研究，帮助山东分局总结了抗战四年斗争经验，提出了以后的斗争方针和任务，并对山东的形势问题、军事政治斗争、群众工作问题、统一战线问题、实事求是地纠正肃反扩大化错误问题、统一领导问题、党的工作和根据地建设等方面，都做了科学的分析和重要指示，使山东党政军统一了认识，明确了今后的方向任务和方针政策，扭转了危局，开创了山东整个工作的新局面。

5月4日 根据地开展“减租减息”运动。

5月至6月 日伪军2000余人，分四路对沂蒙根据地进行麦季“扫荡”，“蚕食”沂蒙区的沂临边县，建立了一批据点。八路军鲁中部队针锋相对，采取“敌进我进”的方针，转入敌人后方打击敌人，共毙其100多人，俘虏40多人，粉碎了敌人的“扫荡”“蚕食”封锁图谋。

6月 严惩日伪宪兵头目。伪临沂道尹公署顾问川本在临沂召开各县宪兵队头目会议。临沂县抗日民主政府公安局长危益民奉命执行锄奸任务，带领40余名武工队员，埋伏在褚墩镇北桥头村附近。当伪宪兵队头目散会路过之际，出其不意，突然袭击，获大胜，除主父伯阳一人漏网外，临沂、郯县、郯城等县宪兵队长皆被击毙。

7月2日 驻临沂城的日军顾问川本派13名便衣特务，佩带短枪，骑自行车去庄坞收集情报。沂河支队副司令员王献廷和马陵办事处主任傅伯达带领马陵办事处公安干部战士，在敌特必经之地马树湾设伏，一举将13名敌特全部击毙。

8月1日 山东纵队改为山东军区，黎玉任政委，王建安任副司令员，江华任政治部主任。山东军区随山东分局和一一五师师部行动。同日，以原山东纵队机关一部为主成立鲁中军区，罗舜初任司令员兼政委。

8月20日 唐王山战斗。（详见本书）

8月24日 日军从徐州、滕县、费县、济南、临沂、枣庄等地纠集4000余人，分8路“扫荡”鲁南抱犊崮山区抗日根据地。抱犊崮东南的基本区仅剩十余个村庄，形成了“东西十余里，南北一线牵”的艰苦局面。八路军鲁南部队遂采取灵活机动的战术，跃入敌后，进行反“扫荡”。

8月28日 石河战斗。7月，日军3000余人在费县石河（今属兰陵县）一带受重创。遂又纠集4000余人于8月28日拂晓，包围驻守石河一带的国民党第五十一军第一一三师第三三七旅六七四团。战斗异常激烈。七连连长吴金贵身伤数处，仍率部与敌巷战肉搏，直至全连官兵壮烈牺牲。是年冬，立石河战斗阵亡烈士公墓碑，碑上镌刻着战斗经过和54位烈士的英名。

9月 岌山反“扫荡”。（详见本书）

9月28日 八路军一一五师教导第二旅主力与地方武装在赣榆县海头、河口、宋庄等地抗击日伪军1000余人。至10月8日，共歼灭日伪军400余人。

10月22日 罗荣桓首倡"翻边战术"。《大众日报》本日发表罗荣桓的文章,提出"敌进我进"的方针,即"翻边战术"。其含义是:当敌人向我大举进攻时,我除以小部队和一些游击队去正面对付敌人外,主力部队必须同时插到敌之后方去,相机攻击其薄弱之敌,并破坏敌之交通要道,使他们不能在根据地内持久作战。当敌回撤时,相机进行伏击,消灭敌军。这一精辟的军事理论,在之后战场的实践中,收到了良好的效果。

10月 日军推行第五次"治安强化运动"。其内容是宣传"大东亚共荣圈",强化"反共自卫"组织,封锁"蚕食"根据地。

10月27日 南墙峪突围战。(详见本书)

10月28日 仙姑顶抗击战。(详见本书)

11月2日 对崮峪战斗。(详见本书)

11月3日 八路军一一五师教导第二旅四团和新一一一师六六二团等,发起海陵反"蚕食"战役。至8日,攻克日伪据点16处,毙伤日伪军200余人,俘虏伪军600余人,缴获枪支540余支。

11月9日 马鞍山战斗。(详见本书)

12月 据统计,1942年山东有日军3.7万人,伪军18万人;国民党军队由17万减至9万人。山东共有日伪军据点3700余处,其中鲁中区有386处,鲁南区有441处。除滨海、鲁中区留有较大基本区,其余均被分割成小块分散的根据地、游击区或隐藏斗争点线,与日伪顽形成犬牙交错的局面,八路军部队机动回旋地域大为缩小,军民衣食与军需用品极其缺乏。但人民武装却大大发展,民兵达17万人,自卫团发展到82万人。

1943 年

1 月 17 日　一山子(惠家庄)战斗。(详见本书)

1 月 19 日至 21 日　郯城战役。(详见本书)

1 月中旬　日伪军 1 万余人合围“扫荡”鲁南山区抗日根据地。八路军一一五师一部和鲁南军区部队贯彻“敌进我进”方针,采取内外线相结合的战术主动向敌人进攻。军区第五团攻克兰陵以北小仲村据点,俘敌百余人;奔袭小埠子据点,全歼守敌。其中击毙日军 20 人,俘 1 人,毙伤俘伪军 1 个中队。军区第三团攻克铜石据点,歼伪军 80 余人,袭入白彦日伪据点,歼敌一部。沂河支队攻克 20 余处日伪据点。军区独立团及地方武装,拔除滕峄边 6 处据点,解放村庄 50 余个。民兵、游击小组破袭了临枣、磁临、城桑公路。

2 月 1 日至 5 日　滨海军民反“扫荡”。(详见本书)

2 月 17 日　城顶山战斗。(详见本书)

2 月 26 日　歪头崮战斗。(详见本书)

3 月 12 日　新的山东军区成立。中共中央决定朱瑞任山东分局书记。罗荣桓任山东军区司令员兼政委,并任一一五师政委、代师长,黎玉任山东军区副政委,萧华任政治部主任并任一一五师政治部主任。新的山东军区辖鲁南、鲁中、胶东、清河、冀鲁边、滨海等 6 个军区。18 日,中共山东分局、山东军区决定,各区党委、地委实行一元化领导,统一军事指挥,实行主力部队地方化。撤销八路军一一五师、山东纵队所属各旅、各支队的番号,部队整编为13个兵员充实、领导坚强的主力团,其余部队编为地方武装,加强地方武装和民兵建设。从此,山东抗日根据地在战略方针、军事建设上达到了完全统一。

3**月**17**日**　小沙东海战。(详见本书)

3**月**24**日**　太皇崮战斗。(详见本书)

4**月**　中共滨海区党委成立,符竹庭任书记;滨海专署成立,谢辉任专员;滨海军区成立,陈士榘任司令员,符竹庭兼任政委。

5**月下旬**　三宝山战斗。(详见本书)

5**月**　中共临沂县委领导临郯间沂河沿岸40余村群众实行联防,构成长达25公里的联防线,封锁日伪据点。从5月中旬至6月中旬,与敌作战18次,毙伤日军40余人,活捉伪警长1人,查获奸细6人。

6**月**2**日**　武装保卫麦收。醋大庄据点的日军小队长岩上见据点周围几千亩金黄色的小麦已熟,便抓来500余名群众,意在武装抢收小麦。2日晚,滨海军区第四团一部和1个区中队包围了醋大庄据点,用机枪封锁了敌人的出路。据点被包围7昼夜,毙伤伪军7人,掩护群众收麦5200余亩。敌人从炮楼的窗口看着麦子被运往沭河东,只好望之兴叹。

7**月上旬**　苏鲁战区于学忠部撤离山东,8月到达安徽阜阳。国民党第二十八集团军李仙洲部入鲁。

7**月**15**日**　山东日本反战士兵首次代表大会在沂蒙召开,会议至23日结束。大会通过了《致日本士兵书》《控诉日本军部暴行书》《致伪军士兵书》。

7月18日 三庄战斗。八路军新一一一师进军滨北参加沂鲁山区和诸日莒山区争夺战，行至三庄以南地带，突然与“扫荡”的日军千余人遭遇。一一一师遂在夜幕掩护下，以六六二团、六六〇团各一部袭击驻三庄之敌，激战数小时未能攻克。19日晨撤至三庄以西高地，连续打退敌人两次冲击，于午后撤出战斗。此战，歼灭日伪军数百人，新一一一师亦伤亡百余人。

7月 中共滨海区党委指示滨海地区各武工队深入敌占区和游击区，配合民众进行反抢粮斗争。在280个村庄中逮捕伪政府人员430多人，摧垮日伪的征粮机构，打击了日伪的抢粮活动。

7月 临沭独立营于李石河村北设伏，伏击从据点出来抢粮的日伪军，俘敌20余人，缴获机枪两挺、步枪20支、手榴弹40余枚、子弹400余发。

8月2日 夜，临郯地区抗日军民万余人对临(沂)郯(城)公路进行大破袭。一夜间，将临郯公路北起埠前庄、南至沙墩55里路段和郯(城)新(安镇)公路之重兴至曹村段全部破坏，为粉碎日伪军“蚕食”沭西地区的阴谋创造了有利条件。

8月12日 山东省临时参议会在莒南县李家桑园村召开一届二次大会。会议决定，将山东省战时工作推行委员会改为山东省战时行政委员会，选举黎玉为行政委员会主任。

9月5日 鲁中军区主力一部在安丘县大安山抗击由县城出犯的日伪军，激战10小时，毙伤80余人，俘虏日伪军100余人，缴获炮1门、轻机枪6挺、战马4匹。

9月 朱瑞奉命赴延安,罗荣桓接任中共山东分局书记。

10月8日 鲁中军区部队在沂水县涝坡袭击企图修建据点的日伪军400余人,毙伤68人,俘虏伪军150余人,缴获轻机枪1挺、步枪百余支。

10月11日 鲁南军区第三团二连在费县梁邱、大安两地日军据点之间的白果树设伏,毙日军17人,伤1人,缴获手炮1门、步枪十余支。

秋 莒中军民开展联防斗争。全县民兵与各区武工队密切配合,开展村村联防、庄庄相助的大联防运动,多次击退了妄图"蚕食"根据地的日伪军,在百余里的沭河沿岸,筑成了一道人民联防的"铜墙铁壁"。这种斗争形式,被群众称为"沭河大戒严"。

11月9日至27日 南、北岱崮保卫战。(详见本书)

11月26日 晨,日军突袭滨海军区机关驻地赣榆县马家旦头村,滨海区党委书记兼军区政委符竹庭不幸牺牲。

1944年

1月1日 滨海军区发表《1943年对敌斗争公报》,公报称:一年来,全区对敌作战908次,攻克敌据点64个,毙、伤、俘日伪军1万余人。

1月18日至21日 滨海军区第四团、临沭独立营和民兵一部,一举攻克醋大庄、田庄、马石河、林宅、小墩等5个敌据点。共俘敌280余人,缴获步枪200余支、手炮3门、机枪1挺。

1月24日 临沭县朱村反"扫荡"战斗。(详见本书)

1月 滨海区有6343人参军，其中莒南县有1488人报名参军。

3月9日 滨海军区第六团一个营和莒中、莒南两个独立营及莒临边县大队，奉命向盘踞在夏庄、赵家岭、马坡、李官庄等据点的日伪军发起攻击。战斗开始，莒中独立营在翻译丁兆洪的帮助下，将日军小队长和田国雄灌醉，炸毁炮楼，顽抗之敌全部被解决。其他据点之敌有的溃逃，有的被俘。此战俘日军小队长和伪大队长及以下400余人，缴获轻机枪6挺、手炮4门、长短枪350余支、子弹2500余发。

6月2日 鲁中军区第三军分区主力一部在地方武装配合下，袭击费县仲村（今属平邑县）日伪军据点。毙伤20余人，俘虏伪军239人，缴获轻机枪1挺、长短枪400余支、骡马13匹等。

7月7日 滨海军民5000余人，在赣榆县抗日山（马鞍山）公祭抗战7年来牺牲的烈士及在沂蒙牺牲的国际友人汉斯·希伯（德国）、今野博（日本）。

7月23日 山东军区在日照碑廓镇召开军事会议，总结对敌战斗经验，统一作战指导思想，确立今后的军事方针。罗荣桓做了总结报告。会议先后在日照、赣榆、莒南边区等地进行。9月23日，在莒南县集前村结束。

7月底 鲁南区开展查检减租减息运动。

8月2日 山东军区在莒南县坪上镇召开战斗英雄、民兵英雄代表大会。与会的战斗英雄代表共268人，其中民兵英雄代表93人。大会选出一、二等战斗英雄各22人，民兵战斗模范237人，战斗模范村33个。

8月5日至7日 滨南军民1.5万人对临郯公路展开大破袭。主力部队将李家庄、萧埝、大埠3个敌据点紧紧包围，掩护此次破袭行动。该公路的萧埝至大埠段60余里全部被切断，使李家庄等敌据点完全陷入孤立。

8月15日至20日 解放沂水城。（详见本书）

8月19日 滨海军民粉碎日军“扫荡”。（详见本书）

8月25日 大山战斗。（详见本书）

9月2日 葛庄伏击战。（详见本书）

9月17日 常庄围困战。（详见本书）

9月23日 鲁南军区公布夏季攻势战绩：5月1日至7月20日，共作战65次，攻克日伪军据点51处，毙伤俘日伪军3437人，缴获炮26门、机枪46挺、掷弹筒25个、长短枪1756支。

9月29日 滨海军区部队在民兵配合下，在赣榆县东北海滨俘获日军轮船1艘，俘日军5人。

11月6日 鲁南军区第三团攻克平邑、铜石、地方日伪军据点，毙伤俘40余人，日军横井中队被歼，缴获炮1门、机枪5挺、长短枪422支。

11月14日至29日 解放莒城战役。（详见本书）

2月23日 日照黄埠子战斗。（详见本书）

1945年

1月1日至3日 罗荣桓在中共山东分局、山东军区直属干部会议上，黎玉在山东第二次行政会议上，萧华在山东军区新年同乐会上分别做报告，提出1945年的工作任务：继续扩大解放区，包围和孤立敌占大城市和交通要道；发动群众，实行减租减息，努力发展生产；加强对敌政治攻势和武工队的工作；加强练兵；开展拥军和拥政爱民运动等。

1**月中旬** 山东军区政治部召开各地武工队代表会议，总结武工队的英雄事迹和斗争经验，提出了今后加强斗争的策略，嘉奖了鲁南滕东武工队、在日照一带活动的武工四队等。会议闭幕时，罗荣桓、黎玉、萧华到会讲话，对各地代表倍加勉励。

1**月** 鲁南区参军人数达11064人，沂蒙专区有8111人参军。

3**月**7**日至**8**日** 解放蒙阴城。（详见本书）

3**月**17**日** 日军200余人、伪军张步云部1500余人，突袭诸莒边县抗日模范村刘家庄（今属莒县）。全村民兵、群众英勇抗击，毙伤日伪军140人。战斗中，132名民兵群众牺牲。

4**月** 据滨海行署4月前统计，自1938年2月以来，滨海全区共死亡130773人，其中被日军直接杀害9226人，被日军抓壮丁9660人，日军烧毁村庄5600个，烧毁房屋526776间，全区损失大量牲畜、粮食及其他财物。

5**月**1**日** 徐圩子村保卫战、粉碎日军最后一次大“扫荡”。（均详见本书）

5**月**7**日** 石桥伏击战、安东卫海口保卫战。（均详见本书）

5**月**16**日** 蛟龙湾惨案。夜，盘踞沙河的日伪军冒雨偷袭蛟龙湾村。次日拂晓进村，杀害滨南专署和蛟龙区的干部、群众32人，打伤12人，抢走牲畜、财物一大宗。专署民政科长张建华、蛟龙区妇救主任陈元君突围时中弹牺牲。

7月12**日至**16**日** 解放郯城马头镇。(详见本书)

7月17**日** 临费边战斗。(详见本书)

7月23**日** 莒县新旺庄战斗。(详见本书)

8月7**日** 解放费县城。在八路军强大军事攻势威慑下,龟缩在费县城内的日伪军惶恐不安。伪县长韩金声、伪保安大队长邵子厚等800余人,于7日凌晨弃城窜往临沂。当日,鲁南部队进驻费县城。

8日11**日** 中共山东分局和山东军区召开高级干部联席会议,连夜研究大反攻任务,布置整编部队、城市管理、动员参军、支援前线、维护社会治安等项工作。同日,山东军区向侵华日军山东最高指挥官细川忠康发出限期投降最后通牒。

8月13**日** 山东省政府成立,黎玉任省政府主席。省政府驻莒南县大店。

罗荣桓、黎玉、萧华联名发布动员令,命令山东各部队紧急动员起来,完成对敌人最后一击,迫其迅速投降。凡阻止我军挺进之一切反共军队、投降派必须消灭,争取民族解放战争之最后彻底胜利。同时发出对日军的通牒,指出接受3个条件投降可保证生命安全,如仍有敌对行为即予坚决消灭。另通告伪军和伪组织,立即率部反正可本宽大政策处理,如另有企图,即予缴械逮捕论罪。

8月15**日** 日本天皇裕仁以广播《停战诏书》的形式,宣布无条件投降。

8月16**日** 山东军区将山东部队改编为5路大军。第一路(鲁中)

前线指挥王建安、政治委员罗舜初；第二路（滨海）前线指挥陈士榘、政治委员唐亮；第三路（胶东）前线指挥许世友、政治委员林浩；第四路（渤海）前线指挥杨国夫、政治委员景晓村；第五路（鲁南）前线指挥张光中、政治委员王麓水。5路大军分别向敌占城市及交通要道同时展开猛烈进攻。

8**月中旬**　开展对日伪军的全面反攻作战。

8**月**17**日至**9**月**11**日**　解放临沂城战役。（详见本书）

8**月**21**日至**9**月**8**日**　解放日照。

8**月**　据沂蒙专区统计，1937—1945年中，抗日武装、党政群机关共伤亡11万余人，其中牺牲4万余人；人民群众被杀害或被迫害致死的20余万人，致伤残的60余万人；被抓走40余万人；被奸污妇女无法计算；损失房屋、粮食、牲畜、农具、衣物等不计其数。

9**月**2**日**　日本对盟国投降仪式在日本东京湾内的美国战舰“密苏里”号上举行。9日，中国战区日本投降签字仪式在南京陆军总部举行。次日，日本投降书全文公布。抗日战争取得伟大胜利。

附录

日军暴行录

- 日军血洗沂水上、下峪子村
- 临沂古城村惨案和大岭村惨案
- 惨绝人寰的临沂大屠杀
- 日机轰炸南湖集
- 刘庄集惨案
- 老屯村惨案
- 日机轰炸东里店
- 日军实施毒气战

日军血洗沂水上、下峪子村

上、下峪子位于沂水县城西南，距城7.5公里，两村共有100多户人家。日军侵占沂水城后，县保安大队40多人和城内部分难民撤到该村。1938年3月6日夜，县保安队长范桐山带队袭击了城内日军。第二天，日军派奸细宋三（城里茶庵街人）到上、下峪子刺探情报，被保安队查获扣押。宋三的母亲闻儿子被扣，便入城向日军报告。8日黎明，日军100多人悄悄占领上峪子北山。晨5时许，日军对着村内枪炮齐发，村中顿时火光四起。随后，日军冲进村内，见人就杀，有150余人惨遭杀害，200余间民房被毁。

日军“扫荡”后的断壁残垣

（原载中华书局2001年11月出版《临沂地区志》）

临沂古城村惨案和大岭村惨案

1938年春日军侵逼临沂边境后，即进行烧杀抢掠，先后在临沂城北古城村和城西大岭村制造了两起惨案。

3月下旬的一天，天刚蒙蒙亮，日军如狼似虎地闯入村中，见屋就烧，逢人便杀，未能逃出村的老弱病残、妇女，全被杀死。农民王汉友一家四口躲在地瓜窖里，被日军用点燃的秫秸堵住窖口，活活烧死。接着，日军放火烧房，农民王殿思背起被火烧伤的母亲往外跑，没跑多远，母子二人均被日军开枪打死。一个躲在墙角里吓昏了的老太太，也被日军拖到街上点火焚烧，老人发出了凄厉的惨叫，日军却站在一边狂

日军焚烧根据地村庄

笑。不到一天的时间，古城村就变成一片废墟，断壁残垣，血迹斑斑。数十名群众渡祊河逃难，被日军抓住，当时河水又深又冷，侵略者用刺刀逼着他们脱光衣服向河里跳，谁不跳，就是一刺刀，除个别人死里逃生外，大部分惨死在水中，日军却在岸上拍手嚎叫。

日军把古城村洗劫一空，鸡犬皆无。全村被杀 62 人，有 112 户流落他乡、逃荒要饭，有 6 户被迫卖儿卖女。

在城西北郊的大岭村，日本侵略军先将该村包围，然后向村内打了几十发炮弹。顿时，墙倒屋塌，火光四起。接着，日本兵从四面八方冲进村内，逢人就杀，见东西就抢，无恶不作。姜志敏的父亲和祖母等 27 人被日军捕获后全部枪杀，尸横遍地，惨不忍睹。不少妇女被日军强奸，刀声、枪声和凄惨的哭叫声，传遍了全村。刘志贤母亲的嘴巴被割掉了，王富德母亲的乳房被割掉了，躲在村西观音堂里的 47 名村民被日军架起机枪扫射，除一人幸免外，全部被打死，鲜血洒遍了观音堂。这一天，全村被杀死 70 多人。姜志茂、赵洪义、姜志顺、张守信 4 户被杀绝，全村 300 多间房屋被烧光。惨案过后，大岭村几乎家家无炊烟，户户哭亲人，一片凄惨景象。

（原载山东人民出版社 1991 年 4 月出版《临沂革命斗争史稿》）

惨绝人寰的临沂大屠杀

1938年3月初，侵华日军进逼临沂边境。驻守临沂的国民党政府军队第四十军庞炳勋部，在第五十九军张自忠部增援下，与进犯临沂的日军展开了一个多月的激战，给敌人以重大杀伤。尔后，张、庞两军相继撤离，临沂遂于4月21日失守。与此同时，日军的飞机对城里滥施轰炸，特别是在城垣沦陷前的两三天内，轰炸扫射日甚一日，一枚炸弹在城内北大街路南王贞一杂货店的防空洞里爆炸，在洞内避难的男女老少30多人有的被炸死，有的被闷死，无一幸免。颜家巷郁鸣漪一家，除郁鸣漪外出幸免于难，其他人全被炸死。郁本人也因悲愤过度当晚自缢身亡。西门里路南开杂货店的李润生之父，被炸死在家中，景况之惨，目不忍睹。张茂申家的堂屋当门，被炸成一个大坑，足有一人深。在西门里天主教堂内避难的群众，被炸死炸伤300多人，修女尤姑娘被炸得血肉模糊，部分肢体被炸到墙上。

4月20日，敌机轰炸更加疯狂，投下了大批燃烧弹，引起全城大火。日军在城西北郊以坦克为掩护，配合飞机、大炮，步步进逼，在西关东岳庙至西门外五孔桥之间与守军激战，城内百姓乱作一团。黄昏时分，城里的男女老幼争相逃出南门，直奔南坛，转首眺望，全城一片火海。4月21日，临沂古城为敌所陷，惨绝人寰的大屠杀随即开始了。

日军在大街小巷密布岗哨，架起机枪，挨户搜查，堵门杀人。日军每到一家,遇人就刺,对中青年妇女先奸后杀,连老人、小孩也不放过。未及走脱的居民,纷纷逃向西门里的天主教堂。可是,德国神甫紧闭大门,万呼不应。走投无路的难民,瞬间聚集起700多人,这时,丧心病狂的日本兵,一面从教堂西面向难民扫射,一面在教堂以东各个路口用机枪堵截,手无寸铁的难民一片片倒在血泊之中。事后用车拉了好多天,才把这里的尸首清理干净。

被日军残杀群众的尸体

日军进城的当天,发现了在城内西北坝子3个防空洞及西城墙根躲难的群众。于是,先用机枪扫射,后用刺刀乱捅,480多人全被残杀。宁振芳全家10口人,在西北坝子城墙洞里避难,被日本兵用刺刀刺死了9口,当时她还是一个婴儿,钻在娘怀里吃奶,未被刺死,幸亏街坊陆大爷在事后收尸时发现她还有点气息,才被救出,抱给宁孙氏大娘抚养,至今还右眼失明。

日军屠杀从各家搜出的人,其手段之残忍无以复加。西门里太公巷一少女,被日本兵轮奸后又用刺刀刺死。老营坊巷东一女青年,被日本兵轮奸致死。日军从南门里一家杂货店院里的防空洞中搜出20多人,当场全部用刺刀刺死。崔家巷一户的小女孩出疹子,门口挂着红布条,日军怕"传染病",点火将小孩活活烧死。日军搜查城隍庙东杨家园时,妇女纷纷跳井自杀,顷刻之间,尸体塞满井筒。茶棚街胡士英家的防空洞较大，藏人很多，日军堵门用机枪扫射，并向洞内扔手榴弹，死者累累。北门里路西一老太太年过七十，病卧数月，生命垂危，全家7口人围守病床，未及躲避，日军进院后，将在场男子全部刺死，女的被逼着背起病人一同投井。城内居民凡被日军发现者，均惨遭毒手。一次，日军驱赶着30多人清扫北大寺(今东风制药厂处)，干完活，叫他们站队点名，结果被日军用机枪点射，全部丧生，尸体被推进大湾内。

全城幸存者寥寥无几，所受苦难不可言状。有的在地窖内躲藏多日，挣扎活命；有的白天在炉膛内藏身，深夜从城墙水道中爬出。万恶的日本侵略者，在城内疯狂屠杀10余日后还嫌不够，又在火神庙旁和南门里路西，设了两处杀人场，用军犬、刺刀以残杀我民众取乐。王学斌的父亲被日军用刀剁成3截，徐廷香之父、吕宝禄等被军犬活活咬死。全城被害居民总计2840余人，加上城郊被杀的，超过3000人。

日军在进行血腥大屠杀的同时，还纵火毁城。从火神庙以西，僧王庙前至聚福街东，洗砚池以南，直到石碑坊、杨家巷至刘宅一带，大火一直烧了六七天，整个城西南隅化为灰烬。南关老母庙前、阁子门外，房屋全被烧光。至于其他财产损失，更无法统计。日本帝国主义在临沂所犯下的滔天罪行，罄竹难书。

(原载山东人民出版社1991年4月出版《临沂革命斗争史稿》)

日机轰炸南湖集

朱志强　高月东　李广华　调查、整理

1938年5月12日(农历四月十三日),正值日照县南湖村(现为日照市东港区)大集。这天,成千上万赶集的村民遭到了日军飞机的狂轰滥炸,数百名无辜的群众被炸死,伤残无计。这就是骇人听闻的"南湖惨案"。

南湖村地处日照西部,是一偏僻山村,一条小河穿村而过,在长长的河滩上,自古以来,农历的逢三排八为集日,每逢集日一到,方圆几十里的群众,总要从四面八方向河滩汇拢来,进行集市贸易。这天,日头到了东南晌,河滩上已是人山人海,熙熙攘攘,十分热闹。

突然,5架日军飞机发着怪声从东北方向飞来,在集市上空低空盘旋,接着便向毫无抵抗能力的赶集村民,肆意地狂轰滥炸扫射。一时,惊慌失措的人群纷纷四处逃命。整个大集像开了锅一样,人与牛驴猪羊相互碰撞拥挤践踏,人畜呼喊嘶叫连成一片。数十枚炸弹在集市中心爆炸后,浓烟滚滚,火光冲天。河滩上血肉横飞,血流遍地,其状惨不忍睹。飞机轰炸后,遂佯装离去。

这时,四处乡村群众惊闻南湖大集被炸,纷纷赶到集场寻找亲人。整个河滩,有呼爹叫娘的,有喊儿唤女的,有认领尸体的,哭声不断,哀声遍野。谁知,离去的飞机又重新返回,大家只好仓皇向南湖村里奔逃。此时,飞机盘旋低空,朝着奔逃的群众又扔下数十枚炸弹。霎时,整个南湖村被一片火海淹没。就这样，几百户人家的南湖村遭到了一次空前的血洗。从河滩的集场，到村中的院落均遭日机轰炸。

青年农民白学吉，于一月前被日本侵略军用刺刀刺死，其妻悲痛欲绝。这次，一颗炸弹又落在家中，他的妻子被炸得只剩下两只脚。

这天，附近村庄有一姑娘赶集卖菜，正碰上飞机轰炸。事后家中爹娘不见女儿返回，急忙到集上寻找，找遍了集上的各个角落，总不见女儿的踪影。最后在一棵树上发现了一条辫子，从扎辫子的绒线绳上辨认出是女儿的。其父母见女儿临死连尸首也没留下，悲痛得当场昏了过去。

百姓被日军残害后，尸骸蔽野，血流成河

南湖村村民王应城，在家中见南湖集被炸后大火不熄，便飞奔集上救火。救完火返回家中喝水，此时黄墩区山旺村王公辰的妻子，被飞机轰炸吓得惊魂未定，便随同王应城（与王公辰相识）到家中暂避一时。王应城的妻子正在烧水，谁知日机第二次返回，在其家中扔下一颗炸弹，王应城连同妻子和王公辰的老婆均被炸死，3具尸体被炸得血肉模糊，难以辨认。

南湖村农民赵自干的妻子和其妹，飞机轰炸时，各自抱着他的两个女儿趴在床底下。一颗炸弹落在院中，几间草房被炸塌并起火，一家4口压在房下。多亏邻居将火扑灭把人扒出，可是两个大人已被烧死，两个孩子也烧得昏迷不醒,经抢救才幸免一死。后来,大女儿赵从集的头上,仍然留下长长一道烧伤的疤痕。

许延福12岁的女儿,两条腿被炸断,十分痛苦,家中又无钱医治,可怜的小女儿疼痛难忍,服毒自杀。

时广彬赶集卖驴,驴被炸死,他的右臂被炸断,造成终身残疾。

赵自起全家8口人,飞机轰炸那天,其婶母抱着两个孩子趴在床下,家中落下一个炸弹,8间草房和一个草棚全都炸倒起火,其婶母和两个孩子被大火烧死,这时其婶母还怀有身孕五六个月。自此以后,连续几年,日机总是在这一天到南湖轰炸,不过由于人们有所准备,伤亡没有这次惨重罢了。

事后统计人口死伤情况:集上,死468人,伤残者无从统计。庄里,死169人,伤残273人。

财物损失包括房屋:1292间;衣服:4923件;粮食:147716斤;牲畜:79头。

附:四名受害者自述

时广彬谈南湖惨案

飞机轰炸南湖那年我23岁。那天早饭后,我牵着驴到集上卖。刚到集上时间不长,日本人的飞机就来了。当时飞机声音怪吓人的,飞机飞得很低,我连飞机上的小窗户都看得很清楚。集上真像开了锅,赶集人四处乱跑,都不知道该怎么躲避。我就牵着两头驴向东跑。

刚跑到河崖边,就听得轰的一声,一个炸弹在离我不远的地方炸开了,这时就觉得右胳膊好像叫别人猛击了一下,也没觉着疼。我低头一看,右胳膊的袖子被炸掉了,胳膊还有一点与膀子连着,血淌得很厉害,浑身上下成了血人。两头驴躺在我附近,已被炸死了。这时我什么也顾不上了,就用左手托着右胳膊,用尽全身力气向南湖庄里跑,等跑到东河崖附近叔伯兄弟家,我再也走不动了,以后就什么也不知道了。

虽然我没被炸死,但也成了残废,重活不能干,一些轻活全靠左手。

那天,我家的房子全被炸塌了,幸好家中没有伤人。

赵从集自述

日本飞机轰炸南湖那年我6岁,我妹妹4岁。那天,飞机轰炸时,我母亲抱着我妹妹,俺姑抱着我,大家都爬到床底下。只听得轰隆一声,俺家的房子就炸塌了,还起了大火,我和娘、姑、妹妹全被压在了屋底下。我和妹妹被火烧烟熏得直哭,而我母亲和姑姑连话也不能说了。

飞机飞走后,邻居鲁大爷听我们家的屋底下还有小孩哭的声音(这时我已被烧得昏了过去,我妹妹还能哭),就吆喝众人,把俺娘四个扒出来。这时,我已不省人事,头上的头发全烧焦了,妹妹伤势轻些,可俺娘被火烧得辨认不出来了,当场就死了,俺姑的脸都烧焦了,当场也死了。母亲那年30岁,姑姑才18岁。直到现在,我的头上还残留着烧伤的疤痕。

赵自起母亲赵潘氏自述

俺娘家姓潘。日本飞机轰炸南湖那年我35岁。那时俺全家8口人,和俺二小叔子家一块过,没分家。我弟媳有两个孩子,一男一女,她身上还怀着孕。那天,家中只有我和弟媳及两个孩子。谁知一颗炸弹正巧落在俺家里,家里的房子都被炸塌起了火,我虽然被砸在屋底下,可没炸着。我弟媳和两个孩子,加上未出生的共4口人都被炸死了。家中所有的东西都被烧光了,弄得家破人亡。后来多亏众乡邻帮助,剩下的人总算没饿死冻死。

王明志自述

日本飞机轰炸南湖那年,我16岁,已成了亲,轰炸的情况我是亲眼所见。这次轰炸,我家遭上了两口。

我父亲叫王应城,他那年43岁。他平时胆子较大,因而飞机轰炸南湖集时,他并不十分害怕。那天,我和祖母以及姐姐妹妹都在南湖村北干活,家中只有父亲和母亲。南湖集被炸起了大火,我父亲见火光冲天,便飞跑到集上救火。

救完火,他口渴,返回家中喝水。这时,黄墩山旺村王公辰的老婆赶集正碰上飞机轰炸,虽然她没受伤,可吓得浑身直打哆嗦,因她男人和我父母是朋友,因而她随我父亲躲到家中暂避一时。到了家,我母亲赶紧烧水招待她。正在烧水时,日本的飞机又返回头来轰炸南湖村。这时一颗炸弹正巧落在了家中,他们3个一块被炸死了。

刘庄集惨案

王金阳口述　卢友爱整理

我叫王金阳，今年(1995年)74岁，家住莒南县刘庄乡刘庄村。说起57年前日本鬼子飞机轰炸刘庄集的惨景，我至今难忘。

那时的刘庄，是一个近200户的村子，四周修有围墙，东南西北4个大门，围墙上安排了看庄人员。这里每逢农历二、七是传统集日，集市设在西围门外的河滩上。小河绕村北向西，再折向西南汇入沭河；集的北边是一片菜园地，地边长着一排皂角树，作为屏障。

菜园地南边有棵大柳树，下边是海货市、旱烟市、青菜市。集南头是粮食市，西头是牲口市。由于刘庄是一个老集，每逢集日，外地来赶集的人很多。有江苏赣榆县来卖海货的，沂水来卖旱烟的，郯城、苍山、临沂来卖大蒜的，加上当地卖牛、卖粮、卖菜的，每个集日总有几千人上市。

1938年农历五月初二这天，天气晴朗，庄稼人又要购置农具以迎接即将到来的麦收，所以这天来赶集的人特别多。那年我17岁，父亲到粮食市买粮食，叫我在家看门。大约在上午9点多钟，父亲买粮食刚回家，就听见轰隆轰隆的声音，接着，就看见从东北方向的天空飞来一架日本鬼子的红头飞机。它飞得很低，机身上的太阳旗徽红红的，连上边开飞机的鬼子驾驶员也能看得见。

只见飞机先围着集市转了一圈，接着就往粮食市扔了一颗炸弹。轰的一声巨响，连我家屋顶上的燕子窝都震下来了。赶集的人见鬼子飞机扔了炸弹，好多人吓得都往大柳树底下藏。只听轰的又一声巨响，鬼子飞机扔下的第二颗炸弹正好在大柳树上爆炸。柳树头当即被炸断，树下的人被炸得血肉横飞。由于集市南边、西边和北边有河崖头堵着，人们都拼命地往东跑，想进村子躲藏。无数的人蜂拥而上，去撞围墙上的西大门。大门被撞倒了，人们你挤我，我压你，当时就挤死 10 多个人。日本鬼子的飞机扔了两颗炸弹后，又围着集市转了 3 圈，用机关枪扫射，许多没有被炸着的人也倒在了血泊之中……

鬼子飞机飞走后，我和乡亲们到集市上救人，那场面太惨了，真是不敢睁眼。

粮食市上炸出一个大坑，四周躺满了死尸，粮食被炸得遍地都是。最惨的是大柳树下横七竖八躺着一具具血肉模糊的尸体，缺腿的，断胳膊的，仅存半边头的，破了肚子肠子往外流的，还有的气息奄奄在呻吟，身体在抽搐，其惨状目不忍睹。集北边那一排皂角树上，挂满了人肉、血衣。地上的血成了小河，沙滩都被染红了。

河西张家庄有一个卖年糕的，小车被炸得粉碎，人被炸得无影无踪。我村王言忠的母亲，头被炸没了，入葬时，只好给缝了个假头。王言亮他父亲的腿被炸断了，血流不止，活活疼死了。王在选的母亲下巴颏儿被炸掉了。卖海货的老秦双眼被炸瞎了。我老伴她姥姥的腿被机枪子弹打了好几个窟窿，断了。王鹤田在海货市，屁股被炸弹片削掉了一块肉。有一个外来卖海货的，肠子被炸出来，自己用手把肠子往肚子里填，爬到河边，喝了几口水后就死了。

日本鬼子这次轰炸刘庄集，我村死了 11 人，伤了近百人，四周邻村如渊子崖、彭家岭、于家湖、寨子、白常、张家岭以及板泉村的，没有不伤人死人的，没有不戴孝出殡的。日本鬼子飞机总计杀害我同胞300余人，伤500多人，毁坏财产不计其数，欠下了我们一大笔血债。

炸集后的一个多月里，天天都有人来认尸找人。事过一段时间，我们村里的人把那些碎骨烂肉，残腿断臂以及无人收的尸体、血衣，统统收集起来，在村西鬼王崖埋了一个大坟墓，这些受害人，死后连个名也没留下来。事过周年，还有临沂、沂水、郯城、赣榆等地死者的亲属，拿着灵幡子，端着牌位前来扬幡招魂。烧纸的，磕头的，喊爹叫娘哭得死去活来，一阵阵哭声，催人泪下。

日本鬼子飞机炸了刘庄集，我父亲连吓带惊，得了一场大病。为了给父亲治病，家里把仅有的二亩半地都卖了，以后的日子苦到什么样可想而知。全村人也吓得不敢待在家里，都到河边崖头上挖土洞，听到炮响和飞机声就躲进去，吓得连大气都不敢喘。那一年小麦长得很好，但没有人去收，很多烂在地里。

如今，50多年过去了，可当年日寇侵略中国欠下的这笔血债，我不会忘记。绝不能再让外国人来欺辱我们！

老屯村惨案

1938年11月4日(农历九月十三日)清晨,临沂城日军300余人经处心积虑策划后,乘11辆汽车偷袭了老屯村。当时,省农民抗日自卫总团政治处主任何建华正在讲授抗日民族统一战线问题,毫无准备之际,敌人已经抵达村东门外的土地庙前。情况突然,何建华当即指挥学员分成两股:一股由村南头过河向西撤退;一股奔燕子河南桥,尔后向西南方向撤退。向西撤退的学员因有树林和房屋遮挡,安全渡河后,隐蔽在河堤旁。而过桥的那批学员因人多目标大,且要穿过一片开阔地,被敌人发觉。敌驱车追赶并开枪射击。由于桥面狭窄,人群慌乱,拥挤之下,一时通不过,许多人便从桥北跳河涉渡。这时,敌已靠近,开枪向人群射击,学员瞬间伤亡了20多人,只得且战且走。敌人紧追不放,发射了40多发炮弹,幸亏隐蔽在河堤旁的学员向敌进行了还击,才避免了更大的伤亡。

何建华过桥后,一边指挥人员迅速疏散,一边予以还击,最后撤向华岩寺方向。敌人不敢穷追,掉头转回老屯。

当敌进村时,农抗团政委司贺峰立即带领总团警卫连宣传队等40余人,夺老屯村北门经小屯村突围,尔后撤到孙家庄,在那里出其不意地在敌人背后开火,以牵制敌人。一部分敌人扑向孙家庄并展开战斗。战斗中,农抗团的一名机枪手为阻击敌人光荣牺牲。下午3时许,司贺峰带总团部转移到达华岩寺。

王伯英(农抗团总团长)当时没有与总团部一起活动,也未随学员们西撤,而是把30多名佛教徒带进他家的佛教堂里,企图祈求神灵保佑,便可安然无恙。日军追赶学员和总团部失去目标后,返回了老屯。此时,村民已经跑光,在汉奸的指点下,敌分兵两路,一路直扑王伯英家,一路扑向总团部所在地。结果,躲在王家佛堂里的50多人,除老幼妇女11人幸免之外,其余36人都被押到村东门外集体枪杀了。团部的书籍、油印机等被洗劫一空。王伯英藏在佛堂旁预先准备好的夹壁墙内,闻敌走后,匆忙由护兵王二升带领,经查询后,找到了总团部。当天下午傍晚时,失散的训练班学员陆续聚集到华岩寺。司贺峰、何建华同王伯英商量后,为避免不测,暮色中迅速率部转移到沙埠村。在那里,他们受到驻在该村的苏鲁人民抗日义勇队的热情接待。在日军这次袭击事件中,除遭敌集体杀害的36人和7名村民外,在激战中,农抗团员和训练班学员牺牲37人。受此影响,本来拟定在老屯村连续举办四期训练班的计划,就这样宣告破产了。

(原载山东人民出版社1991年4月出版《临沂革命斗争史稿》)

日机轰炸东里店

崔维志　齐元桂调查　齐元桂整理

1939年夏，日寇攻下武汉后，为巩固后方，便回师北上，重点“扫荡”鲁中地区，对国民党山东省政府驻地——沂水县东里店(今属沂源县)进行狂轰滥炸，东里店霎时沉于血海。

东里店地处沂鲁腹地，北接淄博，南通沂水。村后横亘一座凤凰崮，绵延数里，形成天然屏障。村前，一条沂河蜿蜒东去。这里山势险要，交通方便，是一座经济繁荣的古镇，一条3华里长的东西大街，商店、饭馆比比皆是。沈鸿烈到来之后，在山脚下建楼房、修马路，东里店成了全省政治、经济、文化及农贸中心，人称“小济南”。

同年6月7日(农历四月二十日)，约10点钟，日寇出动15架飞机，前7后8，由北往南，疯狂扑向东里店。前面的7架排成“人”字形，漫过凤凰崮后翅膀一斜，炸弹便纷纷扬扬，呼啸而下，犹如焦雷贯耳，东里店东村即刻腾起一股股冲天火柱，化为一片火海。

日寇扔下的大半是两三千磅的重型炸弹，大街上一棵5人合抱粗的千年古槐被击中，竟沿树窝子“凿”下去了1.2丈深，地下水咕嘟咕嘟往外冒。油坊里1000多斤重的碾砣，随着土石气浪被掀到空中，抛出去近一里路，竟将两个行人砸成了肉饼。省府的《大公报》《国民日报》两处报馆，皆被炸毁，死伤四五十人。沿街密集的电线杆全被摧折。两侧的“元兴”“大兴”“同兴”“天兴”“汇丰和”等商店和“三星”“大同”等饭馆，皆墙倒屋塌，浓烟滚滚。振兴书店的店主、伙计四五人，全被埋到屋里。美容理发馆中的顾客，连同理发员八九人同被弹片击中，倒毙在椅子上、盆架边、断墙根。

轰炸东里店的日机

省政府的工作人员大都散居于村中，与村民一起挣扎、呼唤、呻吟。省儿童移动剧团的女教师高园，邀她的未婚夫鞠以芝来这里完婚，一对新人洞房花烛之喜，王家秋等好友上门祝贺，十六七名团员忙着去“三星”饭馆包席招待宾客。正忙得不可开交，突然，一颗炸弹在院中炸响，高园、王家秋等5人被炸塌的墙坯砸死了。一位机灵的小团员，尽管钻到了桌子底下，也未保全性命，被活活闷死。院中的孩子死得更惨，缺胳膊少腿，没一个囫囵尸首。

在血与火中，人们纷纷夺路奔逃，村北面因沈鸿烈的省府设岗布哨，无法靠近，只好逃出巷口，穿过街心，由南门撤向了河滩。这里地势开阔，没遮没拦，加之顺着飞机飞行的方向，从炸弹底下往外钻，因而招致了更大的伤亡。

5分钟过去了，日寇头7架飞机刚刚飞走，后8架又跟了上来，炸弹、燃烧弹冰雹似的纷纷坠落，硝烟火浪席卷着逃难的人群。翟作志被气浪冲击到半空，倒栽下来，头撞进了胸腔里；田信眼见得一颗炸弹落了下来，慌忙抱住了一棵柳树，想不到脑袋和树干一起被弹片削了下来；省府的朱副官捂着受伤的肚子，跌跌撞撞行进，一松手，肠子淌了一地；杨守廷拖着一条腿仍艰难地爬行；翟以本被炸去一条胳膊仍爬起来奔跑；杨希志被埋进沙石中仍然顽强地呼救。

翟作传被一颗燃烧弹打中，顿时，身体成了一个火团，他一起身，衣裳已化作灰烬，纷纷抖落下来。而身上沾着硫磺液的地方，仍滴着黄油，吱吱地燃烧。他好不容易摸出小南门，竟一头拱到麦穰垛上，腾腾烈焰再次将他裹住，他周身被烧得焦黄，两只手已烧得蜷曲着，伸不开了。直到咽气，他只重复着一句话："烧死了，烧死了！"

10 分钟，短短的 10 分钟，东里店东村成了一片废墟。浓重的烟云，仿佛要压塌兀立的石崮，阻断奔流的河水，大火三天三夜未熄。

飞机去后，幸存的人们纷纷拢来，大声呼唤着找寻亲人。佃户张彦亮不顾封住村头巷口的大火，硬往里闯。他家大门口朝西，正冲翟家巷，当他看到家里起火时，心忽地提到了嗓子眼，他和妻子一早就下坡割麦子，妻子惦念 3 个孩子，赶了回来。他透过烟火看清楚了，就在大门过道口，妻子被倒塌的土坯挤到北边的西屋山墙上，烧落了架的脊檩顶着她的胸膛，烈火裹住了她的上身，土坯钳住了她的双手，两个大孩子刚冒出头顶。张彦亮提起水桶，泼灭了火，妻子脖子以下已烧成了黑窟窿。他慌忙抓住胳膊往外拽，谁知皮肉全拧了下来。

幸亏邻里赶来，和他一起扒开滚烫的土坯，妻子拎着孩子的两只手竟掰不开，小一点的孩子堵到前头，抱紧了她的两腿，脸憋成了紫茄子，脚边还有一个破碎的饭罐……看到这一惨景，张彦亮大声疾呼："日本鬼子，你叫我活不成了！"他手攥泥瓦片，泪如泉涌，晕倒在地。就在这地方，人们又扒出了翟所常一家3口和省府干校的一名学员。

就在翟家巷，翟作荣一家8口炸死了5口，能找得到的，只不过一嘟噜一嘟噜的血肉，稍囫囵点的，是贴到两人高的屋山墙上的一个头皮，发髻已崩散，从夹杂的一绺白发上，认出是翟作荣的老婆。用铁锨扒下来后，连同他儿子大星等5人的残体，竟填不满一小瓷盆。翟作荣护住瓷盆不让埋，简直疼疯了。

谢元的老伴是80多岁的孤寡老人，活活烧死在屋子里，尸骨无人收，三天后，有人扒拉她的骨灰时，未烧尽的肠胃还冒着火星。被活活烧死的还有宋院福之母等五六人。

张凤祥的弟弟、翟作民的老婆孩子四五人竟被炸得难寻踪影，即使留有零星残体，也很快腐臭生蛆，难以辨认。

何兴彪到处找他娘，第三天，才在南门外麦场边的一个水汪里捡到一只手，手上戴着一个铁顶针，这才知道他娘遭了难。又从树枝上挂着的一个食包(胃)中发现里头红通通的，他知道娘早饭吃的谷子掺秫秫葶子煎饼，这才七凑合八凑合地将母亲安葬了。

何加成背着5岁的何传庆，到处寻找妻子的尸体。从上河崖到下河滩，在不肯消退的硝烟中，只听到一片哭叫声，对面却看不到人影。他低着头，踮起脚，专拣没弹片的地方和没血汪的高处走，一不小心，就被锯齿般的弹片扎伤。孩子看见死尸就害怕，闭起眼睛，在背上哭喊："爸爸，我找俺娘，你快叫俺娘给我奶吃呀！"就这样，一直哭了三天。何加成的眼皮也哭成了"铃铛"。

忽然他发现了一条腿，那脚是小半放脚，穿的那只茶色的袜子，正是他前些天买的。接着，又在附近发现了半截身子，肚皮已挂到了断裂的树干上，一绺肠子挓挲着，腹部露出了胎儿。在同一现场的何兴本的姐姐证实,从她辫子上捋下过一个眼珠子,确是何传庆的娘。何加成擦干了眼泪,对孩子说:“庆儿,这就是你娘!”孩子扑到尸体上,一把攥住那绺肠子,哭着说:“娘,俺要吃奶……”

6月10日,人们还没有来得及将亲人的尸体全部辨清埋葬,“扫荡”的日军又扑向了东里店,一架飞机随着俯冲下来,扔下了10颗燃烧弹,将东里店西村也烧成了一片焦土。“小济南”4000多间房子化为灰烬,唯一剩下的是两座省府大楼,也让沈鸿烈泼上煤油焚烧了。这次惨案有300多人被炸死,仅1000多户人家的东里店,就有84口被炸得当场丧命,而受伤后因无钱医治而死亡的就更多了,翟所常等七八户人家竟被炸绝了后代。繁华的“小济南”一时成了悲歌遍野、狐兔横行的地方。

凤凰崮皱起了双眉,沂河水溢满了血泪,山在怒吼,水在咆哮,东里店人民以血与火写下了对日寇的控诉。

附一:

大约在1939年5月前后,日寇出动大批日伪军,“扫荡”鲁南,北路由益都向南,西路由博山向东,南路由沂水向北,东路由莒县向西,四面八方指向东里店的省府所在地,并使用飞机进行轰炸。省府的唯一武装教导一团根本没有战斗力,分散撤出东里店。省府各机关人员更无力抵抗,只有各处潜伏或四散奔逃,离家近的就从敌人空隙里逃回原籍。沈鸿烈本人虽有教导一团来保护他,但结果还是被敌人冲散数次,最后,只有他的随从数人和经理处长王心锦,跟他一起逃到一个山顶,隐蔽下来才保住性命。省府人员被冲散后,有的被俘,有的因山洪暴发被水淹殁。这时于学忠不但不予增援,反而悄悄撤出敌人包围圈,逃往郯城方面去了。

至于吴化文的师部(约一个营的兵力),驻在沂水八区张庄,另外一个团部(约一个营兵力),驻在师部附近的埠村。在日寇“扫荡”期间,除吴化文率一部分武力与敌人做游击抵制外,还派了一个营的兵力去东里店增援,但中途与敌人遭遇,稍做抵抗就撤走了。这次敌人“扫荡”,东里店人民群众受到极大损失,人员伤亡惨重,房屋财产损失巨大,从此,日伪军在这个镇设置据点,长期盘踞,残害人民。

(摘自崔基成《国民党山东省政府主席沈鸿烈》一文)

附二:

1939年农历四月二十日早饭后,群众正准备挥镰割麦,忽然传来一阵嗡嗡的飞机马达声。群众没有防空知识,不知所措,省府的电台台长却说:“不要怕,只有一架飞机。”谁知竟是15架飞机,由北往南飞过来,边飞边扔炸弹。炸弹的爆炸声犹如夏天的沉雷,东里店霎时变成了一片火海。群众被炸得东一个西一个,三五百具尸体横躺满庄。有的母亲炸死了,婴儿还依在妈妈怀里呱呱啼哭。有好几户全家无一幸免。

4000多间房子烧成了一片焦土,滚滚的沂河水也受到了被炸起的沙石气浪的阻碍。事后才知道,鬼子轰炸时,省府人面兽心的电台台长给飞机指示目标。东里店被炸以后,群众徘徊在被烧焦的废墟上啼饥号寒。沈鸿烈却将省府大楼泼上煤油,一火焚之。然后,携带家眷、财物逃之夭夭了。

沈鸿烈走了,群众找回了亲人的尸体,含着眼泪埋葬。有些还没有找到尸体，有些找到了还没来得及埋，农历四月二十三日，大队鬼子来到东里店，没被炸死的群众很多又死在鬼子的刺刀下。群众只得含着眼泪投奔四乡，要饭为生。

（摘自《东里店村史》）

附三：

我叫翟作楼，东里店东村人，1939 年农历四月二十日，我亲眼看到日寇轰炸东里店的惨景，真是触目惊心，永世难忘。

沈鸿烈是 1939 年初来安的摊，四厅八大处，行政、党务两个干校，省动委会，两个教导团，省儿童移动剧团等，千人以上。

十九日，有消息说鬼子有一架飞机来炸东里店。老百姓天天躲飞机麻痹了，又正当簇蚕、收割、点种的大忙季节，也就把这事撂到脑后去了。

二十日，吃过了早饭，我刚迈出门槛，迎头碰见了王建秋，他说是给儿童移动剧团的高园老师贺喜去。高园是沂水城人，二十四五岁，能歌善舞，是个多才多艺的女子。男的叫鞠以芝，在外地混事，他应邀于十九日赶来东里店完婚。王建秋与他们是好友，故登门恭贺。我与他分手，跨上街头，忽然，听到飞机的嗡嗡声，远远地瞧见张凤祥的弟弟小名叫陈兰子的，拍着手又叫又跳，道："看，5 个头的飞机，15 架！下蛋了，整圆整圆的！"话未落音，咔，一声巨响，炸弹落到了头顶上，陈兰子被炸得踪影全无。我也被土浪掀到了一边。

省府里一个穿大褂的边逃边咋呼："还不赶快跑，父子不顾的时候了。"我爬起来舍命往东跑，就在围墙根，土石气浪把翟作志（外号四大牙)掀到了空中,倒栽下来,头撞进了胸腔里。

村里落下来的全是3000磅的重型炸弹,弹片留有“昭和四年产”的字样,不过10分钟,东里店东村就成了一片废墟。下午,当我们赶回来的时候,只见到处是弹坑,遍地是死尸。我心爱的书店被炸成了深水坑,省儿童移动剧团的院里一塌糊涂,孩子们被炸得缺胳膊少腿,难找到一个囫囵尸首。一对新婚夫妇,还有王建秋等贺喜的全被砸到了屋里头。

最惨的要数张彦亮、翟所常两家。就在大门过道口,将土坯掀出来一看,张彦亮的妻子被烧焦后只剩下了半截身子,两个男孩一人抱住了他妈一条腿,大女孩搂住了她妈的腰,脸憋得成了紫茄子,娘儿4个死到了一块。同院居住的翟所常,一家3口全烧死了。惨景令人目不忍睹。

附四:

我叫翟作英,东里店东村人,1939年农历四月二十日,日寇轰炸东里店时,我在街上与人合开馍馍房,是一个受害者。半个世纪过去了,每当人们提起这件事,我的心仍然阵阵绞痛。

这天,9点多钟,前面7架,后面8架,从北面过来,一边飞行一边扔炸弹,一共扔了40多个,庄东头中了20多个,河崖滩中了20多个,3000磅的重型炸弹一旦炸响,周围一圈墙倒屋塌,大火熊熊。就在大门过道里,我一家5口被砸到了底下,我也被埋住了半截身子。我的大小子11岁,乳名叫宝利,还有一个侄女,都被砸死了。宝利手里攥着吃剩的半个馍馍,掰都掰不开,孩子来到世上,没过一天好日子,竟死到鬼子手里。

那天,人即使逃出去,也脱一层皮。从炸弹底下逃命,难啊!我的哥哥翟作传,好容易从死尸堆里绊拉了出去,谁知中了燃烧弹,衣裳烧没了，皮肉烧着了，吱吱地往外滴黄油，他周身裹上了火团。燃烧弹打到哪里，哪里的土、石、水随着燃烧。我哥哥尽管钻到沂河里，也没保住性命，他被烧得周身露出了黄油，死去了。

整个东里店，被炸了个地覆天翻，就像天塌下来了一样。全村死了80多口，我家就摊了三四口，真是揪人的心。那时要逮住一个鬼子，千刀万剐也不解恨。

附五：

时间：1985年11月26日

地点：沂源县东里镇东里店东村办公室

人员：杨希志、王清峰、朱友全、耿玉方、翟所润、翟慎德

事件：座谈日寇轰炸东里店的情况

内容：

1939年6月7日（农历四月二十日），日寇出动15架飞机，对省府驻地——沂水东里店狂轰滥炸，东里店霎时沉于血海。4000多间房子化为灰烬，近300人被炸死，仅东里店的农民，当场被炸死的80余口，那些受伤后无钱医治而死的，被埋到地底下找不到的，实难计数，四五十年后，打墙盖屋仍能挖到白骨。

沈鸿烈于1939年初进驻东里店，随即给东里店引来了一场灾难。他的第一电台台长及报务员与日寇勾结，充当内奸，将沈鸿烈挖的1.2丈深只容3人的防空洞，说成3.2丈深的地穴，密告敌人，并一再提醒，用小炸弹不中用。6月6日，蒋介石来电，大意说，日寇有10架飞机袭击东里店，要严加防范。报务员将阿拉伯数字“10”中的“0”擦掉，由台长报告

了沈鸿烈。6月7日凌晨，蒋介石再次电示，日寇将有15架飞机袭击省府，要早做准备。报务员又涂改为1架飞机，并拖延4个钟头上报。飞机轰炸时，这两个铁杆汉奸又给日寇指示目标，后被沈鸿烈枪毙。

沈鸿烈接到蒋介石的急电毫不介意，我行我素。三夏大忙，群众疲劳，天天躲飞机，思想麻痹。就在这时候，日寇出动15架飞机，前7后8，由北往南，轰炸东里店。扔下的40多枚炸弹、燃烧弹中，有一半是昭和四年产的重型炸弹，将东村炸了个地覆天翻，顿时成了一片火海。真是焦雷贯耳，血肉横飞。省府的两个报馆中弹，化为乌有。理发店里的顾客中弹死到椅子上、盆架边，书店被炸成井筒。

那时候，街头巷尾、南河滩，死尸遍布。有的炸没了影，有的只剩半截肠子、一只手，还有的只剩了一条辫子。翟所常一家3口绝了根，张彦亮5口死了4口，翟作永8口炸死了5口，人也痴了。何传庆的母亲炸死了，父亲又让鬼子用刺刀挑了，只剩了一个孤儿。王希孔的老婆号称“二百斤”，始终没见面，不知被炸起的土石埋到哪里去了。由于死的人多，出殡时棺材排了号。日寇的重型炸弹给东里店人民带来了巨大灾难。

东里店被炸后的第三天，鬼子又来“扫荡”。一个月后，安下了据点，号称“皇城”，在周围村庄烧杀掳掠，奸淫妇女，抓捕劳工，无恶不作，东里店人们倍受苦难。人们有亲的投亲，有友的靠友，四散逃亡。村中蒿草没人，野狼在屋框子里产羔，昔日繁华的东里店成了狐兔横行的一片荒场。

日军实施毒气战

崔维志　唐秀娥

日本侵略军在进攻、“扫荡”沂蒙抗日根据地期间，犯下了战争史上最为野蛮、最为残暴的种种罪行，其中一项即是违背国际公约使用化学武器——毒气弹，用以残酷杀害抗日军民和无辜平民。毒气（化学）战，是指使用各种化学毒气武器用于战争的行为。毒气武器，是利用各种化学毒剂对人类和其他生物进行大规模杀伤的武器。第一次世界大战中因为使用毒气武器曾给人类造成很大灾难，所以，1925年日内瓦国际公约规定，禁止在战争中使用毒气武器。而日军在第二次世界大战中，违背国际公约大规模地实施毒气战，成为这次世界大战期间唯一使用化学武器的国家。据档案资料和当事人回忆文章，日军不论是在中国正面战场还是在敌后战场的作战，均大量实施了毒气战。

日军的毒气弹

下面记载的仅是日军战俘在我监狱中交代的有关日军在临沂地区及周边地带使用毒气的部分情况。

1940 年有三起。8 月 21 日，日军在峄县涧头集发射毒气弹 20 余发、榴弹 80 余发，致使八路军中毒伤亡 380 人。9 月中旬，日军在峄县朱沟村使用毒气弹等，致使八路军及平民伤亡 2000 人。后一起是被俘日军横山昌司于 1954 年 9 月 28 日供述的。

横山昌司说："1940 年 9 月中旬，日军第四十一大队大队长土屋中佐指挥第四十一、第四十三大队及炮兵中队共 1280 人，将抗日军约 1500 人、和平居民约 500 人包围在峄县朱沟村内。日军用瓦斯弹、大炮、机枪向村内集中射击，并使用了燃烧弹，全村燃起大火。这次战斗持续了 13 个小时，村内的抗日军和居民全部被杀害。其中，我直接打死抗日军 3 名。"

10 月某日，日军在沂南青驼、葛沟施放毒气，使八路军指战员伤亡 50 余人。

1941 年三起，两起发生在蒙阴，一起发生在新泰。

这年 8 月中旬，日军在蒙阴南关集场施放毒气，使居民伤亡 200 余人。被俘日军角唱韵 1954 年 8 月 20 日笔供：驻蒙阴日军独立步兵第四十四大队第二中队第二小队小队长莲尾又一少尉率 10 名士兵，于 8 月中旬到县城南关河套集场，以盘踞队建筑望楼不借给劳动力为理由，对该县的 200 名村民进行强迫，为了维持日本军的威严，企图使中国和平农民屈服，放了喷嚏性瓦斯中型筒 1 支、小红筒 2 支。

角唱韵说："当时我是分队长、伍长，指挥命令两名分队员，由市场西方向中央放了小红筒瓦斯 2 支，约两小时后又侵入市场，将和平农民集合在南关村入口处，莲尾少尉给讲毒瓦斯的效力，如果不协助日本军，就用新武器全部杀掉。这样，使他们承诺供出劳动力。被害情况：由于喷嚏性瓦斯给予 200 名和平农民莫大的痛苦（流泪、咳嗽等），使其陷入呼吸困难，被弃于原地。”

发生在蒙阴的另一起是在11月份。被俘日军铃木良雄于1954年7月29日笔供：1941年11月上旬，日军独立混成第十旅团在鲁南“剿共”作战中，第四十三、第四十五大队攻击蒙阴县560高地。大队长山内大佐及对空班长鸭川伍长，命令对空班联络员一等兵铃木良雄等4人与日军飞机进行联络，使3架飞机对560高地轰炸、扫射。在这次战斗中，山炮小队长大桥向山上的八路军发射80发榴弹和数发毒瓦斯弹。结果，炸死八路军战士及农民300人。被害人数是第四十三大队发表的。

被日军用毒气毒死的儿童

新泰的一次是在同年10月。被俘日军金子安次于1954年10月21日供述说：“1941年10月下旬，日军第四十四大队侵入新泰县某村。在第二中队大尉有森元治指挥下，施放催泪性毒瓦斯进行攻击，烧杀八路军战士30名、和平居民120名。其中我施放一颗瓦斯弹，燃着草垛，引起村着火，同时用步枪射杀了从村中跑出的3村农民。村内火熄后，发现有5名农民躲避井中，(我)和上等兵铃木松太郎向井里投入60斤重的石头，并又投一手榴弹，将他们残杀了。”

1942年的情况如下：被俘的日军第五十九师团第五十四旅团独立步

兵第一一一大队第一中队供给系曹长榎木未吉,第三中队分队长、兵长涩泽久七,第五中队小队长、曹长加藤市郎,步兵炮中队分队员、兵长有山彦次郎等,于 1955 年 5 月 7 日共同检举在押的其旅团长长岛勤,说1942 年 11 月上旬,日军第三中队在蒙阴县城南方约 15 公里的某村施放了毒气。中队长热田胜利说村内有八路军,应放瓦斯。涩泽久七在村庄风头上方约 100 米的地方,点着 4 根“赤筒”,使瓦斯侵入村内。而后他们进村“扫荡”,发现有和平居民妇女 3 名、老人 1 名、小孩 1 名,倒在屋子前面的地上,表情痛苦。之后,日军就撤走了。

而长岛勤在 1954、1955 年的 3 次笔供中,交代了如下情况:

1942 年 11 月中旬,日军第一一一大队在蒙阴县石桥附近施放毒气,杀害和平农民 5 人。在此之前的 7 月,他指挥第一一〇大队“讨伐”莱芜县九顶山附近的八路军。八路军转移,长岛认为是有居民与八路军报信,即向居民发射了 3 发喷嚏性瓦斯弹,杀害和平居民老幼 15 人。1943 年 10 月,他在新泰附近 100 公里地区“扫荡”时,使用毒瓦斯弹,杀害居民及八路军战士多名。1945 年 1 月,日军实施“二十(日本昭和二十年)春山东作战”,第一〇九大队在博山县及博兴县辛集附近施放毒气,杀害人数不明。

1943 年还有两起。被俘日军雨宫健治 1954 年 8 月 15 日笔供:1943 年 2 月,日军第三十二师团在实施“鲁中作战”中,攻击费县石庄山丘上的国民党军。第二一〇联队山炮队向守军阵地发射炮弹约 20 发,其中催泪瓦斯弹约 5 发,炸死、毒死守军 150 人。雨宫当时作为第一大队第一重机枪中队第二分队分队长、军曹,曾指挥分队员 10 人,截断守军退路,以重机枪射杀撤退的国民党军 20 人。同一个月,日军在沂水县施放毒气。据石川利雄 1954 年 7 月 8 日笔供,部分抗日武装人员在沂水县城西约20公里的望楼抗击日军。日军旅团长奥村半二指挥第二十五大队及其他部队，以枪炮射击、放毒气等方式，与守军作战。兵技中尉三浦义雄指挥部下，发射了约20个“赤筒”瓦斯。作为分队长的石川指挥部下，在山半腰利用山谷的风向，发射了10个九三式“赤筒”瓦斯，被害情况不详。

1954年8月19日，日俘小安金藏笔供：1944年9月下旬，日军独立混成第五旅团野炮中队队长长吉田，率部攻击滨海区诸城县泊里镇附近某村的八路军，发射瓦斯弹2发，杀害村民20人以上；发射榴散弹10发，杀害村民20人以上。小安金藏当时是观测系下士官，指挥3名观测手进行测角测距和谐元的算定，准确地诱导炮兵进行射击。上述杀害村民数字，是日军从观测所根据炮镜观测确定的。

以上仅仅是个别日军战俘主动交代或被别人揭发被迫讲出的情况。但就从这些零星资料中，也能看到日军的残暴和毒气武器的威力。日本侵华战争给中国人民造成了人类历史上从未有过的劫难。可是，由于日本把毒气战列为绝对机密，战败时又下令销毁一切罪证，加之战后美国的庇护，使日本毒气战犯逃脱了东京国际法庭的审判。战后半个多世纪，那些遗弃化学武器大都早已锈蚀、渗透，继续严重危害着中国人民的生命、财产安全。因此，中国人民理所当然地表示强烈愤慨，强烈要求日本政府妥善处理被遗弃的毒气武器，向中国人民正式道歉和赔偿。

后 记

为纪念抗日战争胜利暨世界反法西斯战争胜利70周年和全民族抗战爆发79周年，借鉴全国政协、山东省政协和其地方政协的做法，以过去征集的抗战史料为基础，临沂市政协文史资料委员会组织征编了《沂蒙抗战——沂蒙抗日重大战事纪实》一书。

以临沂市行政区域为主体的沂蒙抗日革命根据地，是山东抗日民主根据地鲁中、鲁南和滨海三大战略区的中心，为抗战胜利做出了巨大牺牲和特殊贡献，史料丰富。本书收录抗日战争期间(1937年—1945年)沂蒙根据地主要抗击日寇的重大战事75例，并撰写大事记，附录日军暴行史料，总规模近30万字，辅以有关历史图片，是对沂蒙抗日重大战事的一次全面回顾，充分展示了沂蒙军民为抗日战争胜利英勇奋斗的光辉业绩。正是由于中国人民抗日战争取得的伟大胜利，才开辟了中华民族伟大复兴的光明前景。

忘记历史就意味着背叛。习近平总书记对抗战研究提出要求，坚持用唯物史观来认识和记述历史，把历史结论建立在翔实准确的史料支撑和深入细致的研究分析的基础之上，目的是回顾中国人民抗日战争的伟大进程，肯定中国人民抗日战争为世界反法西斯战争胜利做出的伟大贡献，展现我们维护第二次世界大战胜利成果和国际公平正义的坚定决心，宣示中国人民牢记历史、缅怀先烈，珍爱和平、开创未来的积极姿态。我们编辑此书的初衷也正在于此。

在编辑工作中，临沂市政协文史工作顾问唐士文同志为特邀编审，为体现“亲历、亲见、亲闻”的文史特色，采用了大量战斗亲历者的一手资料，并做了大量组稿、审校等工作。我们也查阅了有关图片资料，还广泛征求了连云港、淄博、潍坊、日照、枣庄5个相关市政协和各县区政协文史委的意见。因时间和水平有限，如有疏漏之处，敬请读者指正。

编　者

2016年9月